高职高专连锁经营与管理专业系列

U0682478

物流配送与仓储实务

WULIU PEISONG YU CANGCHU SHIWU

▶主　编　关　杰　▶主审　周保昌
▶副主编　余允球　王婷婷　魏　云

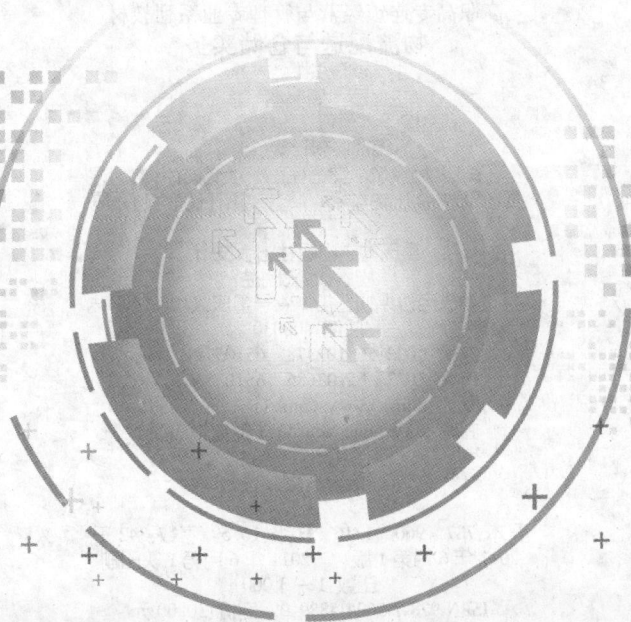

重庆大学出版社

内 容 提 要

配送与仓储是物流系统中的重要环节,是连锁经营管理的重要组成部分。本书针对配送和仓储两大物流功能要素,系统论述了相关的理论及实践知识。

在配送与仓储管理概述部分,包含了配送和仓储的基础知识以及设施设备的介绍;配送和仓储作业管理与执行部分,主要对配送中心规划,配送中心作业管理,不同行业的配送管理,商品的入库、在库、出库管理以及库存管理方法等进行了详细介绍;最后部分对配送与仓储成本管理及绩效评估进行了论述。

针对所学理论知识,本书在重点章节后设计了相应的实操项目,结合了近年来全国及部分省级物流大赛的竞赛思路和经验,可操作性强。同时在每章结尾列出了本章小结、案例分析、练习与思考题等,便于读者自学。

本书结构严谨,教学目标明确,注重学生实践能力的培养,可作为高等职业院校物流管理和连锁专业的教学用书,也可以作为相关的物流培训和自学用书。

图书在版编目(CIP)数据

物流配送与仓储实务/关杰主编 . —重庆:重庆
大学出版社,2011.6
高职高专连锁经营与管理专业系列教材
ISBN 978-7-5624-5889-0

Ⅰ.①物… Ⅱ.①关… Ⅲ.①物流—物资管理—高等
学校:技术学校—教材②物流—仓库管理—高等学校:技
术学校—教材 Ⅳ.①F252②F253.4

中国版本图书馆 CIP 数据核字(2010)第 251009 号

高职高专连锁经营与管理专业系列教材

物流配送与仓储实务

主 编 关 杰
主 审 周保昌
副主编 余允球 王婷婷 魏 云
策划编辑:梁 涛
责任编辑:杨 敬 贾德伟 版式设计:梁 涛
责任校对:秦巴达 责任印制:赵 晟

*

重庆大学出版社出版发行
出版人:邓晓益
社址:重庆市沙坪坝正街 174 号重庆大学(A 区)内
邮编:400030
电话:(023) 65102378 65105781
传真:(023) 65103686 65105565
网址:http://www.cqup.com.cn
邮箱:fxk@ cqup.com.cn(营销中心)
全国新华书店经销
自贡新华印刷厂印刷

*

开本:787×960 1/16 印张:16.5 字数:342 千
2011 年 6 月第 1 版 2011 年 6 月第 1 次印刷
印数:1—3 000
ISBN 978-7-5624-5889-0 定价:30.00 元

　　作为连接生产和消费的桥梁之一,物流在一个国家的国民经济中占有重要的地位。同时,随着当今国际经济日趋全球化,企业间竞争亦日益激烈,企业要想赢得市场,必须扩大发展空间,创造新的经济增长点,而作为"第三利润源"的物流,就成为现代企业制胜的关键。

　　物流配送与仓储是构成物流系统的重要环节,是连锁经营管理的重要组成部分,对物流系统能否进行良性运转起着举足轻重的作用。通过配送与仓储提供的物流服务,不仅可以创造物流的空间效益和时间效益,还能够通过流通加工等物流环节实现物流的增值服务,企业还可通过先进的物流管理方法,降低配送和仓储运营成本,为企业创造更多的利润,也为社会带来更大的综合效益。

　　连锁经营是我国流通领域一项具有方向性的改革。经过多年的发展,已成为我国流通领域普遍应用的经营方式和组织形式,显示出强大的发展潜力。物流配送与仓储和电子商务等正成为实现连锁经营行业发展的重要支撑点和利润点,而物流、连锁经营等相关人才的培养是这一切发展的基石。

　　为推动物流行业和连锁经营行业的发展,推进高等学校相关学科的教育,我们编写了这本《物流配送与仓储实务》。本书由配送和仓储两部分组成。配送部分主要在介绍配送及配送中心的基本概念的基础上,重点说明了配送中心的总体规划、作业流程、作业管理方法等,同时还包含了配送中心信息系统、配送的成本管理以及其他行业的配送等内容。仓储部分则主要介绍仓储的基本概念和方法，以及仓储的进库、在库、出库等全过程。另外，库存管理方法及库存的成本管理也是重要的组成部分。本书在编写过程中主要突出以下几个方面：

1. 体现"理实一体"的教育理念，增加实操内容，理论与实操的教学学时比例接近一比一。在重点的配送和仓储作业与执行章节，配有与理论知识相对应的实操项目。各实操项目遵循近几年全国及部分省市的物流方案及物流实操大赛的方向和思路编写，具有可操作性，可提高学生的实际动手能力，也为教师和学生提高物流大赛的竞技水平提供一定的帮助。

2. 注重案例教学，加大案例选用的比例。编写中以多种方式引入案例配合理论知识的学习，如章前的"案例导入"、章中的"知识链接"以及章后的"案例分析及讨论"等。

3. 教材的内容体系完整。物流配送与仓储是物流系统中关联性较强的两个功能要素。本书首先全面地介绍了物流配送和仓储的基础知识，在此基础上分别展开详述了配送和仓储的作业管理与执行，最后说明配送和仓储的成本管理。全书的内容更加系统化，注重内容的衔接性。

4. 在整个教材的编写过程中，力争体现当今的行业动态、行业标准及操作惯例等，以满足高等职业教育的需要。同时，注重语言的标准、精炼及通俗易懂，便于自学。

本书内容的编写力求体现实用化、技能化，可作为高职高专物流及连锁经营相关专业的学习用书，以及相关资格认证的培训教材，也可以作为物流及连锁从业人员的学习参考书。

本书由安徽工商职业学院关杰担任主编，负责全书框架结构的策划以及最后统稿；中国外运安徽有限公司周保昌担任主审并参与编写；副主编由嘉兴职业技术学院余允球、安徽工商职业学院王婷婷、昆明冶金高等专科学校魏云担任。本书具体编写分工为:魏云编写第 1,2,3 章;关杰编写第 4,5 章,王婷婷编写第 7,8 章,余允球编写第 6,9,10 章,实操项目由周保昌、关杰、王婷婷共同编写。

本书在编写过程中,参考了大量专家学者的文献、著作等资料,在此谨向有关专家学者表示深深的感谢。现代物流很多理论和方法还处在研究与探索之中,再加上作者水平有限,书中错误和疏漏之处,衷心希望读者批评指正。

本书配有电子课件,详情请登录 www.cqup.com.cn。

编　者
2010 年 10 月

第 1 篇　配送与仓储管理概述

第1章 配送与配送中心

学习目标

掌握配送的基本环节及配送策略；

理解配送的定义和特点及配送的模式；

了解配送的分类及配送中心的形成与发展。

知识点

配送 配送中心 配送环节 配送模式 配送策略

案例导入

7-11 便利店的配送系统

一家成功的便利店背后一定有一个高效的物流配送系统。7-11 从一开始采用的就是在特定区域高密度集中开店的策略，在物流管理上也采用集中的物流配送方案，这一方案每年大概能为 7-11 节约相当于商品原价 10% 的费用。

一间普通的 7-11 连锁店一般只有 100～200 m² 大小，却要提供 2 000～3 000 种食品，不同的食品有可能来自不同的供应商，运送和保存的要求也各有不同，每一种食品又不能短缺或过剩，而且还要根据顾客的不同需要随时能调整货物的品种，所有这些无疑给连锁店的物流配送提出了很高的要求。一家便利店的成功，很大程度上取决于配送系统的成功。

7-11 的物流管理模式先后经历了三个阶段三种方式的变革。起初，7-11 并没有自己的配送中心，它的货物配送是依靠批发商来完成的。以日本为例，早期日本 7-11 的供应商都有自己特定的批发商，而且每个批发商一般都只代理一家生产商，这个批发商就是联系 7-11 和其供应商的纽带，也是 7-11 和供应商间传递货物、信息和资金的通道。供应商把自己的产品交给批发商以后，对产品的销售就不再过问，所有的配送和销售都会由批发商来完成。对于 7-11 而言，批发商就相当于自己的配送中心，它所要做的就是把供应商生产的产品迅速有效地运送到 7-11 店中。

渐渐地，这种分散化的由各个批发商分别送货的方式无法再满足规模日渐扩大的7-11便利店的需要，7-11开始和批发商及合作生产商构建统一的集约化的配送和进货系统。在这种系统之下，7-11改变了以往由多家批发商分别向各个便利点送货的方式，改由一家在一定区域内的特定批发商统一管理该区域内的同类供应商，然后向7-11统一配送，这种方式称为集约化配送。集约化配送有效地降低了批发商的数量，减少了配送环节，为7-11节省了物流费用。

特定批发商（又称为窗口批发商）提醒了7-11，何不自己建一个配送中心？与其让别人掌控自己的经脉，不如自己把自己的脉。7-11的物流共同配送系统就这样浮出水面，共同配送中心代替了特定批发商，分别在不同的区域统一集货、统一配送。配送中心有一个电脑网络配送系统，分别与供应商及7-11店铺相连。为了保证不断货，配送中心一般会根据以往的经验保留4天左右的库存，同时，中心的电脑系统每天都会定期收到各个店铺发来的库存报告和要货报告，配送中心对这些报告进行集中分析，最后形成一张张向不同供应商发出的订单，由电脑网络传给供应商，而供应商则会在预定时间之内向中心派送货物。7-11配送中心在收到所有货物后，对各个店铺所需要的货物分别打包，等待发送。第二天一早，派送车就会从配送中心鱼贯而出，择路向自己区域内的店铺送货。整个配送过程就这样每天循环往复，为7-11连锁店的顺利运行修石铺路。

随着店铺的扩大和商品的增多，7-11的物流配送越来越复杂，配送时间和配送种类的细分势在必行。新鲜、即时、便利和不缺货是7-11配送管理的最大特点，也是各家7-11店铺的最大卖点。日本7-11是根据食品的保存温度来建立配送体系的。

（资料来源：考试大网 http://www.examda.com/wuliu/anli/20071101/150018311.html）

1.1 配送概述

1.1.1 配送的概念

1）配送的定义

商品流通中，流通经济活动包含资金流、商流及物流活动。在物流活动过程中，人们通常把面向城市内和区域范围内需求者的运输称为"配送"，也就是说，"少量货物的末端运输"是配送。这是一种广义上的概念，是相对于城市之间和物流据点之间的运输而言的。然而随着物流业的发展，人们对配送的理解与认识也在发生变化，相应地，配送的内涵也在不断发生变化。

我国国家质监局在颁布的《中华人民共和国国家标准——物流术语》中，对配送的定义为"在经济合理区域范围内,根据客户要求,对物品进行分拣、加工、包装、分割、组配等作业,并按时送达指定地点的物流活动"。

从配送定义的发展,可以看到配送涉及的活动越来越多,几乎包括了所有的物流功能要素,是物流在小范围内全部活动的体现,而且配送的范围越来越广,已不限于区域和距离。一般来说,配送集装卸、包装、保管、运输于一身,通过这一系列活动达到将物品按客户要求送达的目的;而特殊的配送则还要进行加工活动,包含的面更广。

2)配送的特征

配送是"配"和"送"的有机结合体。配送与一般送货的区别在于,配送往往在物流据点有效地利用分拣、配货等理货工作,使送货达到一定规模,以利用规模优势取得较低的送货成本。同时,配送以客户为出发点,强调"按客户的订货要求"为宗旨。配送作为一种物流活动,具有以下特征:

(1)配送连接了物流其他功能的物流服务形式

在配送(分拣、加工、配货、送货)中所包含的那种部分运输(送货)作业在整个运送的过程中处于"二次运送""终端运送"的地位。

(2)配送是从物流据点到用户之间一种特殊送货形式

表现在配送的主体是专门经营物流的企业;配送是中转环节的送货,与通常的直达运输有所不同。

(3)配送体现了配货与送货过程的有机结合而极大地方便了用户

体现了较高的物流服务水准,即完全按用户对货物种类、品种、数量、时间等方面的要求而进行的运送作业。

(4)配送是复杂的作业体系,通常伴随较高的作业成本

配送在固定设施、移动设备、专用工具组织形式等方面都可形成系统化的运作体系。配送成本较高,就既要提高物流服务质量,又要采用降低配送成本的措施,因此,提高配送作业设计等组织管理水平就显得十分重要。在配送中心大量采用各种传输设备、分拣设备,可以实现一些环节的专业分拣或流水作业方式,降低有关成本费用。

1.1.2 配送的类型

在不同的市场环境下,为适应不同的生产和消费需要,配送表现出多种形式。这些配送形式各有优势,同时也有各自的适应条件。

1)按配送主体不同划分

(1)配送中心配送

配送中心配送指配送的组织者是专职从事配送业务的配送中心。配送中心配送的数量大、品种多、半径大、能力强,可以承担企业生产用主要物资的配送及商店的补充性配送等。它是配送的主体形式,但由于需要大规模的配套设施,投资较大,且一旦

建成则机动性较差,因此也有一定的局限性。

(2)商店配送

商店配送指配送的组织者是商业或物资经营网点,主要承担零售业务,规模一般不大,但经营品种齐全,容易组织配送。实力有限,但网点多,配送半径小,比较机动灵活,可承担生产企业非主要生产用物资的配送,是配送中心配送的辅助及补充形式。

(3)仓库配送

仓库配送指以一般仓库为据点进行配送的形式,在仓库保持原有功能前提下,增加配送功能。仓库配送规模较小,专业化程度低,但可以利用仓库的原有资源而不需大量投资,上马较快。

(4)生产企业配送

生产企业配送指配送的组织者和实施者是生产企业尤其是进行多品种生产的企业,而无需再将产品发运到配送中心进行中转配送。由于避免了一次物流的中转,因此具有一定的优势,但无法像配送中心那样依靠产品凑整运输取得优势。

2)按配送服务的范围划分

(1)城市物流配送

城市物流配送即向城市范围内的众多用户提供服务的配送。其辐射距离较短,多使用载货汽车配送,机动性强、供应快、调度灵活,能实现少批量、多批次、多用户的"门到门"配送。

(2)区域物流配送

区域物流配送是一种辐射能力较强,活动范围较大,可以跨市、跨省的物流配送活动。其特征为:经营规模较大,设施齐全,活动能力强;货物批量较大而批次较少;区域配送中心是配送网络或配送体系的支柱。

3)按配送品种和数量不同划分

(1)单(少)品种大批量配送

配送的商品品种少、批量大,不需与其他商品搭配即可使车辆满载。

(2)多品种少批量配送

按用户要求将所需各种物资配备齐全,凑整装车后由配送据点送达用户的一种配送方式。

(3)配套成套配送

配套成套配送按生产企业的需要,将生产每台产品所需的全部零部件配齐,按生产节奏定时送到生产线装配产品。

4)按配送企业业务关系划分

(1)综合配送

综合配送指配送商品种类较多,在一个配送网点中组织不同专业领域的产品向用户配送的配送方式。

(2)专业配送

专业配送指按产品性质、形状的不同适当划分专业领域的配送方式。其重要优势在于可以根据专业的共同要求来优化配送设施,优选配送机械及配送车辆,制定适用性强的工艺流程等,从而提高配送各环节的工作效率。

(3)共同配送

共同配送是指为提高物流效率,由多个配送企业联合在一起共同进行配送的配送方式。

1.1.3 配送基本环节

配送是由备货、储存、理货、配装和送货等五个基本环节组成,而每个环节又包括若干项具体的作业活动。

1)备货

备货是配送的准备工作或者说是基础工作。备货包括筹集货源、订购以及相关的质量检查、结算、交接等子功能。备货是决定配送成败的基础工作,备货成本对整个配送系统的运作成本有极大的影响,过高的备货成本必然导致配送效率的降低。

2)储存

配送中的储存有储备及暂存两种形态。储备是按一定时期的客户经营要求而存储,这种类型的储备数量大,储备结构也比较完善,视货源及到货情况,可以有计划地确定周转储备及保险储备的结构及数量。暂存是具体执行短期配送计划时,按配送要求在理货场地所作的少量储存准备。

3)分拣及配货

分拣与配货是配送有别于其他物流形式的独特的功能要素,也是配送的一项重要支持性工作。分拣及配货是完善送货、支持送货的准备性工作,是不同配送企业在送货时进行竞争和提高自身经济效益的必然趋势,因此,也可以说是送货向高级形式发展的必然要求。有了分拣及配送就会大大提高送货服务水平,尤其对于面对非单一客户且种类繁多的共同配送模式更是如此,所以分拣及配货是决定整个配送系统水平的关键要素。

4）配装

在单个用户配送数量不能达到车辆最有效载运负荷时，就存在如何集中不同用户的配送货物进行搭配装载以充分利用运能、运力的问题，这就需要配装。和一般送货不同之处在于，通过配装送货可以大大提高送货效率，更重要的是对于为多个客户提供配送服务的配送企业来说极大地降低了送货成本，因此，配装也是配送系统中有现代特点的功能要素，也是共同配送区别于一般配送、单一送货的具有现代物流特点的功能要素。

5）配送运输

配送运输属于运输中的末端运输，是与干线运输完全不同的概念。配送和一般运输的区别就在于：配送是较短距离、较小规模、频率较高的运输形式，一般选择汽车作为运输工具；配送运输的路线选择问题及时间窗口问题是一般干线运输所没有或无需重视的，干线运输的干线是唯一的运输线，而配送运输由于配送用户多，一般通过城市交通路线完成，而且由于配送终端的资源配置问题所决定的时间窗口单一性，使得如何组合最佳配送路线，如何使配装和路线以及配送终端客户的有效衔接等成为配送中难度最大的工作，对配送效率及配送成本会产生直接影响。

知识链接

连锁商业物流的特点

相对于工业物流，商业零售物流特别是连锁商业的物流特点有：

1. 变价快，即商品的进货价格变动快：通常连锁超市经营的快速消费品的价格随着市场供需的变化会有较快的变化，同时生产商或零售商的频繁促销引起经常变价。

2. 订单频繁：连锁零售的店铺多，订单频率高，同时有时间要求，有些小型的便利店甚至要求一天送货两次。

3. 拆零：供应商大包装供货，配送中心需要按照店铺的订货量进行拆零、分拣。

4. 退货：配送中心还有处理诸如赠品、退货（正品、残次品）等问题。

5. 更换：商品新增汰换的频率也很高，增新品，汰换滞销品。

6. 保质期：消费品通常有不同的保质期，需要有针对性的保质期管理。

这些特点使得商业零售的物流要具备更快的反应，更复杂的技术和信息支持。

1.2 配送模式与配送策略

1.2.1 配送的模式

1) 商流、物流一体化的配送模式

商流、物流一体化的配送业务模式,是一种销售配送模式或企业(集团)内自营型配送模式,其模式结构如图1.1所示。

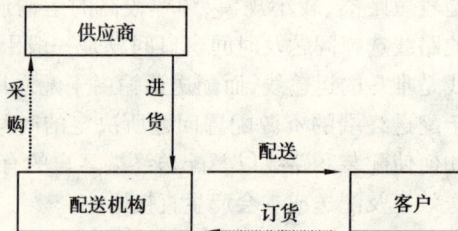

图 1.1 商流、物流一体化的配送模式

在这种配送模式下,配送的主体通常是销售企业或生产企业,配送是作为促销的一种手段而与商流融合在一起的。配送业务是围绕着产品销售和提高市场占有率这个根本目的而组织起来的。有很多从事配送活动的企业本身就是经销各类商品的企业,当然,也有不少配送组织是附属于生产企业的。虽然从现象上看,它们是在独立地从事货物存储、保管、分拣和运送等物流活动,但这些活动是作为产品销售活动的延伸而展开的,配送活动实际上仅仅是企业营销手段或营销策略的一个部分。就具体活动而言,在这种物流配送模式下,企业既参与商品交易活动,即向用户让渡其产品所有权,又同时向购买者(即用户)提供诸如货物分拣、加工、配货和运送等系列化的物流服务,从而使销售和配送合二为一,形成集商流、物流为一体的配送模式。

在商流、物流一体化的配送模式下,企业可以直接组织到货源,企业拥有产品的所有权和支配权,因而在配送活动中,便可获得一定的资源优势。这不仅有利于企业扩大其业务范围和服务对象,而且也便于配送主体对用户(生产者)提供特殊的物流服务,如配套供应物资等。可见,销售配送模式是一种能全面发挥专业流通企业功能的物流形式。但是,按照这种模式开展配送活动,往往需要企业投入较多的资金、人力和设备等。

2) 商流、物流相分离的配送模式

当生产企业和商业企业把物流活动委托给第三方处理的时候,便会出现商流、物流相分离的配送模式,如图 1.2 所示。

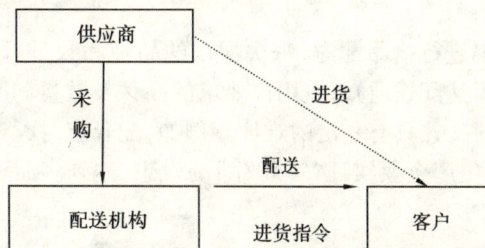

图 1.2　商流、物流相分离的配送模式

有很多从事配送活动的配送中心,本身并不购销商品,即不直接参与商品交易活动,而是专门为客户提供诸如货物的保管、分拣、加工、运送等系列化服务。这些配送组织的职能通常都是从工厂或转运站接收所有权属用户的货物,然后代客户储存、保管货物,并按照客户提出的要求分拣、运送货物至指定的接货点。配送中心从事的配送活动是一种纯粹的物流活动,其业务属于“交货代理物流服务业”。从组织形式上看,这种配送活动是与商流活动相分离的。

商流、物流分离型配送模式的初级形态,是单项服务外包型配送。它主要是由具有一定规模的物流设施(仓库、站台、车辆等)以及有专业经验、技能的批发、储运或其他物流企业,利用自身的业务优势承担其他生产企业在特定区域内的各种纯服务性配送业务。配送企业一方面系统处理常规的配送业务,即将生产、加工企业的商品或信息进行统一组合、处理,然后按客户订单的要求,配送到店;另一方面,还利用其有效的信息系统为客户交流供应信息提供便利。

3) 共同配送模式

在我国,共同配送是指配送企业为实现整体配送合理化而相互进行协作或相互提供物流便利的联合配送形式。其标准的运作模式是:在核心企业(或调控中心)的统筹安排和统一调度下,各个配送企业分工协作,联合行动,共同对某一地区或某些用户进行配送。其间,各个配送企业可建造共同仓库,也可以共同利用业已建成的配送中心及其他企业的配送设施和设备。共同配送模式最早产生于日本。实践证明,按照上述的配送模式运作,不但可以做到利用距离用户最近的配送中心开展配送活动,从而可以大大降低物流成本,而且也有利于发挥配送企业的整体优势,并缓解交通拥挤的矛盾。但是,由于共同配送涉及面较大,牵扯的单位比较多,因此,其组织工作难度较大。在选择、实施这种配送模式时,不但需要建立起庞大的信息网络,而且更需要建立起层次性的管理系统。显然,只有大型的专业流通组织才有能力、有条件组织这类活动。

1.2.2 配送的策略

1)定时配送

在规定的时间间隔进行物品配送,每次配送的品种和数量可按计划执行,也可按事先商定的联络方式下达配送通知,按用户要求的品种及数量和时间进行配送。这种配送方式在配货作业时往往具有一定的难度。例如,配套定时配送就是其中的一种形式,它可以使所服务的生产企业实现"零库存"的设想,达到多品种、少数量、准时配送的效果。

2)定量配送

定量配送是指按客户规定的数量在一个指定的时间范围内配送物品。这种配送方式每次配送的品种、数量基本固定,备货作业也较为简单,可以按托盘、集装箱等方式或按车辆的装载能力规定配送的数量,这种配送方式比较接近于干线批量运输,因此也相对比较简单。

3)定时定量配送

定时定量配送指按客户规定的时间、品种数量进行配送作业。这种方式结合了定时配送和定量配送方式的特点,服务质量和水平较高,同时也使配送组织工作难度加大。通常这种模式的配送终端客户相对比较稳定,因此配送路线的设定也相对比较固定,使用范围有限。

4)集中共同配送

集中共同配送是由几个配送起始点共同协作制定配送计划,共同组织配送车辆,对某一区域用户进行配送。由于这种配送方式更多呈现动态性和不稳定性,因此这种配送方式对配送计划、提前期以及配送路线规划都提出了更高要求,也是难度最大的一种配送形式。

知识链接

连锁商业物流的主要方式

一、大型零售企业建立自己的物流配送中心

在国际上,有代表性的以大零售商为主导建立物流配送中心的企业是沃尔玛。目前沃尔玛公司独立投资建立的配送中心有200多家,专为本公司连锁店按时按需提供商品,确保各店稳定经营。家乐福、麦德龙、西尔斯、吉西膨尼等国际大零售商,都建立有本企业体系的现代化物流配送中心。

我国部分大型连锁企业有自己的物流配送中心。由于我国目前有相当数量的连锁企业都是在传统的副食品公司、蔬菜公司、粮店以及其他配套网点的基础上建立起来的,这些传统企业都有很丰富的场地、设施设备、人员等建立配送中心的基础,这种配送形式有较大的比例。在这些物流配送中心中,大多数信息化和机械化程度较低,主要依赖于手工操作,配送效率和对店铺的反应速度较低。

二、供应商自理物流

由供应商直接进行商品配送,这种配送方式主要适用于店铺规模大、采购规模大的超市。如国内的一些大卖场和综合超市公司,它们由总部确定统一的供应商,店铺向供应商要货,由供应商直接将商品配送到店铺。这种由供应商直接配送的优点在于,大大降低连锁企业的成本和运作的复杂性。因此一般来说,中小型连锁企业主要依赖供应商提供商品配送,但这样的配送运作成本高,且配送对店铺的响应速度受到供应商物流水平的限制,同时也依赖于店铺和供应商信息交流的效率高低。

三、第三方物流

近年来,由于国际流通业竞争越来越激烈,一些国际大零售商逐步尝试立足主业经营,走专业化发展道路,逐步将本企业的物流配送业务委托给社会上专业化的物流配送企业来为自己服务。这种发展趋势越来越明显。

我国目前制造商使用第三方物流的较多,其产品通过第三方物流公司送到零售商的配送中心或区域性中心。零售行业采用第三方物流的并不多,但也有一些连锁超市在尝试使用第三方物流。其中一个就是北京物美集团公司,2001年开始物美委托和黄天百对其店铺进行物流配送。物美在北京有便利店和便利超市300多家,和黄天百是一家专业的第三方物流公司,在欧洲占有较大的市场份额。物美与和黄天百合作,让其为所属的200多家便利店进行配送。

1.3 配送中心及其形成与发展

1.3.1 配送中心的概念

配送中心主要是为了实现物流中的配送作业,而设立的一个专门从事配送作业中的一系列操作的场所。配送活动是在物流业发展的过程中产生并不断发展的,这一活动过程伴随着物流活动的深入和物流服务社会化程度的提高,在实践中不断演绎和完善其经济机构。配送中心具有集货、分货、送货等基本职能,配送中心是物流中心的一种主要形式,是在实践中产生并发展的,其功能基本涵盖了所有物流的功能要素,它是以组织配送进行销售或供应,实行实物配送为主要职能的流通型物流节点。配送中心的功能是比较全面和完整的,配送中心是销售中心、分货中心、加工中心功能的总和,兼有了"配"与"送"的功能。

国家标准《物流术语》对配送中心的定义是:从事配送业务,具有完善的信息网络的场所或组织。应基本符合下列要求:主要为特定的用户服务,配送功能健全,辐射范围小,多品种、小批量、多批次、短周期,主要为末端客户提供配送服务。

1.3.2 配送中心的形成

很多学者认为配送中心是在仓库基础上发展起来的。在社会不断的发展过程中,由于经济的发展,生产总量的逐渐扩大,仓库的功能也在不断地演进和分化。在国外,仓库的专业分工,形成了仓库的两大类型:一类是以长期储藏为主要功能的"保管仓库",另一类是以货物的流转为主要功能的"流通仓库"。流通仓库以保管期短、货物出入库频度高为主要特征。货物在流通仓库中处于经常运动的状态,停留时间较短,有较高的进出库频度。流通仓库的进一步发展,使仓库和联结仓库的流通渠道形成了一个整体,起到了对整个物流渠道的调节作用,为了和仓库进行区别,越来越多的人便称之为物流中心或流通中心。

从整个国际物流的发展来看,配送中心的形成和不断完善是社会生产力发展的必然结果,也是实现物流运动合理化的客观要求。为了保证社会生产连续、快速运转,客观上要求有专门的机构提供物资供应和保管、产品分销的社会化服务,行使流通职能。

1.3.3 配送中心的发展

配送中心的发展大体上经历了三个阶段:

1)形成阶段(第二次世界大战后到20世纪60年代末)

美国和日本企业把第二次世界大战中的"军事后勤"引入到了企业管理当中,不少公司或是由政府部门投资组织设立了新的流通机构,将独立、分散的物流统一、集中,推出了新型的送货方式,成立了配送中心。此时的配送制是一种粗放型、单一的活动,规模小,活动范围小,配送货物的种类少,其主要的作用是作为促销的手段。据介绍,20世纪60年代美国的许多公司将原来的老式仓库改造成了配送中心,使老式仓库减少了90%,这不仅减少了流通费用,而且节约了劳动成本。

2)发展阶段(20世纪60年代末至80年代初)

20世纪60年代末,随着工业全球化的发展,企业在世界范围内的贸易往来日益增多,企业间的供应链变得更长、更复杂、更昂贵。特别是世界第一次能源危机后,能源价格飞涨,更加使得物流成本急剧增加。这就迫使生产制造企业开始致力于物流费用的节省方法的寻求,以提高自身产品的竞争力。因此物流进一步成为人们关注的焦点,这也推进了物流中心合理化进程的发展。这一时期配送的货物种类日渐增多,不仅包括种类繁多的产成品,也包括不少生产资料,而且配送服务的范围在不断扩大。同时,不少公司还开展了城际间和市内的集中配送、路线配送,大大提高了物流的服务水平。这一期间曾经试行过一段时间的"共同配送"并且建立了相应的配送体系。

3)成熟阶段(20世纪80年代至今)

20世纪80年代后期,受经济、环境、社会、科技水平等因素的影响,配送中心开始有了巨大的发展,配送逐步演化成为了以高新技术为支持的系列化、多功能的供货活动。这主要表现在:①配送区域进一步扩大。②作业手段日益先进,普遍采用了自动分拣、光电识别等先进技术和手段,极大提高了作业效率。③配送集约化程度逐渐提高。美国通用食品公司用新建的20个配送中心取代了原有的近200个仓库,逐步以配送中心形成了规模经济优势。④配送方式、配送手段日趋多样化。小批量速递配送、准时配送、分包配送、托盘配送、分销配送、柔性配送、往复式配送、巡回服务式配送、按日(时)配送、定时定路线配送、厂家到家门的配送、产地直送等配送方式正随着现代物流的发展在实践中不断优化。

知识链接

日本连锁经营的大发展离不开物流配送业

日本的连锁经营是从20世纪20年代末从欧美引进的,经过70多年的发展,达到鼎盛阶段,已成为连锁经营的第二大国。据日本连锁协会介绍,目前零售业中有74%的店铺经营的商品是通过物流配送中心加工配送的,70%以上的连锁店、90%以上的大型杂货店都有物流配送中心。这是因为物流配送中心是连锁经营的关键环节,是连锁经营的核心竞争力所在。连锁经营的集中化、统一化管理,在很大程度上依靠物流配送中心来具体实现。通过物流配送中心的配送活动,不仅可以大大简化门店的作业活动,从而降低连锁企业的物流总费用,而且还能实现商品在流通领域内的增值,并向门店提供增值服务。总之,自20世纪60年代以来,日本物流配送中心的快速发展为连锁经营提供了强有力的后台支持。

目前,日本连锁企业物流配送中心主要有两种类型,一种是自营型物流配送中心,约占7成,只为连锁企业自己的分店服务;另一种是社会型物流配送中心,即连锁企业利用社会化的物流配送中心为自己的连锁分店服务,或自己拥有物流配送中心,但在为自己的连锁分店服务的同时也承担其他连锁分店店铺的配送业务。在配送方式上除采用传统的配送方式外,也采用诸如共同配送、集合配送、委托配送等新型配送方式。

本章小结

本章介绍了配送及配送中心的内容。配送集装卸、包装、保管、运输于一身,通过这一系列活动达到将物品按客户要求送达的活动。配送由备货、储存、分拣与配货、配装、配送运输和流通加工等环节组成。配送已经形成了较成熟的运作模式,主要包括商流、物流一体化模式,商流、物流相分离模式,共同配送模式。配送策略包括:定时配送,定量配送,定时与定量配送,集中共同配送等。配送中心主要是为了实现物流中的配送作业,而设立的一个专门从事配送作业中的一系列操作的场所。配送中心的发展大体上经历了三个阶段:第二次世界大战后到 20 世纪 60 年代末的形成阶段,20 世纪60 年代末至 80 年代初的发展阶段,20 世纪 80 年代至今的成熟阶段。

案例　沃尔玛的物流配送系统

沃尔玛的业务之所以能够迅速增长,正是因为沃尔玛在节省成本以及在物流运送、配送系统方面取得了一些成就。事实上,物流运输和配送系统是沃尔玛的焦点业务。据资料显示,沃尔玛近年来每年在物流方面的投资都在 1 000 多亿美元以上,而且投资额正随着业务的增长而不断增长。

为做到在物流方面降低成本,沃尔玛建立了一个"无缝点对点"的物流系统,能够为商店和顾客提供最迅速的服务。

这种"无缝"指的是产品从工厂到商店的货架这一链条尽可能平滑,使整个供应链达到一种非常顺畅的链接,尽可能给顾客提供所需要的服务,同时也可以降低成本。物流业务要求比较复杂,如有时可能会有一些产品出现破损,因此在包装方面就需要对产品有一些特别的运销能力。因为对沃尔玛来说,能够提供更多的产品种类与优质的产品是非常重要的。

物流的循环是一个圆圈。如果物流循环是比较成功的,那么在消费者买了东西之后,这个系统就开始自动地进行供货。这个系统当中的可变性使得卖方和买方(工厂与商场)可以对这些顾客所买的东西和订单进行及时地补货。这个系统应当是与配送中心联系在一起的。这个配送中心实际上是一个中枢,将供货方的产品提供给商场,从而减少供货商许多成本。

据了解,沃尔玛降低配送成本的一个方法就是与供应商一起来分担。比如,供货商可以送货到沃尔玛的配送中心,也可以直接送到商店。但如果供货商采用沃尔玛的配送中心的配送方式,就可以节省很多钱,且可以把省下来的这部分利润,让利于消费者。这些供货商也可以为沃尔玛分担一些建立配送中心的费用,如此沃尔玛可从整个供应链中,将配送中心的成本费用节省下来。

据介绍,沃尔玛的物流部门可进行全天候的运作。在此过程中,沃尔玛采用一些包括零售技术在内的最尖端的技术。沃尔玛进行物流业务的指导原则,是把所有的物流过程集中到一个伞形结构之下。在供应链中,每一个供应者都是这个链中的一个环节,沃尔玛必须要使整个供应链成为一个非常平稳、光滑、顺畅的过程。这样,沃尔玛的运输、配送以及对于订单与购买的处理等所有的过程,都是一个完整的网络的一部分,这样就可以大大降低成本。如在沃尔玛的物流当中非常重要的一点是要确保商店所得到的产品与发货单上完全一致。因此沃尔玛必须有一套非常精确的系统,才可确保整个物流配送过程中不会出现任何差错。这样,商店把整个卡车当中的货品卸下来就可以了,而不用把每个产品检查一遍。因为他们相信过来的产品是没有任何失误的,这样就可以节省很多检验产品的时间。

目前沃尔玛在中国的每一个商店都有补货系统。它使得沃尔玛在任何一个时间点都可以知道现在商店当中有多少货品,有多少货品正在运输过程当中,有多少是在配送中心等。同时它也使沃尔玛了解到,某种货品上周卖了多少,去年卖了多少,而且可以预测将来可以卖多少。因为沃尔玛所有的货品都有一个统一的产品代码,在中国叫 EAN 数码。沃尔玛可以对这些代码进行扫描和阅读。此外,沃尔玛还有一个非常好的系统——零售链接,可以让供货商直接进入到这一系统,了解他们的产品卖得怎么样。根据沃尔玛每天的销售情况,他们可以对将来的销售进行预测,以决定他们的生产情况,这样他们产品的成本也可以降低。

据了解,沃尔玛所有的系统都是基于 UNIX 系统的一个配送系统,并采用传送带、产品代码,以及自动补货系统和激光识别系统,所有的这些加在一起为沃尔玛节省了相当多的成本。

案例分析与讨论题

1. 什么是沃尔玛的"无缝点对点"物流系统?
2. 沃尔玛是如何利用物流配送系统节省成本的?

复习思考题

1. 配送的特点有哪些?
2. 配送包括哪些基本环节?
3. 简述配送有哪些模式。
4. 简述配送的策略有哪些。

第2章　仓储与仓储管理

学习目标

了解仓储的种类,了解仓储管理的任务;

理解仓储的概念及作用,理解仓储管理的概念;

掌握仓储管理的基本原则。

知识点

仓储　仓储的作用　仓储管理　仓储管理的任务　仓储管理的基本原则

案例导入

解密"戴尔"现象

在不到 20 年的时间内,戴尔计算机公司的创始人迈克尔·戴尔,白手起家把公司发展到 250 亿美元的规模。即使面对美国经济目前的低迷,在惠普等超大型竞争对手纷纷裁员减产的情况下,戴尔仍以两位数的发展速度飞快前进。

该公司分管物流配送的副总裁迪克·亨特一语道破天机:"我们只保存可供 5 天生产的存货,而我们的竞争对手则保存 30 天、45 天,甚至 90 天的存货。这就是区别。"

亨特在分析戴尔成功的诀窍时说:"戴尔总支出的 74% 用在材料配件购买方面,如果我们能在物流配送方面降低 0.1%,就等于我们的生产效率提高了 10%。物流配送对企业的影响之大由此可见一斑。"

信息时代,特别是在高科技领域,材料成本随着日趋激烈的竞争而迅速下降。以计算机工业为例,材料配件成本的下降速度为每周 1%。从戴尔公司的经验来看,其材料库存量只有 5 天,当其竞争对手维持 4 周的库存时,就等于戴尔的材料配件开支与对手相比保持着 3% 的优势。当产品最终投放市场时,物流配送优势就可转变成 2% 至 3% 的产品优势,竞争力的优劣不言而喻。

在提高物流配送效率方面,戴尔和 50 家材料配件供应商保持着密切、忠实的联系,庞大的跨国集团戴尔所需材料配件的 95% 都由这 50 家供应商提供。戴尔与这些供应商每天都要通过网络进行协调沟通。戴尔监控每个零部件的发展情况,并把自己新的要求随时发布在网络上,供所有的供应商参考,提高了透明度和信息流通效率,并刺激供应商之间的相互竞争;供应商则随时向戴尔通报自己的产品发展、价格变化、存量等方面信息。

2.1 仓储的概念与作用

2.1.1 仓储的概念

1) 仓储的定义

"仓",也称为仓库,为存放、保管、储存物品的建筑物和场所的总称,可以是房屋建筑、大型容器、洞穴或者特定的场所等,具有存放和保护物品的功能;"储",表示将储存对象储存以备使用,具有收存、保护、管理、储藏物品、交付使用的意思,也称为储存。"仓储"就是利用仓库存放、储存物品的行为。

仓储是社会产品出现剩余之后产品流通的产物,当产品不能被即时消耗掉,需要专门的场所存放时,就产生了静态的仓储。将物品存入仓库并对存放在仓库里的物品进行保管、控制、提供使用便成了动态仓储。可以说,仓储是对有形物品提供存放场所、进行物品存取、对存放物品进行保管和控制的过程,是人们的一种有意识的行为。仓储的性质可以归结为:仓储是物质产品生产过程的持续,物质产品的仓储也创造着产品的价值;仓储既有静态的物品储存,也包含动态的物品存取、保管和控制的过程;仓储活动发生在仓库等特定的场所;仓储的对象既可以是生产资料,也可以是生活资料,但必须是实物动产。

2) 仓储的种类

虽然说仓储的本质都为物品的储藏和保管,但因经营主体的不同、仓储对象的不同、经营方式的不同、仓储功能的不同使得不同的仓储活动具有不同的特性。

(1) 按仓储经营主体划分

①企业自营仓储。包括生产企业和流通企业的自营仓储。生产企业自营仓储是指生产企业使用自有的仓库设施,对生产使用的原材料、生产的中间产品及最终产品实施储存保管的行为,储存的对象较为单一,以满足生产需要为原则。流通企业自营仓储则为流通企业以其拥有的仓储设施,对其经营的商品进行仓储保管的行为,仓储对象种类较多,其目的为支持销售。企业自营的仓储行为不具有独立性,仅仅是为企业的产品或商品经营活动服务,相对来说规模小、数量众多、专用性强,而且仓储专业

化程度低,设施简单。企业自营仓储为自用仓储,不开展商业性仓储经营。

②营业仓储。营业仓储是仓储经营人以其拥有的仓储设施,向社会提供商业性仓储服务的仓储行为。仓储经营人与存货人通过订立仓储合同的方式建立仓储关系,并且依据合同约定提供服务和收取仓储费。营业仓储的目的是为了在仓储活动中获得经济回报,实现经营利润最大化。其经营内容包括提供货物仓储服务和提供场地服务。

③公共仓储。公共仓储是公用事业的配套服务设施,为车站、码头提供仓储配套服务。其主要目的是为了保证车站、码头的货物作业和运输流畅,具有内部服务的性质,处于从属地位。但对于存货人而言,公共仓储也适用营业仓储的关系,只是不独立订立仓储合同,而是将仓储关系列在作业合同、运输合同之中。

④战略储备仓储。战略储备仓储是国家根据国防安全、社会稳定的需要,对战略物资实行储备而产生的仓储。战略储备由国家政府进行控制,通过立法、行政命令的方式进行,由执行物资储备的政府部门或机构进行运作。战略储备特别重视储备品的安全性,且储备时间较长。战略储备物质主要有粮食、油料、能源、有色金属、淡水等。

(2)按仓储对象划分

①普通物品仓储。普通物品仓储是指不需要特殊保管条件的物品仓储。一般的生产物资、普通生活用品、普通工具等杂货类物品,不需要针对货物设置特殊的保管条件,采取无特殊装备的通用仓库或货场存放货物。

②特殊物品仓储。特殊物品仓储是在保管中有特殊要求和需要满足特殊条件的物品仓储,如危险物品仓储、冷库仓储、粮食仓储等。特殊物品仓储一般采用专用仓库,按照物品的物流、化学、生物特性,以及法规规定进行专门的仓库建设和管理。

2.1.2　仓储的作用

物流中的"仓储"是一个非常广泛的概念,物流学要研究的就是包括储备、库存在内的广义的仓储概念。和运输的概念相对应,仓储是以改变"物"的时间状态为目的的活动,从而在克服产需之间的时间差异中获得更好的效用。仓储的作用是很明显的,可以从以下几个方面加以说明:

1)仓储是社会物质生产的必要条件之一

仓储作为社会再生产各环节之中以及社会再生产各环节之间的"物"的停滞,构成了上一步活动和下一步活动衔接的必要条件。例如,在生产过程中,上一道工序生产与下一道工序生产之间免不了有一定间隔,上一道工序的半成品总是要达到一定批量之后,才能经济合理地送给下一道工序,而下一道工序为了保持连续生产,也总是要有一些储备保证,于是,仓储无论对哪一道工序来说,都是保证顺利生产的必要条件。

2）仓储是物流的主要功能要素之一

在物流中,运输承担了改变空间状态的重任,而另一个重任,即改变"物"的时间状态,是由仓储来承担的。因此,在物流系统中,运输和仓储是并列的两大主要功能要素,被称作物流的两根支柱。

3）仓储可以创造"时间效用"

时间效用的含义是,同种"物"由于时间状态不同,其使用价值的实用限度发挥到最佳水平,最大限度地提高了产出投入比。通过仓储,使"物"在效用最高的时间发挥作用,就能充分发挥"物"的潜力,实现了时间上的优化配置。从这个意义上来讲,也相当于通过仓储提高了物的使用价值。

4）仓储是"第三个利润源"的重要源泉之一

仓储是"第三个利润源"中的主要部分。仓储作为一种停滞,有冲减利润的趋势,这是因为在"存"的过程中"物"的使用价值降低,各种仓储成本支出又必然冲减利润。若这部分成本能控制得当,就能极大地节约物流成本,成为一个重要的利润来源。

然而仓储的副作用表现得很突出。在物流系统中,仓储作为一种必要活动,由其特点决定,也经常有冲减物流系统效益、恶化物流系统运行的趋势,主要因为以下因素导致成本太高。

①仓储建设、仓库管理、仓库工作人员工资和福利等项费用开支增高。

②仓储货物占用资金至少带来利息的损失。

③陈旧损坏与跌价损失。

④进货、验货、保管、发货、搬运等工作所花费的费用。

上述各种费用支出都是降低企业效益的因素,再加上在企业整个运营过程中,仓储占用企业流动资金高达 40% ~ 70% 的比例,在非常时期,有的企业库存竟然占用了全部流动资金,使企业无法正常运转。所以有些经济学家和企业家将其看成是"洪水猛兽",当然也就不足为怪了。

2.2 仓储管理概念与任务

2.2.1 仓储管理的概念

仓储管理就是对仓库及仓库内的物资所进行的管理,是仓储机构为了充分利用其具有的仓储资源提供高效的仓储服务而进行的计划、组织、控制和协调过程。具体来说,仓储管理包括仓储资源的获得、仓储商务管理、仓储流程管理、仓储作业管理、保管管理、安全管理等多种管理工作及相关的操作。

仓储管理是一门经济管理科学,同时也涉及应用技术科学,故属于边缘性学科。仓储管理的内涵随着其在社会经济领域中的作用不断扩大而变化。仓储管理,即库管,是指对仓库及其库存物品的管理。仓储系统是企业物流系统中不可缺少的子系统。物流系统的整体目标是以最低成本提供令客户满意的服务,而仓储系统在其中发挥着重要作用。仓储活动能够促进企业提高客户服务水平,增强企业的竞争能力。现代仓储管理已从静态管理向动态管理发生着根本性的变化,对仓储管理的基础工作也提出了更高的要求。

知识链接

仓储协会的发展

美国早在1891年就成立了全美公共仓储行业协会AWA。该协会是美国最早成立的企业集团之一,也是全美公共仓储行业唯一的经营代表机构。

中国物资储运协会和中国仓储协会是在国内贸易局的授权与指导下,在仓储与物流以及相关企业的支持和参与下成立的行业协会,实施跨地区、跨部门、跨区域的仓储行业管理与协调,打破部门分割、地区分割、相互封闭的格局,促使各类型仓库和仓储(储运)企业从附属型向经营型转化,加快实现仓储业的统一规划、合理布局,形成全国统一的仓储市场体系。中国物资储运协会和中国仓储协会每年都举办各类研讨会、展览会,为国内外仓储物流企业提供交流探讨与合作的机会。

伴随着仓储行业的不断发展与完善,国际仓储协会也在进一步地发生变化。在1999年召开的"国际仓储协会联盟99年会"上,经仓储常务委员会研究并经全体代表大会审议决定,将"国际仓储协会联盟"(IFPWA)更名为"国际仓储与物流协会联盟"(IFPWLA)。法国的玛丽·费朗科易斯女士当选为该联盟1999—2000年度主席,并继续担任联盟秘书长。

2.2.2 仓储管理的任务

1)以高效率为原则组织管理机构

仓储管理机构是开展有效仓储管理的基本条件,是一切管理活动的保证和依托。生产要素尤其是人的要素只有通过良好的组织才能发挥作用,实现整体的力量。仓储组织机构的确定需围绕着仓储经营的目标,以实现仓储经营的最终目标为原则,依据管理幅度、因事设岗、责权对等的原则,建立结构简单、分工明确、互相合作和促进的管理机构和管理队伍。仓储管理机构因仓储机构的属性不同有所区别,分为独立仓储企业的管理组织和附属仓储机构的管理组织。一般都设有内部行政管理机构、商务、库场管理、机械设备管理、安全保卫、财务以及其他必要的机构。仓储内部大都实行直线智能管理制或者事业部制的管理组织结构。随着计算机网络的应用和普及,管理机构趋向于扁平化发展。

2)以满足社会需要为原则开展商务活动

商务工作是仓储对外的经济联系,包括市场定位、市场营销、交易和合同关系、客户关系管理、争议处理等。仓储商务是仓储经营生存和发展的关键,是经营收入和仓储资源充分利用的保证。从功能来说,商务管理是为了实现收益最大化,但是作为社会主义的仓储管理,必须遵循社会主义不断满足社会生产和人民生活需要的生产原则,最大限度地提供仓储产品,满足市场需要。满足市场需要包括数量上满足和质量上满足两个方面。仓储管理者还要不断把握市场的变化发展,不断创新,提供适合经济发展的仓储服务。

3)以高效率低成本为原则组织仓储生产

仓储生产包括货物入仓、堆存、保管、出仓的作业,也包括仓储物验收、理货交接,在仓储期间的保管照料、质量维护、安全防护等。仓储生产的组织遵循高效低耗的原则,充分利用机械设备、先进的保管技术、有效的管理手段,以实现仓储快进快出,提高仓储利用率,降低成本,不发生差、损、错事故,保持连续稳定的生产。生产管理的核心在于充分利用先进的生产技术和手段,建立科学的生产作业制度和操作规程,实行严格的监督管理,采取有效的员工激励机制。特别是非独立经营的部门仓储管理,其中心工作就是开展高效率、低成本的仓储生产管理,充分配合企业的生产和经营。

4)以"优质服务、诚信原则"树立企业形象

企业形象是指企业展现在社会公众面前的各种感性印象和总体评价的整合,包括企业及产品的知名度、社会的认可程度、美誉度,以及员工和客户对企业的忠诚度等方面。企业形象是企业的无形财富,良好的形象会促进产品的销售,也为企业的发展提供良好的社会环境。作为为厂商服务的仓储业,其企业形象所面向的对象主要是生产、流通经营者,其企业形象的建立主要通过服务质量、产品质量、诚信和友好合作等方式,并通过一定的宣传手段在潜在客户中加强。在现代物流管理中,对服务质量的高度要求、对合作伙伴的充分信任使仓储企业形象的树立变得极为必要。只有具有良好形象的仓储经营人才能在物流体系中占有一席之地,才能适应现代物流的发展。

5)通过制度化、科学化不断提高管理水平

任何企业的管理都不可能一成不变,需要随着形势的发展而不断发展,以适应新的变化。仓储管理也要根据仓储企业经营目的的改变、社会需求的变化而改变。管理也不可能一步到位,不可能一开始就设计出一整套完善的管理制度,因为那样不仅教

条,而且不可执行。仓储管理也要从简单管理到复杂管理,从直观管理到系统管理,在管理实践中不断补充、修正、完善、提高,实行动态的仓储管理。仓储管理的动态化和管理变革,既可以促进管理水平和仓储效益的提高,也可能因为脱离实际、不同于人们的惯性思维或形而上学,而使管理的变革失败,甚至倒退,从而不利于仓储的发展。因而仓储管理的变革需要制度性的变革管理,通过科学的论证,广泛吸取先进的管理经验,针对本企业的客观实际开展管理。

6)从技术层次到精神层次提高员工素质

没有高素质的员工就没有优秀的企业。企业的一切行为都是人的行为,是每一个员工履行职责的行为表现。员工的精神面貌体现了企业形象和企业文化。仓储管理的一项重要工作就是根据企业形象建设的需要不断提高员工的素质和加强对员工的约束和激励。员工的素质包括员工的技术素质和精神素质。通过不断的、系统的培训和严格的考核,保证每个员工能够熟练掌握所从事劳动岗位应知应会的操作、管理技术和理论知识,而且要求精益求精,跟得上技术和知识的发展和更新。另外还要让职工明白岗位的工作制度、操作规程,明确岗位所承担的责任。良好的精神面貌来自于企业和谐的氛围、有效的激励、对劳动成果的肯定以及精神文明教育的深入。在仓储管理中要重视员工的地位,而不能将员工仅仅看作是生产工具、一种等价交换的生产要素。要在信赖中约束,在激励中规范,使员工感受到人尽其才、劳有所得、人格被尊重,形成热爱企业、自觉奉献、积极向上的精神面貌。

7)利用市场经济的手段获得最大的仓储资源的配置

市场经济最主要的功能是通过市场的价格杠杆和供求关系调节经济资源的配置。市场配置资源是以实现资源最大效益为原则,这也是企业经营的目的。配置仓储资源也应依据所配置的资源能获得最大效益为原则。仓储管理就需要营造本仓储机构的局部效益空间,吸引资源投入。其具体任务包括:根据市场供求关系确定仓储的建设,依据竞争优势选择仓储地址,以生产差别产品决定仓储专业化分工和确定仓储功能,以所确定的功能决定仓储布局,根据设备利用率决定设备配置等。

2.3 仓储管理的基本原则

2.3.1 效率原则

效率是指在一定劳动要素投入量时的产品产出量。较少的劳动要素投入和较高的产品产出才能实现高效率。高效率就意味着劳动产出大,劳动要素利用率高。高效率是现代生产的基本要求。仓储的效率表现在仓库利用率、货物周转率、进出库时间、装卸车时间等指标上,表现出"快进、快出、多存储、保管好"的高效率仓储。

仓储生产管理的核心就是效率管理,以最少的劳动量的投入,获得最大的产品产出。劳动量的投入包括生产工具、劳动力数量及其使用时间和作业时间。效率是仓储其他管理的基础,没有生产的效率,就不会有经营的效益,就无法开展优质的服务。

高效率的实现是管理艺术的体现。仓储管理要通过准确核算,科学组织,妥善安排场所和空间,机械设备与人员的合理配合,部门与部门、人员与人员、设备与设备、人员与设备之间默契配合,使生产作业过程有条不紊地进行。

高效率还需要有效管理过程的保证,包括现场的组织、督促,标准化、制度化的操作管理,严格的质量责任制的约束。反之,现场操作混乱、操作随意、作业质量差,甚至出现作业事故显然不可能有效率。

2.3.2 经济效益的原则

厂商生产经营的目的是为了追求最大化利润,这是经济学的基本假设条件之一,也是社会现实的反映。利润是经济效益的表现。

利润 = 经营收入 – 经营成本 – 税金

实现利润最大化则需要做到经营收入最大化和经营成本最小化。

企业经营以追求利润最大化为动机。作为市场经营活动主体的仓储业,也应围绕着获得最大经济效益的目的进行组织和经营。同时,仓储业也需要承担一定的社会责任,履行环境保护、维护社会安定的义务,满足社会不断增长的物质文化需要等社会义务,实现生产经营的社会效益。

2.3.3 服务的原则

仓储活动本身就是向社会提供服务产品。服务是贯穿在仓储中的一条主线,仓储的定位、仓储的具体操作、对储存货物的控制都要围绕着服务进行。仓储管理要围绕着服务定位,如提供服务、改善服务、提高服务质量,包括直接的服务管理和以服务为原则的生产管理。

仓储的服务水平与仓储经营成本有着密切的相关性,两者互相对立。服务好,成本高,收费就高。仓储服务管理就是在降低成本和提高(保持)服务水平之间保持平衡。仓储企业进行服务定位的策略有:

进入或者引起竞争时期:高服务低价格且不惜增加仓储成本;

积极竞争时期:用一定的成本实现较高的仓储服务;

稳定竞争时期:提高服务水平,争取不断降低成本;

已占有足够的市场份额,处于垄断竞争(寡头)地位:服务水平不变,尽力降低成本;

退出阶段或者完全垄断:大幅度降低成本,但也降低服务水平。

知识链接

仓储信息网络化

随着计算机技术和通信技术的发展以及全球信息网络的建立,仓储的信息化趋势也将得到进一步发展。仓储信息网络是一个利用现代信息技术、数学和管理科学方法对仓储信息进行收集、加工、储存、分析和交换的综合系统。它通过对物资统一编码并形成国际间的编码系统,推进通信规则的统一以及票据标准化,以满足电子数据处理的需要。通过电子数据交换(EDI)、电子订货系统(EOS)、电子经费传送(EFT)等形式实现无纸化作业,提高了物资保障的快速性、可靠性、准确性,降低了作业费用,提高了作业效率。

信息技术将不仅用于处理仓储具体业务,而且用于控制各种储运设备,如通过全球卫星定位系统(GPS)实现对汽车、火车、船舶、飞机等物资运载工具的精确定位跟踪,并与客户的数据共享,减少了供应环节,缩短了物资周转时间,压缩了库存物资,提高了保障的精确性和可靠性,实现仓储物资的全程可视化。

由于计算机的运算速度快、信息容量大,加上信息可以在网络上传输,所以被广泛运用于仓储各种业务的管理,并开始进行网上交易。对于仓储中心而言,计算机可以对经营决策发挥"支持"作用,成为经营决策的有效工具。仓储中心的决策大部分是结构化决策,即大部分是例行的和重复性的决策。对于这些决策可以建立一种规则或模型,应用现代管理方法,为决策提供支持。相对来讲,仓储的业务比较规范,利用计算机可以制定出比较科学的经营计划或方案;可以对物资的需求量进行比较准确的预测;可以建立起仓储中心和供货厂家、需求客户之间的空间数据库,并根据所送货物特性、运输车辆状况等约束条件制定出配送的优化方案,供决策者参考。

本章小结

本章介绍仓储和仓储管理的有关内容。仓储是利用仓库存放、储存物品的行为。仓储按照经营主体的不同、仓储对象的不同、经营方式的不同、仓储功能的不同可分为不同的种类。仓储的作用包括:仓储是社会物质生产的必要条件之一,仓储是物流的主要功能要素之一,仓储可以创造"时间效用",仓储是"第三个利润源"的重要源泉之一。仓储管理就是对仓库及仓库内的物资所进行的管理,是仓储机构为了充分利用所具有的仓储资源提供高效的仓储服务所进行的计划、组织、控制和协调过程。仓储管理的基本原则是效率原则、经济效益的原则、服务的原则。

案例　英迈公司仓储管理

2000年一年英迈公司全部库房只丢了一根电缆。半年一次的盘库,由公证公司作第三方机构检验,前后统计结果只差几分钱,陈仓损坏率为0.3%,运作成本不到营业总额的1%……这些都发生在在全国拥有15个仓储中心,每天库存货品上千种,价值可达5亿人民币的英迈公司身上。他们是如何做到的呢?通过参观英迈中国在上海的储运中心,可以发现英迈中国运作部具有强烈的成本概念和服务意识。

英迈公司库存中所有的货品在摆放时,货品标签一律向外,而且没有一个倒置,这是在进货时就按操作规范统一摆放的,目的是为了出货和清点库存时查询方便。运作部曾经计算过,如果货品标签向内,以一个熟练的库房管理人员来操作,将标签恢复至向外,需要8分钟。英迈的每一个仓库中都有一本重达3 kg的行为规范指导,细到怎样检查销售单、怎样装货、怎样包装、怎样存档、每一步骤在系统上的页面是怎样的等,在这本指导上都有流程图,有文字说明,任何受过基础教育的员工都可以从规范指导中查询和了解到每一个物流环节的操作规范,并遵照执行。统计和打印出英迈上海仓库或全国各个仓库的劳动力生产指标,包括人均收货多少钱,人均收货多少行,只需要5分钟。仓库空间是经过精确设计和科学规划的,甚至货架之间的过道也是经过精确计算的。为了尽量增大库存实用面积,只给运货叉车留出了10 cm的空间,叉车司机的驾驶必须稳而又稳,尤其是在转弯时,因此英迈的叉车司机都要经过此方面的专业培训。在日常操作中,仓库员工从接到订单到完成取货,规定时间为20分钟。因为仓库对每一个货位都标注了货号标志,并输入Impulse系统中,Impulse系统会将发货产品自动生成产品货号,货号与仓库中的货位一一对应,所以仓库员工在发货时就像邮递员寻找邮递对象的门牌号码一样方便快捷。

提起英迈,在分销渠道中都知道其最大优势是运作成本低,而这一优势又往往被归因于其采用了先进的Impulse系统。但从以上描述中已可看出,英迈运作优势的获得并非看似那样的简单,而是对每一个操作细节不断改进,日积月累而成。从所有的操作流程看,成本概念和以客户需求为中心的服务观念贯穿始终,这才是英迈竞争的核心所在。英迈中国的系统能力和后勤服务能力在英迈国际的评估体系中仅被打了62分,刚刚及格。据介绍,在美国专业物流市场中,英迈国际能拿到70~80分。

作为对市场销售的后勤支持部门,英迈运作部认为,真正的物流应是一个集中运作体系,一个公司能不能围绕新的业务,通过一个订单把后勤部门全部调动起来,这是一个核心问题。产品的覆盖面不见得是公司物流能力的覆盖面,物流能力覆盖面的衡量标准是应该经得起公司业务模式的转换,换了一种产品仍然能覆盖到原有的区域。解决这个问题的关键是建立一整套物流运作流程和规范体系,这也正是大多数国内IT

企业所欠缺的物流服务观念。

案例分析与讨论题

1. 英迈运作优势来源于什么?
2. 从英迈公司中国物流的运作中我们得到什么启示?

复习思考题

1. 什么是仓储,仓储的功能是什么?
2. 简述仓储的作用。
3. 什么是仓储管理,仓储管理的任务是什么?
4. 简述仓储管理的基本原则。

第 3 章　仓储及配送设施设备

学习目标

了解仓库的概念及分类,了解现代物流技术在仓储及配送中的应用;
理解仓库的作用,理解仓储配送设备的种类;
掌握主要的仓储配送设备及仓储配送设备的使用管理。

知识点

仓库　仓库分类　自动化立体仓库　条形码　FRIO

案例导入

一汽大众应用物流系统纪实

一汽大众汽车有限公司目前仅捷达车就有 17 种颜色、七八十个品种,而每辆车都有 2 000 多种零部件需要外购。从 1997 年到 2000 年年末,公司捷达车的销售量从 43 947 辆一路跃升至 94 150 辆,市场兑现率已高达 95% ~ 97%。与这些令人心跳的数字形成鲜明对比的是,公司零部件居然基本处于"零库存"状态,而创造这一巨大反差的就是一整套较为完善的物流控制系统。

一个占地 9 万多平方米,可同时生产三种不同品牌的、亚洲最大的整车车间,它的仓库也一定壮观非常吧? 可这里的人却告诉记者:"我们这儿没有仓库,只有入口。"

一汽大众的零部件的送货形式有三种:第一种是电子看板,即公司每月把生产信息用扫描的方式通过电脑网络传送到各供货厂,对方根据这一信息安排自己的生产,然后公司按照生产情况发出供货信息,对方则马上用自备车辆将零部件送到公司各车间的入口处,再由入口处分配到车间的工位上。第二种叫作"准时化(just in time)",即公司按过车顺序把配货单传送到供货厂,对方也按顺序装货直接把零部件送到工位上,从而取消了中间仓库节。第三种是批量进货,供货厂每月对于那些不影响大局又没有变化的小零部件批量地送一到两次。

过去整车车间的仓库里堆放着大量的零部件,货架之间只有供叉车勉强往来的过道,大货车根本开不进来。不仅每天上架、下架、维护、倒运需要消耗大量的人力、物力和财力,而且储存、运送过程中总要造成一定的货损货差。

现在每天平均两个小时要一次货,零部件放在这里的时间一般不超过一天。订货、生产零件、运送、组装等全过程都处于小批量、多批次的有序流动当中。公司原先有一个车队专门在各车间送货,现在车队已经解散了。为什么短短几年的时间一汽大众就会有如此大的变化呢?陪同记者采访的公司生产服务部的规划员自豪地说:"我们用不到 300 万人民币打造了'傻子工程'。"

1998 年年初,公司开发的物流控制系统获得成功并正式投入使用。如今,这个仅用了不足 300 万元人民币的系统已经承受住了十几万辆车的考验。在整车车间,记者看到生产线上每辆车的车身上都贴着一张生产指令表,零部件的种类及装配顺序一目了然。计划部门按装车顺序通过电脑网络向各供货厂下达计划,供货厂按照顺序生产、装货,生产线上的工人按顺序组装,一伸手拿到的零部件保证就是他正在操作的车上的。物流管理就这样使原本复杂的生产变成了简单而高效的"傻子工程"。令人惊奇的是,整车车间的一条生产线过去只生产一种车型,其生产现场尚且拥挤不堪,而如今在一条生产线上同时组装两到三种车型的混流生产方式下,却不仅做到了及时、准确,而且生产现场比原先节约人员近 10%。此外,零部件的存储减少了,公司每年因此节约的成本达六七亿元人民币。公司总经理感慨地说:"一个单位谁是头儿? 电脑!"

随着物流控制系统的逐步完善,电脑网络由控制实物流、信息流延伸到公司的决策、生产、销售、财务核算等各个环节之中,使公司的管理步入了科学化、透明化。

3.1 仓库及其作用与分类

3.1.1 仓库的概念

仓库指的是用来保管、存储物品的建筑物和场所的总称,是按计划用来保管物品,并对其数量或价值进行登记,提供有关存储物品的信息以供管理部门决策的场所,也是物流过程中的一个空间或一块面积,甚至包括水面。仓库是在计划好的空间环境里供存储物品之用的建筑。仓库由存储物品的库房、运输传送设施(如吊车、电梯、滑梯等)、出入库房的输送管道和设备以及消防设施、管理用房等组成。

仓库作为连接生产者和消费者的纽带,是物流系统的一个中心环节,是物流网络的节点。现代的仓库已由过去单纯的作为"存储、保管商品的场所",逐步向"商品配送服务中心"发展,不仅存储、保管商品,更重要的是还具有商品的分类、检验、计量、入库、保管、包装、分拣、出库及配送等多种功能。

3.1.2 仓库的作用

仓库作为物流服务的据点,其最基本的作用就是存储物品,并对存储的物品实施保管和控制。但随着人们对仓库概念的深入理解,仓库也担负着挑选、配货、检验、分类、信息传递等功能,并具有多品种小批量、多批次小批量等配送功能以及拴标签、重新包装等流通加工功能。一般来讲,仓库具有以下几个方面的作用。

1)存储和保管

这是仓库最基本、最传统的作用。仓库具有一定的空间用于存储物品,并根据存储物品的特性配备相应的设备,以保持存储物品的完好性。例如,存储挥发性溶剂的仓库必须设有通风设备,以防止空气中挥发性物质含量过高而引起爆炸。存储精密仪器的仓库,需防潮、防尘、恒温,应配备空调、恒温设备等。仓库作业中要防止搬运和堆放时碰坏、压坏物品,使仓库真正起到存储和保管的作用。

2)支持生产

由于大部分生产车间为完成加工任务需要各种原材料、半成品等,这些生产投入品来自不同的供货商,为了顺利有序地完成向生产车间发送原材料及其他生产投入品的任务,需要兴建现代化的仓库,将来自不同供货商的商品存放起来以保障生产活动的正常开展。

3)调节供需

仓库可以有效地缓解供需之间的矛盾,使二者在时间与空间上得到协调,尤其以农产品最为突出。因为农产品的生产受自然气候的制约,在大丰收的时候需要存放部分过剩的产品,一方面可以防止歉收时缺货,另一方面也可以有效避免量多价低的情况发生。

4)调节运输能力

各种运输工具的运输能力是不一样的。船舶的运输能力很大,海运船一般是万吨级的,内河船舶也有几百吨至几千吨的。火车的运输能力较小些,每节车皮能装运30~60 t,一列火车的运量最多达几千吨。汽车的运输能力更小,一般每辆车装载4~10 t。各种运输工具之间的直接运输衔接是很困难的,这种运输能力的差异,也是通过仓库进行调节和衔接的。

5)商品加工

为了满足客户提出的特殊要求或者实现合理配送,在仓库内部可以对存储的物品进行一些辅助性的流通加工,比如再包装、重新标价,或者改变产品规格、尺寸以及形状等。因此,仓库需要适当增加一些加工设备以满足客户的要求。

6)配送商品

由于每个客户对商品的品种、规格、型号、数量、质量、到达时间和地点等的要求不同,仓库就必须按客户的要求对商品进行分拣和组配。这是现代仓储业区别于传统仓储业的重要特征之一。

7)信息处理

仓库内部每时每刻都会产生大量物流信息。在现代信息技术装备下,订单处理、库存管理、储位管理、拣货作业等工作全部可以实现无纸化操作。

3.1.3 仓库的分类

大多数生产企业或服务机构都以某种形式拥有自己的仓储空间,从办公用品的储藏室到几万平方米的成品仓库,形式多种多样。这些属于自有仓库的类型。另外,部分企业自己不另设仓库,而是通过租赁仓库满足自己的存储需要。无论是自有仓库还是租赁仓库,都可以将仓库进一步进行分类。

1)根据仓库在社会再生产中的作用分类

(1)生产性仓库

生产性仓库主要是为保证企业的正常生产而建立的仓库。这类仓库主要存放生产企业生产所需要的原材料、设备和工具等,并存放企业生产的成品。按其存放物品性质的不同分为原材料仓库、半成品仓库和产成品仓库。

(2)中转性仓库

中转性仓库是专门从事存储和中转业务的仓库,如专业的储运仓库和铁路、公路、港口、码头的货运仓库等。

(3)储备性仓库

储备性仓库是政府为了防止自然灾害、战争及国民经济比例严重失调而设立的,一般储备的商品储存时间较长,对仓储条件、质量维护和安全保卫要求较高。

2)根据仓库营运形态分类

(1)自用仓库

自用仓库是指生产企业或流通企业为了本企业物流业务的需要而修建的附属仓库。这类仓库只储存本企业的原材料、燃料、产品或成品,一般工厂、企业、商店的仓库以及部队的后勤仓库多属于这一类。

(2)营业仓库

营业仓库是指专门为了经营存储业务而修建的仓库。这类仓库面向社会服务,或以一个部门的物流业务为主,兼营其他部门的物流业务,如商业、物资、外贸等系统的储运公司的仓库等。营业仓库由仓库所有人或者由分工的仓库管理部门独立核算经营。

（3）公用仓库

公用仓库属于公共服务的配套设施,为社会提供物流服务的公共仓库,如铁路车站的货物仓库、港口的码头仓库、公路货场的仓库等。

3）根据仓库功能分类

（1）储存仓库

储存仓库主要对货物进行保管,以解决生产和消费间的不均衡,如将季节性生产的大米储存到第二年卖,常年生产的化肥通过仓储在春秋季节集中供应。

（2）流通仓库

流通仓库除具有保管功能之外,还具有装配、简单加工、包装、理货以及配送功能,具有周转快、附加值高、时间性强的特点,从而减少流通过程中商品的停滞花费。

（3）配送中心

配送中心是向市场或直接向消费者配送商品的仓库。作为配送中心的仓库往往具有存货种类多、存货量较少的特点。要进行商品包装拆除、配货组合等作业,一般还开展配送业务。

（4）保税仓库

保税仓库是经海关批准,在海关监管下,专供存放未办理关税手续的入境或过境货物的场所,可以长期储存、装卸、搬运以及暂存外国货物。

（5）出口监管仓库

出口监管仓库是经海关批准,在海关监管下,存放已按规定领取了出口货物许可证或批件、已对外结汇并向海关办完全部出口手续的货物的专用仓库。

4）根据仓库作业方式分类

（1）人力仓库

人力仓库采用人工作业方式,无装卸作业机械设备,一般规模较小,常用于储存电子元器件、工具、备品备件等货物。

（2）机械化仓库

机械化仓库是指入库和出库均采用机械作业(如行车、叉车、输送机等)的仓库,适合整批入库和出库、长大笨重货物的存储。一般来说,机械化仓库配备有高层货架,有利于提高仓库空间的利用率。

（3）自动化立体仓库

自动化立体仓库是以高层货架为主体,配备自动巷道作业设备和输送系统的无人仓库,如青岛海尔公司、红塔卷烟集团等企业的自动化仓库。

3.2 仓储配送设备

仓库及配送中心的空间有限,如何合理利用好仓库及配送中心的空间,其中重要的原则之一是合理的仓储配送设备。自动化立体仓库等设施设备的出现就是为了提高空间利用率。在布置仓库及配送中心设备时,一般应明确区域的划分,并对区域进行编号,把仓库设备的布置用数字或字母等便于进行信息处理的方式标识出来。

3.2.1 仓库设备的种类

仓储工作中所使用的设备按其用途和特征可分为装卸搬运设备、保管设备、计量设备、养护检验设备、通风设备、保暖设备、照明设备、消防安全设备、劳动防护设备以及其他用途设备和工具。在仓库设备的具体管理中,则应根据仓库规模的大小进行恰当分类。

1)装卸搬运设备

装卸搬运设备用于商品的出入库、库内堆码以及翻垛作业。这类设备对改进仓储管理,减轻劳动强度,提高收发货效率起到重要作用。目前,我国仓库及配送中心所使用的装卸搬运设备通常分为3类:装卸堆垛设备、搬运传送设备和成组搬运设备。

2)保管设备

保管设备是指用于保护仓储商品质量的设备,包括苫垫用品和存货用具。苫垫用品起到遮挡雨水和隔潮、通风等作用。货架是用来存放商品的敞开式格架。根据仓库内的布置方式不同,货架可采用组合式或整体焊接式两种。

3)计量设备

计量设备用于商品进出时的计量、点数以及存货期间的盘点、检查等,如地磅、轨道衡、电子秤、电子计数器、流量仪、带秤、天平仪以及比较原始的磅秤、卷尺等。随着仓储管理现代化水平的提高,现代化的自动计量设备将会得到更多的应用。

4)养护检验设备

养护检验设备是指商品进入仓库时验收和在库内保管测试、化验以及防止商品变质、失效的器具,如温度仪、测潮仪、吸潮器、烘干箱、空调器以及商品质量化验器等。

5）通风、保暖、照明设备

通风设施是使仓库内的空气清洁,防止高温和不良气体影响的设施。根据通风的方式,可采用自然通风和人工通风两种。为便于仓库内作业以及夜间作业,仓库应设置照明设备。一般有天然照明和人工照明两种。根据商品存储要求和当地气温条件,仓库内可设置取暖设备,一般有气暖和水暖两种。

6）安全设备

安全设备包括消防设备和劳动防护设备。消防设备是仓库必不可少的设备,包括报警器、消防车、手动抽水机、水枪、消防水源、砂土箱以及消防云梯等。劳动防护设备是指用于确保仓库职工在作业中的人身安全的一些防护用具和用品。

7）分拣设备

分拣设备是配送中心的核心设施。先进的分拣设备一般都是自动分拣系统。一般由控制装置、分类装置、输送装置及分拣道口组成。

3.2.2　主要的仓储配送设备

1）货架

货架是专门用来存放成件商品的保管设备。货架在仓库中占有非常重要的地位。随着物流量的大幅度增加,为实现仓库的现代化管理,改善仓库的功能,不仅要求货架数量多,而且要求具有多种功能,并能满足机械化、自动化要求。

货架是一种架式结构物。利用货架可充分利用仓库空间和库容,扩大仓库储存能力。货架使货物分隔,互不挤压,可保证商品本身的功能,减少商品的损失。货架中的商品存取方便,可做到先进先出。存储于货架的商品,能够防潮、防尘、防盗、防破坏。货架的使用有利于实现仓库的机械化、自动化、电子化管理,提高仓储作业的现代化水平。

货架结构如图 3.1 所示。下面介绍几种常用货架。

(1)驶入、驶出式货架

驶入、驶出式货架采用钢质结构,是把数排传统货架连接起来形成的。存放商品时,托盘按深度方向存放,一个紧接着一个,这使得高密度存储成为可能。它允许堆高机驶入货架并从里层的位置开始存放至最前方的位置,其通道空间又是存储空间,因此储存密度非常高,地板使用率达到 65%,适合于大批量少品种的商品存储作业,叉车可直接驶入货道内进行存取货物,作业极其方便。驶入式货架存取货物时,叉车从通道的一端进出,存放时先内后外,取货时先外后内,是典型的先进后出存储方式;驶出式货架较驶入式货架更为实用,存取货物时可从通道的两端进出,可以做到先进先出。

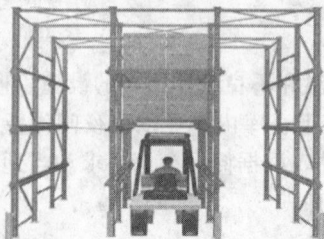

驶入式货架

流动式货架

移动式货架

悬臂式货架

后推式货架

图 3.1　货架

（2）流动式货架

流动式货架。这种货架的一端较高，另一端较低，倾斜布置，较高的一端作为入货口，较低的一端作为出货口。负载置放于滚轮上，由于货架的出口方向是往下稍微倾斜的，因此可利用重力使商品朝出口方向滑动。

（3）移动式货架

移动式货架又称动力式货架，通过货架底部的电动机驱动装置，可在水平直线导轨上移动。一般设有控制装置和开关，可使货架移动，叉车可进入存取商品。其存储密度比一般固定式货架大且节省空间,地面面积使用率达到80% 。

（4）悬臂式货架

悬臂式货架,是在立柱上装设外悬臂杆来构成,适合于存放钢管、型钢等长形的商品。若要放置圆形商品时,可在其臂端装设阻挡块以防止商品滑落。其特点为:结构轻巧,载重能力好,空间利用率高。

（5）后推式货架

后推式货架是一种高密度托盘存储系统,它是将相同货物的托盘存入二、三和四倍深度又稍微向上倾斜的可伸缩轨道货架上。托盘的存放和取出是在同一通道上进行的,存入时叉车将托盘逐个推入货架深处,取出时托盘随重力逐个前移,因而最先放入的托盘是在最后取出的。

（6）旋转式货架

旋转式货架又称回转式货架。在拣选商品时,取货者不动,通过货架的水平、垂直或立体方向回转,商品随货架移动到取货者的面前。旋转式货架在存取商品时,可以通过计算机进行自动控制,即根据下达的指令,货格以最近的距离自动旋转至拣货点停止。这种货架的存储密度大,货架间不设通道。

2）托盘

托盘又称集装托盘、集装盘,是指为了便于装卸、运输、保管商品,由盛载单位数量物品的负荷面和叉车插口构成的装卸用水平平台装置。在平台上集装一定数量的单件货物,并按要求捆扎加固,组成一个运输单位,便于运输过程中使用机械进行装卸、搬运和堆存。这种台面有供叉车从下部叉入并将台板托起的叉入口,以这种结构为基本结构的平面台板和在这种基本结构基础上所形成的各种形式的集装器具都可统称为托盘。

托盘是企业生产、运输、储存、包装及装卸的一种很重要的工具。随着机械化程度的提高,托盘的使用量也越来越大。托盘的出现促进了集装箱和其他集装方式的形成和发展。托盘的优点是自重量小,便于机械操作,能有效提高运输效率;价值不高,可以互相代用,以对方托盘抵补;用托盘可以节省包装材料,节省运输费用。缺点是保护性差,露天存放困难,需要仓库等配套设施。托盘按不同的方法可以分为不同的类别。托盘结构如图3.2所示。

（1）按托盘的结构分类

①平托盘。平托盘主要以木制为主,也有钢制或以塑料、复合材料等制作的托盘,其应用范围最广。一般分为单面使用、双面使用、两向进叉和四向进叉4种。②柱式托盘。柱式托盘是在平托盘上安装四个柱的托盘。安装立柱的目的是在无货架多层堆码时保护最下层商品不受损害。③箱式托盘。箱式托盘是在平托盘上安装上部构造物(平板状、网状构造物等),制成箱式设备。箱式托盘一般分为可卸式、固定式和折叠式3种。这种托盘具有使包装简易并可形成不规则的货物集装,方便运输,防止塌

平托盘（a）　　　　　　　　　　平托盘（b）

箱式托盘　　　　　　　　　　轮式托盘

图3.2　托盘

垛等优点。主要适合于装载蔬菜、瓜果、薯类等农产品。④轮式托盘。轮式托盘是一种在平托盘下面安装4个小轮子的托盘。主要适用于行包、邮件的装卸搬运作业。

（2）按托盘的适用性分类

可分为通用托盘和专用托盘两大类。专用托盘是根据产品特殊要求专门设计制造的托盘,如冷冻托盘、航空托盘、平板玻璃托盘、油桶专用托盘以及轮胎托盘等。

（3）按制作材料分类

可分为木托盘、金属托盘、塑料托盘、纸托盘和胶合板托盘等。

作为一种集装单元器具,托盘具有重要的衔接功能、举足轻重的连带性,在装卸搬运、保管、运输和包装等各个物流环节中,都处于中心位置。所以,托盘的规格尺寸,是包装尺寸、车厢尺寸、集装单元尺寸的核心。只有以托盘尺寸为标准,决定包装、货车车厢、火车车厢、集装箱箱体等配套规格尺寸和系列化规格标准,才能体现装卸搬运、保管、运输和包装作业的合理性和效率性。1982年我国颁布的国家标准,将平托盘的平面尺寸规定为0.8 m×1.2 m、0.8 m×1.1 m、1 m×1.2 m三种尺寸。近年来,我国又出现了1.1 m×1.1 m的托盘,这是一种新的趋势。

3）叉车

叉车又称铲车或叉式取货机,是以货叉作为主要取货装置,依靠液压起升机构升降商品,由轮胎式行驶系统实现商品水平搬运,具有装卸、搬运双重功能的机械设备。

按照性能和使用分类,有平衡式叉车、插腿式叉车、侧面式叉车、前移式叉车、集装箱式叉车以及高位拣选式叉车等。叉车的结构如图3.3所示。

前移式叉车

侧面式叉车

平衡式叉车

高位拣选叉车

图3.3 叉车

(1)前移式叉车

前移式叉车具有两条前伸的支腿,支腿前端有两个轮子。叉车的门架可以带着起升机构沿着支腿内侧轨道前移,便于叉取商品。叉取商品并起升一小段高度后,门架又沿着支腿内侧轨道回到原来的位置。前移式叉车的起重量较小,承载能力为1.0～2.5 t,采用电动机驱动。提升高度最高可达11 m,常用于仓库内中等高度的堆垛、取货作业。

(2)侧面式叉车

侧面式叉车的门架、起升机构和货叉位于叉车的中部,可以沿着横向导轨移动。货叉位于叉车的侧面。当货叉沿着门架上升到大于商品平台高度时,门架沿着导轨缩回,降下货叉,商品便放在叉车的商品平台上。在不转弯的情况下,具有直接从侧面叉取商品的能力,适用于装卸运输钢管、型材、木材、电线杆或水泥管等细长商品。

(3)平衡式叉车

平衡式叉车的工作装置位于叉车的前端,商品载于前端的货叉上。为了平衡前端商品的重量,需要在平衡式叉车的后部装有配重。平衡式叉车的前轮为驱动轮,后轮为转向轮。平衡式叉车是搬运车辆中应用最广泛的一种，它可以由驾驶员单独完成商品的装卸、搬运和堆垛作业，并且可通过变换扩大叉车的使用范围和作业效率。

(4)高位拣选叉车

高位拣选式叉车的结构特点是操纵人员可随商品一起升降，货叉可以自由提升，操纵室不动时与一般叉车相同。这种叉车的主要作用是高位拣货，适用于多品种、数量少的商品的入库、出库的拣选式高层货架仓库。

叉车的主要技术指标反映叉车的技术性能，是选择叉车的主要依据。主要参数包括负载能力、最大提升高度、最大提升车体高度、行走及提升速度、机动性以及控制方式等。负载能力即叉车能把最重的额定负载举到特定高度的能力，是最重要的指标。最大提升高度指在额定负载下叉车的最大提升高度。最大提升车体高度表示在最大提升高度时叉车的升降架顶端可达到的最高位置。行走和提升的速度受动力系统的型号的影响，一般在室内，叉车满载时的最大行走速度可达 18 km/h，空载时最大行走速度可达 21 km/h，提升速度一般在 0.3～0.5 m/s。机动性表示叉车在通道内的作业能力。通道宽度决定于叉车的负载长度、负载空间、叉车规格尺寸、旋转半径等因素。叉车尺寸包括长度、宽度和轴距。叉车作业效率、机动性和安全性受到控制方式的影响。

4)集装箱

集装箱是指具有一定强度、刚度和规格，专供周转使用的大型装货容器。使用集装箱转运货物，可直接在发货人的仓库装货，运到收货人的仓库卸货，中途更换车、船时，无须将货物从箱内取出换装。集装箱结构如图 3.4 所示。

图 3.4　集装箱

按国际标准化组织(ISO)技术委员会的规定，集装箱应具备下列条件：

(1)能长期反复使用，具有足够的强度。

(2)途中转运不用移动箱内货物，就可以直接换装。

(3)可以进行快速装卸，并可从一种运输工具直接方便地换装到另一种运输工具。

(4)便于货物的装满和卸空。

(5)具有 1 m³(即 35.32 ft³)或以上的容积。

满足上述 5 个条件的大型装货容器才能称为集装箱。

集装箱计算单位,简称 TEU,又称 20 英尺换算单位,是计算集装箱箱数的换算单位,也称国际标准箱单位。通常用来表示船舶装载集装箱的能力,也是集装箱和港口吞吐量的重要统计、换算单位。目前各国大部分集装箱运输,都采用 20 英尺和 40 英尺长的两种集装箱。为使集装箱箱数计算统一化,把 20 英尺集装箱作为一个计算单位,40 英尺集装箱作为两个计算单位,以利统一计算集装箱的营运量。在统计集装箱数量时有一个术语"自然箱",也称"实物箱"。自然箱是不进行换算的实物箱,即不论是 40 英尺集装箱,30 英尺集装箱,20 英尺集装箱或 10 英尺集装箱均作为一个集装箱统计。

国际标准集装箱共有 3 个系列、13 种规格。在国际海上集装箱运输中采用最多的是 IAA 型(即 40 英尺)和 IC 型(即 20 英尺)两种。IAA 型集装箱即 40 英尺干货集装箱,箱内容量可达 67.96 m^3,一般自重为 3 800 kg,载重为 26.68 t,总载重量 30.48 t。IC 型即 20 英尺集装箱内容量 33.2 m^3,自重一般为 2 317 kg,载重为亚 17.9 t,总载重量 20.32 t。

3.2.3 自动化立体仓库及其组成

1)自动化立体仓库的含义

自动化立体仓库又称自动存取系统、自动仓库、自动化高架仓库、高架立体仓库或无纸仓库等。它是指通过计算机和相应的自动控制设备对仓库的作业和仓储管理进行自动控制和管理,并通过自动化系统进行仓库作业的现代化仓库。自动化立体仓库由于具有很高的空间利用率、很强的入出库能力、采用计算机进行控制管理而利于企业实施现代化管理等特点,已成为企业物流和生产管理不可缺少的仓储技术,越来越受到企业的重视。自动化立体仓库的结构如图 3.5 所示。

图 3.5 自动化立体仓库

2）自动化立体仓库的基本组成

自动化立体仓库主要由下列几部分组成。

（1）高层货架

高层货架是自动化立体仓库的主要构筑物，一般用钢材或钢筋混凝土制作。钢货架的优点是构件尺寸小，仓库空间利用率高，制作方便，安装建设周期短。钢筋混凝土货架的优点是防火性能好，抗腐蚀性能强，维护保养简单。高层货架按建筑形式可分为整体式和分离式两种。整体式是指货架除了储存货物以外，还可以作为建筑物的支撑结构，就像是建筑物的一个部分，库房和货架形成一体化结构。分离式是指存储商品的货架独立存在，建在建筑物内部，可以将现有的建筑物改造为自动化仓库，也可以将货架拆除，使建筑物用于其他目的。自动化立体仓库的建筑高度一般在 5 m 以上，最高的可达 40 m，常用的立体仓库高度在 7 ~ 25 m。库内高层货架每两排合成一组，每两组货架中间设有一条巷道，供巷道堆垛起重机和叉车作业。每排货架分为若干纵列和横列，构成货格，用于存放托盘或货箱。巷道堆垛起重机自动对准货位存取商品，配合周围出入库搬运系统完成自动存取作业。

（2）巷道式堆垛机

巷道式堆垛机是高层货架仓库的主要作业机械，是由叉车、桥式堆垛机演变而来的。巷道堆垛机的主要用途是：在巷道内来回穿梭运行，将位于巷道口的商品存入货架上的货格中；或是取出货格内的商品运送到巷道口。巷道式堆垛机由机架、运行机构、起升机构、装有存取货机构的载货台、电气设备及安全保护装置等部分组成。

3）自动化立体仓库的功能

（1）大量储存

一个自动化立体仓库拥有货位数可达到 30 万个，可储存 30 万个托盘。以平均每托盘储存货物 0.5 t 计算，则一个自动化存取系统可同时储存 15 万 t 货。

（2）自动存取

自动化立体仓库的出入库及库内搬运作业全部实现由计算机控制的机电一体化作业。仓库管理人员主要负责商品存取系统的操作、监控、维护等。只要操作员给系统以出库拣选、入库分拣、包装、组配、储存等作业指令，该系统就会调用巷道堆垛机、自动分拣机、自动导向车及其配套的周边搬运设备协同动作，完全自动化地完成各种作业。

（3）信息处理

自动化立体仓库的计算机系统能随时查询仓库的有关信息和伴随各种作业所产生的信息报表单据。在自动化仓库中可以随时查询库存信息、作业信息以及其他相关信息。这种查询可以在仓库范围内进行，也可以在其他部门或分厂进行。

大阪物流配送中心因地制宜采用先进的物流设备

大阪物流配送中心专门从事药品配送,主要为日本关西地区几百家药店提供配送服务,拥有面积达 2 万 m² 的仓库。这家物流配送中心针对日本医药管理的大改革,适时采用了先进的自动化立体仓库和自动化分拣系统。在日本医、药分家之后,药品的销售不再面对医院等大客户,而是面对分散的众多小型零售药店,配送点和配送线路呈百倍千倍地增加。大阪物流配送中心及时进行物流改革,采用信息化、自动化的方式来适应这种小批量、高频度、多配送点的物流方式。该中心建立了自动化立体仓库,采用了自动分拣系统和自动检验系统,从进货检验、入库到分拣、出库、装车,全部采用各种标准化物流条码并经电脑终端扫描,由传送带自动进出,人工操作只占其中很小一部分,较好地适应了高频度、小批量分拣出货的需要,降低了出错率。

特别值得一提的是,大阪物流配送中心为解决部分药品需要在冷冻状态下保存与分拣问题,采用了全自动循环冷藏货架。由于人不便进入冷冻库作业,冷冻库采用了全自动循环货架,取、放货时,操作人员只需在库门外操作电脑即可调出所要的货架到库门口,存、取货作业完毕后再操作电脑,货架即回复原位。

大阪物流配送中心信息系统与总公司及分布在日本西部地区的45个营业点全部联网。配送对象具体到下属的每一家药店,即配送中心可按反映在内部网上的每家药店每天的销售需要量,为单位拣货、出货及安排配送线路,开展配送服务。

3.3　仓储配送作业中现代物流技术的应用

信息技术在现代物流中被视为提高竞争能力和提高生产率的主要手段。信息技术正在不断地提高能力和速度,同时它又可以降低成本。有多项技术已经表现出了其在物流方面的广泛应用前景。

3.3.1　条形码的应用

在品目、包装盒、集装箱上的计算机可读码叫做条形码。条形码是将宽度不等的多个黑条和空白,按照一定的编码规则排列,用以表达一组信息的图形标识符。常见的条形码是由反射率相差很大的黑条(简称条)和白条(简称空)排成的平行线图案。条形码可以标出物品的生产国、制造厂家、商品名称、生产日期、图书分类号、邮件起止地点、类别、日期等许多信息,因而在商品流通、图书管理、邮政管理、银行系统等许多领域都得到了广泛的应用。

条形码技术是在计算机技术与信息技术基础上发展起来的一门集编码、印刷、识别、数据采集和处理于一身的识别技术。条码技术的核心内容是利用光电扫描设备识读条码符号,从而实现机器的自动识别,并快速准确地将信息录入到计算机进行数据处理,以达到自动化管理的目的。条形码的研究和发展正朝着不同方向前进,多维条形码和集装箱条形码是两个最重要的发展方向。

3.3.2 射频技术

射频技术(RFID)即射频识别技术。早在第二次世界大战时它就被美军用于战争中识别自家和盟军的飞机。射频技术是对条码技术的改革和发展,回避了条码技术的一些局限性,解决了生物识别系统中处理效率缓慢、操作不便的实际问题;拓展了传统智能卡单条信息、近距离处理的特定使用领域;快速、防冲撞读取标签信息,奠定了大量信息的存储、改写和远距离的识别基础。近年来在物流、交通运输、安全认证、身份识别等行业应用方面显现出优越的前景。

最基本的 RFID 系统由三部分组成:标签、阅读器和天线。标签(Tag)由耦合元件及芯片组成,每个标签具有唯一的电子编码,附着在物体上标识目标对象;阅读器(Reader)是读取(有时还可以写入)标签信息的设备,可设计为手持式或固定式;天线(Antenna)则在标签和读取器间传递射频信号。

3.3.3 电子数据交换系统

电子数据交换(EDI)是目前为止最为成熟和使用范围最广泛的电子商务应用系统。其根本特征在于标准的国际化,标准化是实现 EDI 的关键环节。公司间计算机与计算机交换商业文件的标准形式就是电子数据交换系统。电子数据交换系统以电子技术为传输方法,而不是通过传统的邮件、快递或者传真,来描述两个组织之间传输信息的能力和实践。

电子数据交换系统标准体系是在其应用领域范围内的、具有内在联系的标准组成的科学有机整体。它由若干个分体系构成,电子数据交换系统标准体系分基础、单证、报文、代码、通信、安全、管理应用七个部分。

知识链接

物美物流信息系统的构造

连锁企业物流有关的信息系统包括企业内部的管理信息系统以及与供应商进行数据交换系统(EDI)或电子订货系统(EOS)。企业内部管理信息系统在 20 世纪 90 年代后期已经相对比较成熟,连锁企业基本上应用了包括覆盖进销存的管理信息系统,甚至一些企业为提高管理的水平,还引入了商业分析智能管理以及与供应商进行数据共享的供应链管理系统。但物流信息系统还大都停留在库存管理的水平。随着电子商务的普及和推广,零售企业特别是连锁企业出现了网上进行数据传送和订货的应用,利用互联网与物流配送中心、上游供应商共享商品的销售、库存信息,在电子订货、商品验收、退货、促销、变价、结算、付款等环节提供协同支持。

目前,物美的店铺、总部、配送中心通过互联网连在一起,店铺通过计算机上网,在网上进行订货、销售数据上传和总部信息下载,总部通过互联网收取店铺销售数据、下发商品信息和管理信息。形成了对内部各部门、配送中心、下属店铺的全流程管理,大大提高了企业在商品订货、配送、验收、销售和库存等方面的管理效率。

本章小结

本章主要介绍了仓储及配送设备及现代物流技术在仓储与配送中的运用。仓库指的是用来保管、存储物品的建筑物和场所的总称,是按计划用来保管物品并对其数量或价值进行登记,提供有关存储物品的信息以供管理部门决策的场所。仓库的作用包括:存储和保管、支持生产调节供需、调节运输能力等。仓库及配送中心的空间有限,如何合理利用好仓库及配送中心的空间,其中重要的原则之一是合理的仓储配送设备。主要的仓储配送设备包括:货架、托盘、叉车、集装箱等。自动化立体仓库等设施设备的出现就是为了提高空间利用率。仓储与配送中广泛采用现代物流技术,这些技术包括:条形码、射频技术、电子数据交换等。

案例　海尔国际物流中心设备的配置与运用

海尔国际物流中心位于青岛海尔工业园区内,于2001年投入运营,配备了具有国际先进水平的自动化物流系统。整个系统的调度及各项业务流程都在计算机的管理控制下进行,并与海尔的ERP系统无缝对接,实现了物料的自动存取、自动输送以及信息的自动处理等功能。物流中心库区面积:148 m×120 m。按物料管理方式,自动化物流系统主要由两部分组成:原材料自动化仓库和成品件自动化仓库。

海尔国际物流中心的主要设备构成包括:

1.原材料自动化仓库:

集装单元货物尺寸:1 200 mm×1 000 mm×1 560 mm

货位数量:12(排)×74(列)×11(层)=9 768 个

巷道堆垛起重机数量:6 台

巷道堆垛起重机载重量:1 000 kg

2.成品件自动化仓库:

单元货物尺寸:2 100 mm×1 200 mm×2 000 mm

货位数量:16(排)×74(列)×8(层)=9 472 个

巷道堆垛起重机数量:4 台(双深)

巷道堆垛起重机载重量:1 200 kg

3.自动化仓库的共用系统:

机械搬运叉车:	若干台
入出库输送机系统:	1 套
LGV(激光导引小车)自动搬运系统:	1 套
自动化控制系统:	1 套
计算机监控和管理系统:	1 套
大屏幕摄像监控系统:	1 套
语言对讲调度系统:	1 套
无线条码识别系统:	1 套

海尔自动化仓库采用了多项技术创新,其中典型的创新项目就是新颖的 LGV 系统。该系统使用了先进的激光导引方式、完善的小车调度管理软件。LGV 具有结构紧凑、高速、行驶路线自由灵活、充电时间短和持续运行时间长等优点。同时,采用该系统的柔性化,能够满足未来自动化仓库出入库能力增加的需求。新颖的 LGV 运用了单双托盘混合辊道式激光导引运输车型,提高了 LGV 的使用效率;采用多重安全保护装置,提高了 LGV 的安全性;采用智能交通管理技术,上位计算机系统可以自动调度,具有远程控制功能;采用了自动快速智能充电系统,提高了 LGV 的使用效率,减少了 LGV 的配置数量。

海尔自动化仓库的库区面积仅为 148 m×120 m,但它相当于平面仓库30 万 m²,每天的吞吐量相当于 40 个同样面积的普通平面仓库。库内原材料 4 小时可以送达车间工位,仅需要 19 名员工(其中叉车司机 9 名),其作业效率令人叹服。自动化仓库的使用对海尔物流的改革起到了很大的推动作用。一是提高了海尔物流的标准化运作水平。物流的标准化主要是指货物单元及托盘的标准化。由于采用了标准器具,所以顺利实现了搬运工具及物流作业流程的标准化。实施了标准化以后,大大降低了入库的工作量,以及验收、清点、堆垛、抽检、出库等一系列程序作业的工作量,减少了人工成本。二是增强了海尔物流服务能力。自动化仓库具有很好的灵活性和扩展性。刚开始设计立体仓库时考虑的只是存放空调事业部的货物,但是通过计算机系统管理后,只占用了很少的库容。海尔马上把冰箱、洗衣机、电脑全部都放进去,大大减少了这些厂的外租库。整个效果非常明显。

案例分析与讨论题

1.海尔国际物流中心配置了哪些典型的物流技术装备?这些技术装备的主要作

用是什么?

2.海尔国际物流中心的投入运营对海尔集团带来了什么效果?

复习思考题

1.简述仓库的作用和分类。

2.介绍几种常用仓储配送设备的使用方法。

3.什么是条形码技术? 请举例说明。

4.什么是电子数据交换技术?

第 2 篇 配送作业管理与执行

第4章　配送中心规划与设计

学习目标

理解配送中心规划的基本内容；
了解配送中心规划设计程序；
理解配送中心总体规划内容的决策方法；
掌握配送中心内部布局设计方法；
了解配送中心设施及设备的选用原则。

知识点

配送中心规划　配送中心总体规划决策　配送中心平面布置　配送中心设施设备选用

案例导入

日本可口可乐公司明石物流中心

拥有日本国内最大的饮料销售网络的可口可乐集团（拥有 114 万家营业店铺、98 万台自动售货机、14 家运作公司），以一贯化信息为基础，从原材料调配到生产加工、物流、零售实行"产品—服务"流程管理，推行全日本一体化的供应链管理模式，并正在构建更加快速、准确地供应优质产品的体制。

总公司设在大阪府摄津市的近畿可口可乐公司物流中心，服务覆盖了大阪、兵库、京都等地区。2005 年 11 月，公司新建了明石物流中心。该中心与位于兵库县明石市从事主要产品制造的明石工厂相邻接，由于装备了各种物流自动化系统，构筑成可以将产品直接供货的体制，全面地覆盖了区内的物流运作点，大幅度缩短了流程时间，降低了物流成本，也实现了面向全日本国的新鲜产品的供货。

1. 完成生产点的物流整合

近畿可口可乐公司一直以提高对顾客的服务水准和不断降低成本为目的来策划、

展开物流构想。先看一下川下生产点的情况。为了整合配送体制,依次配备了和田山配送中心、绫部配送中心、千里丘配送中心。其中,和田山配送中心覆盖范围包括了属于远程配送的北近畿地区,千里丘配送中心承担的是以大阪北部为中心、面向联合超市的配送。再看一下川上生产点的情况,为了强化工厂的物流机能,2000年在京都工厂,启用了京都物流中心。该中心具有产品保管和面向支店供货的功能。高效物流是以上两个生产点的共同所求,明石物流中心的开设进一步提高了物流效率。随着两个生产点的物流强化,该公司的SCM(供应链管理)得到了进一步提升。

2. 瓶装饮料的制造、供货基地

明石工厂每年大约生产"爽健美茶"等瓶装饮料2 300万箱,其原材料从采购到制作、出厂都实施严格的品质管理。过去,因为工厂没有储存机能,全部产品都要移送到35 km以外的神户市内营业仓库,再从神户仓库向各物流运作点进行出货或配送。随着明石物流中心的启用,从工厂到仓库之间的产品横向移动被消除,大幅度缩短了配送流程时间,供货频度也大大提高。

3. 与工厂直接联系,受纳160万箱的自动仓库

明石物流中心由高31 m的自动仓库和双层的货物处理建筑构成,一层是进货、出货场,二层是制作进货场。工厂制作的产品以箱为单位捆包,将箱子用传送带直接传送到物流中心二楼,由托盘码垛机堆码成以托盘为单位,贴上记录了产品信息的QR代码标签,用高速搬运车搬运到自动仓库入库。QR代码写有"何时制造、存放在何处"等,用以进行管理,此外在新鲜程度、流程管理等方面也发挥着作用。

自动仓库的总受纳数是33 400托盘,折合160万箱。货架式样与货物高度相对应,在使用可口可乐托盘时货架深度能收纳一个托盘,在使用啤酒托盘时能收纳两个托盘,如此设计提高了收纳效率。

4. 卡车停泊后立即开始装载,大幅缩减单台车的耗时

向各个物流运作点的出货是按照物流中心计算机管理系统的补充指令来进行的。出货时,由于卡车导引装置和自动仓库的出库作业都系统化了,所以可以安全、迅速地进行装载作业。

接受了配送指令的卡车入门后在登记终端进行登录,移动到指定的泊位。与此同时,自动仓库发出用该台卡车出货的产品出库指令,由高速搬运车将产品快速地搬运到传送带上。另一方面,与出库产品全部出齐相吻合,导引显示器指示出停泊卡车的车号。由于卡车停泊后就可以直接装载,因此大幅度地缩短了单台卡车的滞留、装载时间,使迅速出发成为可能。此外,一边用叉车进行装载,一边用手持终端来读取贴在托盘上的QR代码实施出货检验,有效地防止了误装载。

(资料来源:《DAIFUKU NEWS》2006年3月第179期,李国华,译)

4.1　配送中心规划的内容及程序

配送中心是物流配送功能的具体实施者,是执行实物配送的流通型物流结点。配送中心的规划和建设是基于物流合理化和发展市场两个需要而发展的,所以配送中心是从事货物配备(集货、加工、分货、拣选、配货)和组织对用户的送货,以高水平实现销售和供应服务的现代流通设施。配送中心的规划是一项系统工程,是一项长远的、总体的发展计划。

4.1.1　配送中心规划的目标

配送中心规划的目标就是为社会提供服务,谋求高效率,减少社会资源的浪费。实践证明,在货物运距较远、客户较多且需求日趋复杂的情况下,直接从工厂或仓库装货,再将货物配好送至客户手中并不经济。由此,许多厂商和批发商开始在流通枢纽地设置配送中心,开展货物配送活动,以提高配送效率,降低成本。配送中心的规划目标应考虑以下因素。

1)集中存储货物,保持合理的库存

就是将若干"自备仓库"储存、保管的货物通过配送中心适当加以集中,避免因仓库重叠、分散而导致储存物资的积压和浪费。

2)控制物流费用

由配送中心集货,然后统一安排送货,不再像以前那样从工厂直接装货和直接发货,便于企业合理规划运输线路,通过计划运输达到控制运费的目的。

3)避免迂回运输和相向运输等不合理运输现象发生

一般来说,商品生产地分散,消费地也分散,按客户的要求,若分别单独配送,势必会出现迂回运输和相向运输等不合理运输现象,从而导致运输费用增加。而选择适当的地方设置配送中心,以配送中心为基地进行集货和理货,将众多供货商所提供的产品进行集装运送,可以减少或消除不合理运输现象的发生。

4)提高服务质量,扩大销售

设置配送中心,由配送中心组织配送活动,可以及时了解客户需求,按要求送货上门,体现高效的服务质量,从而扩大销售。

4.1.2 配送中心规划的原则

配送中心的规划是配送中心建设的基础性工作,应当遵循以下各项原则。

1)动态原则

进行配送中心规划时,应在详细分析现状及未来变化并作出预测的基础上进行,以适应一定范围内数量、客户、成本等多方面的变化。

2)低运费原则

配送中心要组织进出货、储存、配送等物流活动,必然产生相应的费用。应通过数学方法寻求最低费用,遵循低费用的原则,这是配送中心规划的重要参考。

3)服务和竞争原则

物流活动是服务性、竞争性非常强的活动。如果单纯从成本最低、路线最短、速度最快等角度考虑问题,一旦布局完成,可能会导致服务质量下降和其他问题产生,甚至由于服务性不够而在竞争中失败。因此,配送中心的规划应体现竞争与服务的原则。

4)交通便利原则

在规划配送中心时,应考虑现有交通条件,把交通作为布局的内容来处理,以交通方便为原则,尽可能减少物流费用。

5)统筹原则

配送中心的层次、数量、布局是与生产力布局、消费布局等密切相关的,设定一个合理的配送中心,必须全面安排、统筹兼顾。

4.1.3 配送中心规划的主要内容

配送中心的规划包括许多方面的内容,其中主要内容见图4.1所示。总的来讲,配送中心规划应从物流系统规划、运营系统规划、信息系统规划等3个方面进行。物流系统规划主要包括配送中心总体规划、物流设施设备规划设计和配送中心作业规划;运营系统规划包括配送中心的组织机构、人员配备、作业标准和规范等的设计;信息系统规划就是对配送中心信息管理与决策支持系统的规划。通过以上的系统规划,实现配送中心的高效化、信息化、标准化和制度化。

4.1.4 配送中心规划的程序

一般来说,配送中心的规划可以分为五个主要阶段,包括配送中心总体规划阶段、

```
                    ┌──────────────┐
                    │  配送中心规划  │
                    └──────┬───────┘
        ┌──────────────────┼──────────────────┐
   ┌─────────┐        ┌─────────┐        ┌─────────┐
   │物流系统规划│        │运营系统规划│        │信息系统规划│
   └────┬────┘        └────┬────┘        └────┬────┘
   ┌──┬─┴─┬──┐       ┌──┬─┴─┬──┐       ┌──┬─┴─┬──┐
  总体 作业 设施     组织 人员 作业     功能 流程 系统
  规划 规划 设备     机构 配置 规范     规划 规划 设计
```

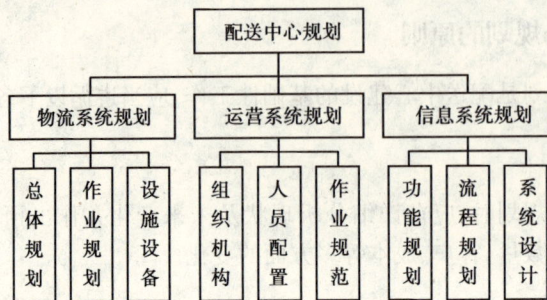

图4.1 配送中心总体规划的内容

配送中心运营方案设计阶段、方案评估阶段、详细设计阶段和系统实施阶段,如图4.2所示。下面分别说明各阶段的主要工作。

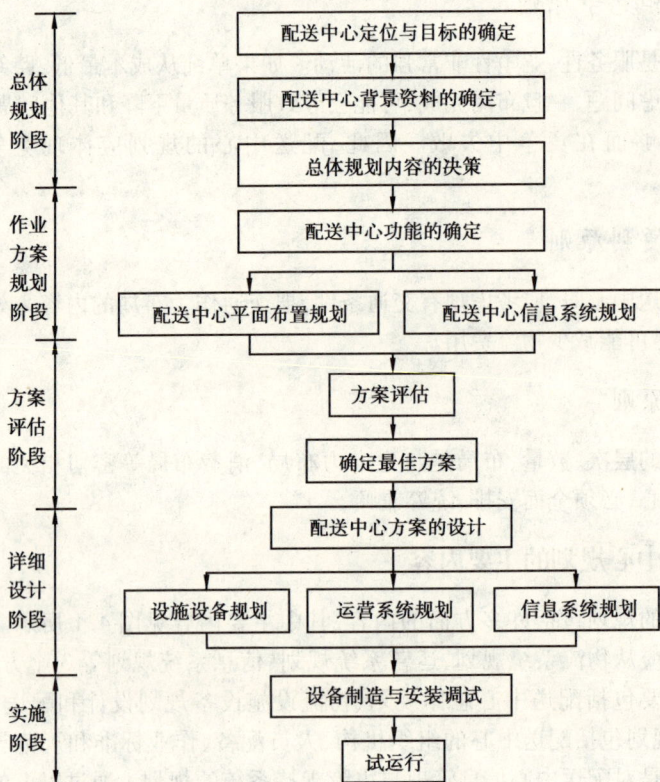

```
总体       ┌──────────────────────┐
规划       │  配送中心定位与目标的确定  │
阶段       └──────────────────────┘
           ┌──────────────────────┐
           │  配送中心背景资料的确定    │
           └──────────────────────┘
           ┌──────────────────────┐
           │  总体规划内容的决策       │
           └──────────────────────┘
作业       ┌──────────────────────┐
方案       │  配送中心功能的确定       │
规划       └──────────────────────┘
阶段    ┌────────────────┐ ┌────────────────┐
        │ 配送中心平面布置规划 │ │ 配送中心信息系统规划 │
        └────────────────┘ └────────────────┘
方案           ┌──────────┐
评估           │  方案评估  │
阶段           └──────────┘
               ┌──────────┐
               │ 确定最佳方案 │
               └──────────┘
详细         ┌──────────────┐
设计         │ 配送中心方案的设计 │
阶段         └──────────────┘
        ┌──────────┐ ┌──────────┐ ┌──────────┐
        │ 设施设备规划 │ │ 运营系统规划 │ │ 信息系统规划 │
        └──────────┘ └──────────┘ └──────────┘
实施         ┌──────────────┐
阶段         │ 设备制造与安装调试 │
             └──────────────┘
               ┌──────────┐
               │  试运行   │
               └──────────┘
```

图4.2 配送中心规划的程序

1）配送中心总体规划阶段

在配送中心总体设计阶段,首先需要对配送中心的必要性和可行性进行分析和论证。有了初步结论后,就应该设立筹划小组(或委员会)进行具体规划。为了避免片面性,筹划小组应该吸收多方面成员参加,包括本公司、物流咨询公司、物流工程技术公司、土建公司人员以及一些经验丰富的物流专家或顾问等。

配送中心总体规划阶段的主要任务包括三个方面:

①确定建设配送中心的定位及目标;

②明确配送中心的背景条件;

③配送中心总体规划内容决策。

配送中心的总体规划内容主要包括配送中心的设立时机规划、配送中心的类型选择、配送中心的所有者选择、配送中心的地址选择、规模选择、设施设备选择、配送中心的组织结构和岗位设置等内容,其主内容将在本章下一节中重点讲授。

2）配送中心作业方案规划阶段

在配送中心作业方案规划阶段,需要在配送中心总体规划方案的基础上,完成配送中心在业务流程及运营系统规划等方面的规划。

(1)配送中心的功能流程设计

即根据对配送中心的规划条件和基础资料的分析结果,确定配送中心的功能和作业流程。将进货、保管、流通加工、拣选、分货、送货等作业按顺序做成流程图,并初步设定各作业环节的相关作业方法。相关内容将在本书第5章详细讲述。

(2)配送中心的平面及设施布置

确定各业务要素所需要的占地面积及其相互关系,考虑到物流量、搬运手段、货物状态等因素,做出相关位置图。在平面设计中还要考虑到将来可能发生的变化,要留有余地。本章的第三节将重点介绍。

(3)信息系统规划

信息系统规划包括配送中心信息系统的功能、流程和网络结构。

(4)作业流程设计

作业流程设计包括作业程序与标准,管理方法和各项规章制度,各种票据处理及各种作业指示图,设备的维修制度与系统异常事故的对策设计,以及其他有关配送中心的业务规划与设计等。

(5)组织结构及人员配置

建立配送中心完整的运营管理体系;根据配送中心功能设计及作业流程安排,进行各个岗位人员配置。

(6)制订进度计划

对项目的基本设计,详细设计土建、设备的订货与安装、系统试运转、人员培训等初步的进度计划。

（7）建设成本的概算

以基本设计为基础，对于设计研制费、建设费、试运转费和正式运转后所需作业人员的劳务费等作出费用概算。

3）方案评估阶段

在基本设计阶段往往产生几个可行的系统方案，应该根据各方案的特点，采用各种系统评价方法或计算机仿真的方法，对各方案进行比较和方案评估，从中选择一个最优的方案进行详细设计。

4）详细设计阶段

在对总体方案进行完善设计的基础上，决定作业场所的详细配置，对配送中心所使用的各种设备、能力以及办公及信息系统、作业及运营系统进行详细设计。大规模的配送中心是由许多参加单位共同进行系统规划与实施的。为了保证系统的统一性，要制订共同遵守的规则，如通讯和信号的接口、控制方式等。

5）系统实施阶段

由于配送中心投资大，功能多，设计难度大，一旦建成之后就难以改造，因此在系统实施阶段应十分慎重。在详细调查、分析的基础上，应严格按照规划设计程序进行。要考虑集装单元器具的应用，以利于提高保管、拣选作业的效率；考虑适当地引入现代化的储存分拣设备和信息系统，如 RFID 技术、电子标签、语音拣选与输送机和自动化立体仓库等；还应使配送中心的系统设计具有足够的柔性，既能处理高峰时段所增加的货物处理吞吐量，还能在低峰时，积极开拓配送系统的外包业务。

4.2 配送中心总体规划

配送中心具有提高整个物流系统经济效益，优化、完善物流系统，改善物流服务，降低物流成本等功能，在物流系统中占重要的地位。如何规划和建设功能强大、为物流系统提供有力支持的配送中心，就成为了前提条件。

4.2.1 配送中心设立时机的决策

配送中心设立时机的决策，是解决什么时候建立配送中心的问题。由于技术、时间、资金、观念、国情等限制，建设配送中心不可能一蹴而就，需要在调查研究的基础上，有步骤、有重点地逐步发展起来，同时可以借鉴发达国家的成功经验，作出科学、合

理的时机决策。从世界连锁业发展的实践来看,配送中心设立的时机是基于以下一些数据来确定的:

①一个便利店连锁公司,在拥有 20 个店、总面积达到 4 000 m² 时,就可以考虑建立配送中心;

②一个超市连锁公司,在拥有 10 个店、总面积达到 5 000 m² 时,就有建立配送中心的必要;

③一个特级超市连锁公司,在开店的同时,就应该考虑与之发展规模相配套的配送体系。

此外,日本物流专家认为,配送中心的建立应在连锁店铺发展到相当规模的时候,而不是一开始就建立:

①当 10 000 m² 左右的综合商店拥有 10 个相同店铺时,可考虑建立集分货配送、仓储和流通加工等功能于一体的配送中心,此种商店可设于商圈 10 万人左右的地域;

②当 1 000 m² 左右的超市连锁店发展到 10 个,或 300 ~ 500 m² 的食品型超市发展到 30 家时,可考虑建立分货配送和仓储功能于一体的配送中心,将鲜活商品的加工放在店内进行;

③当店铺数量达到 100 家时,加工量与配送量趋于稳定,可考虑建立以流通加工为主要功能的配送中心。

对于一些新建的连锁企业来说,先采取共建以及社会化配送中心的方式,随着连锁店规模的扩大,再独立建设配送中心,无疑是一种较为明智的选择。我国连锁企业的配送中心建设,就适宜走一条"共同配送—社会配送—自行配送"的渐进之路。

因此,对配送中心设立时机的决策,应以企业自身的发展规模、发展战略为决策依据。

4.2.2　配送中心类型的决策

配送中心设立时机的决策,是解决什么时候建立配送中心的问题,配送中心类型的决策,则是解决建什么样的配送中心的问题。一般来说,配送中心类型的决策包括以下步骤。

1)确定是何种功能的配送中心,即配送中心的功能选择

综合性配送中心具有商品的集散功能、仓储功能、分拣功能、流通加工等一系列物流功能。以连锁企业为例,其设置的配送中心不仅要有基本的配送功能,而且要有采购功能或者进货功能、流通加工功能,成为连锁企业集中货物和分发货物的枢纽。这也不是绝对的。比如,流通加工具有增加商品价值的功能,但并非连锁企业的配送中心都要具有此种物流功能。配送中心是否具有加工功能,取决于其成本核算等多方面因素。

所以,配送中心的功能当然越全越好。但从整体经济性来看,却并非完全如此。

配送中心的功能选择应结合企业发展的需要确定。

2) 确定配送何种商品,即配送中心的商品选择

在商品的选择上,国际著名的连锁企业往往选择专业型配送中心,以适应大规模连锁企业的需要。即将配送中心按商品种类分为若干个,诸如食品配送中心、果蔬配送中心和日用品配送中心等。但是,即使规模大的连锁企业,也难以实现百分之百的专业配送,因此有时也利用第三方专业型配送中心。

对于规模不大的连锁企业来说,宜选择综合型配送中心,即负责配送连锁店铺经营的绝大多数商品,以形成规模效益。

因此,配送中心的商品选择,应根据企业的市场需求和市场定位来确定。

3) 确定配送中心辐射的范围与区域,即配送中心服务范围的选择

配送中心的服务辐射范围应与用户的分布相一致。用户遍布的区域越大,配送中心辐射的区域也越大,必须保证每一个用户都能及时、准确地得到商品。对于大规模的连锁企业,店铺数量大,分布相当分散,需要建立不止一家配送中心,此时就要确定每一个配送中心承担的配送任务,从而为选择配送中心的地点和规模奠定基础。

随着连锁企业的规范化,辐射全国或某一个大区域的连锁集团的出现,配送中心辐射范围决策就变得非常重要。

知识链接

美国连锁企业配送中心的类型

美国连锁企业的配送中心有多种类型,按经营方式主要有批发型、零售型和仓储型三种。

1. 批发型配送中心

美国加州食品配送中心是全美第二大批发配送中心。它建于 1982 年,建筑面积 10 万 m²,工作人员 2 000 人左右,共有全封闭型温控运输车 600 多辆,1995 年销售额 20 亿美元。经营的商品均为食品,有 43 000 多个品种,其中 98% 的商品为该公司组织进货,另有 2% 的商品是该中心开发加工的商品,主要是牛奶、面包、冰激凌等新鲜食品。配送中心 24 小时运转,配送半径一般为 50 km。

2. 零售型配送中心

美国沃尔玛商品公司的配送中心是典型的零售型配送中心。该配送中心是沃尔玛公司独资建立的,专为本公司的连锁店按时提供商品,确保各店稳定经营的设施。该中心建筑面积为 12 万 m²,投资 7 000 万美元,有职工 1 200 多人,配送设备包括 200 辆车头、400 节车厢、13 条配货传送带,配送场内设有 170 个接货口。中心 24 小时运

转,每天为分布在纽约州、宾夕法尼亚州等6个州的沃尔玛公司的100家连锁店配送商品。

该中心设在100家连锁店的中央位置,服务对象店的规模平均1.2万 m^2,中心经营商品4万种,主要是食品和日用品。通常库存为4 000万美元,旺季为7 000万美元。年周转库存24次。库存商品中,畅销品和滞销品各占50%(库存商品期限超过180天为滞销商品)。各连锁店的库存量为销售量的10%左右。

3.仓储型配送中心

美国福来明公司的食品配送中心是典型的仓储型配送中心。它的主要任务是接受美国独立杂货商联盟加州总部的委托业务,为该联盟在该地区的350家加盟店负责商品配送。

该配送中心建筑面积7万 m^2,其中有冷库、冷藏库4万 m^2,杂货库3万 m^2,经营8.9万个品种,其中有1 200个品种是美国独立杂货商联盟开发的,必须集中配送。在服务对象店经营的商品中,有70%左右的商品由该中心集中配送,一般鲜活商品和怕碰撞的商品,如牛奶、面包、豆片、瓶装饮料和啤酒等,从当地厂家直接进货到店,蔬菜等商品从当地的批发市场直接进货。

4.2.3 配送中心所有者的决策

在确定了配送中心的建立时机与类型之后,要进行决策的问题是自建还是与人共建。按照所有者的不同,配送中心分为自有型配送中心、他有型配送中心、共有型配送中心三种类型。因此,配送中心所有者决策的实质便是对上述三种类型配送中心的选择。

目前以上三种类型的配送中心并存,但产生于日本的一体化配送是当前配送中心的发展方向。下面介绍这四种配送中心的模式。

1)自有型配送中心

自有型配送中心运作模式是:各个连锁企业在一定的区域范围内,独立建立配套的组织体系和经营网络,分头与客户建立联系和开拓渠道,独立地开展配送活动。其优势在于灵活、自主,可以根据自己的要求配送商品。但由于连锁企业资金有限,且配送中心需要的投资较大,不能保证短期内收回资金,将造成资金周转困难,难以形成规模,而且难以达到共有型配送中心的专业化程度。

2)他有型配送中心

他有型配送中心是连锁企业将企业内的配送功能委托或承包给专门的第三方物流公司。这种配送中心专事配送业务,通过与生产企业、加工企业、零售店铺建立广泛的代理或契约关系,将生产企业、加工企业、零售店铺的商品或信息进行统一组合、处理后,按客户订单的要求,配送到各个店铺。

随着我国物流水平的提高,专业化配送中心的成熟与完善,会有更多的连锁企业借助于他有型配送中心。但这需要一个过程。那么,现实的出路何在? 下面提到的共有型配送中心无疑是一个较好的选择。

3)共有型配送中心

共有型配送中心是连锁企业与其他企业共同投资、共享服务的配送中心。共有型配送中心的最大特征就是共同配货,通过一个共有的配送体系,将各个企业的配送需求组织化,在配送时间、数量、次数等方面做出最佳选择,进行合理有效的配送。

共同配送分为以下几种形式:

(1)系统优化型共同配送

由一个配送企业综合各客户的要求,在客户可以接受的前提下,对配送时间、数量、次数、路线等方面的安排作出全面规划并科学合理地加以实施,以便实现配送的优化。

(2)车辆利用型共同配送

车辆利用型共同配送指由一辆配送车辆混载多位货主货物的配送,是一种较为简单易行的共同配送方式。

(3)接货场地共享型共同配送

在客户集中的地区,由于交通拥挤,各客户单独准备接货场地或货物处置场地有困难,由此而产生多个客户联合起来设立配送的接收点或处置点。

(4)物流场地和设施设备共同利用型共同配送

物流场地和设施设备共同利用型共同配送指在同一城市或同一地区中有数个不同的配送企业,各配送企业可以共同利用配送中心、配送机械装备或设施,对不同配送企业的客户共同实行配送。

知识链接

日本关西物流对电线产品的共同配送

1.问题的提出

由于该物流中心经营的电线产品要求交货期短、定时配送,而且品种多、批量小,使物流费用上升,达到产品销售额的11%。在这种背景条件下,迫使企业采用共同配送。

2.中心的自然状况

①在库品种200种;

②出库件数30 000件/月;

③出库货重800 t/月;

④流通加工件数18 000件/月;

⑤配送中心面积 9 188 m^2；

⑥员工 60 人。

3. 共同化的基本条件

关西物流中心物流配送共同化的基本条件为：

①公平、平等和自愿的原则，成果均分和效益共享；

②严守物流业务上的秘密；

③共举盟主，设立总部。

4. 共同化目标的实施项目

该物流中心的物流配送共同化的目标包括：

①提高运输效率，降低运费；

②统一业务，共同使用存储设施；

③扩大配送面积，提高作业效率；

④提高进货频率。

5. 共同化的效果

经过共同化方案的实施，取得了以下效果：

①车辆装载率提高，共同化前为 52%，共同化后为 74%；

②减少运输车辆 5 台（由 18 台减至 13 台）；

③运费下降；

④配送面积增加；

⑤交货准时；

⑥配送业务统一。

4）一体化配送

一体化配送产生于 20 世纪 90 年代的日本，在供应链管理中发挥着重要的作用。一体化配送是将货物和信息实现高水平管理的物流配送形式。其目的是降低成本和提高服务水平。这里的一体化包含两层意思：一是将某一货架群作为整体对象，不问进货地点和形态，将全部商品集中上货；另一个是说不仅仅是进货业务，而且包括发货的商品完全不出现错误，易陈列地进入店铺，是将与进货等相关的全部配送业务一揽子接收的系统。

日本零售企业的商品供应系统发展到现今阶段，经历了从店铺直接进货、共同配送到现在开展一体化配送的过程。目前，在日本企业中一体化配送的水平相当高。一体化配送与共同型配送相比较，明显的优点是店铺业务减轻，运营成本降低，经济效益改善。几乎所有的连锁经营企业采用一体化配送后都使得店铺作业减轻。

对于企业来说，选择他有型配送中心，还是共有型配送中心、自有型配送中心或一体化配送中心，需要依据配送环境和自身条件进行考虑，需要对现有配送中心进行评估，对企业自身财力进行策划，然后进行效益比较分析，以完成对配送中心所有者的决策。

4.2.4　配送中心选址的决策

对以上方面进行充分考虑后,建设配送中心的另一个重要问题,就是配送中心选址的决策。

配送中心选址,是指在一个具有若干供应点及若干需求点的经济区域内,选一个合适地址设置配送中心的规划过程。较佳的配送中心选址方案应是商品通过配送中心汇集、中转、分发,直至输送到需求点的全过程的总体效益最好的方案。

美国、日本以及台湾地区现代物流配送的发展最初就是得益于交通的便利,其前提就是在建立配送中心时合理科学地选择地址。

1)配送中心选址的原则

配送中心选址应遵守以下五项原则:

(1)适应性原则

配送中心的选址应与国家或地区的经济发展方针、政策相适应,与国家物流资源分布和需求分布相适应,与地区经济发展特点和地区产品特征相适应,与区域物流系统规划相适应。

(2)因地制宜原则

配送中心一般投资较大,必须考虑自身的财力规模、土地成本、建筑成本、设备成本等条件,尽可能利用本地现有条件,因地制宜。

(3)协调性原则

配送中心的选址应将国家或地区的物流网络作为一个大系统来考虑,使配送中心的设施设备在地域分布、作业生产力、技术水平等方面与整个物流系统协调发展。

(4)经济性原则

在配送中心的发展过程中,有关选址的费用主要包括建设费用及物流费用(经营费用)两部分。选址时既要考虑企业经济利益,又要兼顾社会利益。应以总费用最低为原则。

(5)战略性原则

配送中心的选址应具有战略眼光。既要考虑目前的实际需要,又要考虑日后发展的可能。配送中心拥有众多建筑物,一旦建成很难搬迁,如果选址不当,将付出长远代价。

在遵循以上原则基础上,在配送中心选址时,还应具体考虑客户的分布、供应商的分布、交通条件、土地条件、自然条件、行政条件等影响配送中心选址的主要因素。

2)配送中心的合理布局

作为流通领域组成部分之一的物流配送中心,是在社会化大生产网络体系中从事其业务活动的。在不同的国家(或地区),虽然配送中心的数量不同,布局情况有所差别,但有一点是相同的,那就是各种类型的配送中心都是以网络或体系的形态存在于社会的。综观发达国家配送中心的组织结构和布局情况,其配送中心的布局主要有如下几种类型:

(1)多级、多层次的网络体系

这种网络体系是由中央级配送中心、区域性配送中心、基层配送中心和有配送功能的批发商店构筑成的,参见图4.3。其中,中央级配送中心在网络体系中处于主导地位,区域性配送中心处于被辐射地位,而基层配送中心则是网络体系的基础结构。

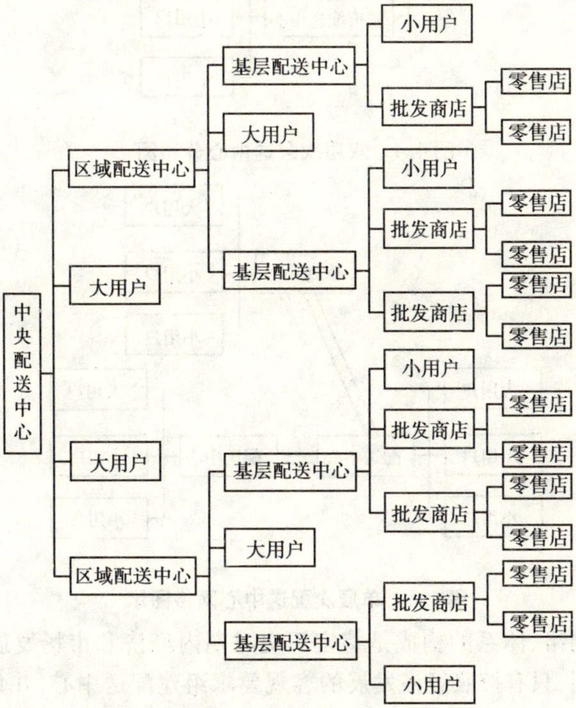

图4.3 多级、多层次的配送中心网络体系

(2)两级或双层次性的网络和体系

两级或双层次性的网络和体系是指由两个层面的配送中心(中央配送中心和城市配送中心)组成的配送体系,见图4.4。这也是目前最常见的配送中心网络。在配送范围比较广而用户又比较多,并且用户很分散的情况下,会自然地形成这样的网络体系。

(3)单层次的网络和体系

配送中心网络或体系基本上是由一种(或一级)配送中心构成的,这样的网络称之为单层次网络。我国在推行配送制过程中所建立的配送中心及其所构成的网络即是这样的结构。当资源和用户都很分散时,以及在推行配送制的初期,常常会形成一级性配送中心(城市配送中心)和单层次的配送体系(或配送网络)。如图4.5所示。

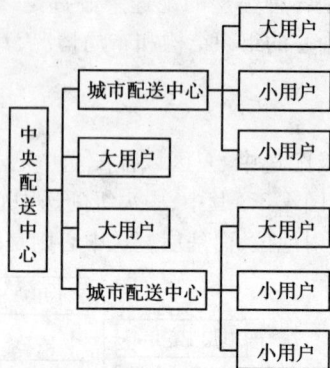

图 4.4　双层次配送中心分布图

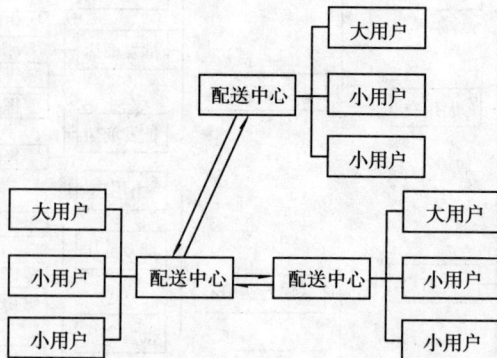

图 4.5　单层次配送中心网络图示

　　配送中心的网络、体系的构成是特定历史时期内经济和市场发展状况的客观反映。无数事实证明,只有按照经济发展的客观要求组建配送中心,并且科学合理地进行布局,才能充分发挥配送中心的功能和作用。

4.2.5　配送中心建设规模的决策

　　配送中心的规模包括三层含义:一是与店铺规模相适应的总规模,即需要总量为多少平方米的配送中心;二是建立几个配送中心,即这些配送中心的分布;三是每个配送中心的规模。因此,配送中心的建设规模决策也就是这三个方面的决策。

1)配送中心规模的决策

　　以连锁企业为例,可以讲配送中心是连锁企业的"后勤部队",其主要功能是为连锁企业的各店铺提供商品配送服务。因而,服务能力便成为衡量配送中心总规模是否适当的一个指标。一般而言,配送中心总规模与服务能力呈正相关关系,即配送中心总规模越大,配送服务能力就越强,配送成本就越大;反之亦然。如图4.6所示。

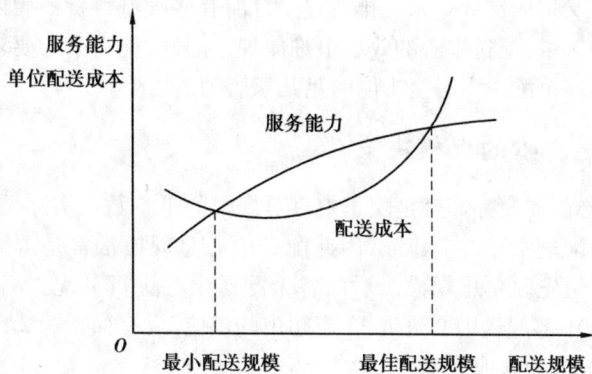

图4.6　配送规模与服务能力、单位配送成本的关系

2)配送中心数量的决策

一般来说,配送中心的数量取决于经营商品连锁店的分布状态。确定配送中心数量有两种方法:商品功能法和适当比例法。

(1)商品功能法

这种方法是按照商品类别来设立配送中心,有利于根据商品的自然属性来安排储存和运输。法国的安得玛谢超市集团即采用此法设置配送中心,43家配送中心按商品分类设置。日本大荣公司也是分别建立衣料和杂货中心、电器和家具中心、食品中心等。

(2)适当比例法

这种方法是按连锁店铺分布状态或空间特征设立配送中心,其优点是利于配送距离及效益达到理想状态。

知识链接

连锁店配送中心数量的确定

意大利的G.S超市连锁集团的超市状况是:北部58家、中部23家、南部11家。配送中心的分布与其相适应,在北部、中部、南部各设立一个配送中心。

日本的家庭市场连锁店物流半径为30 km,在半径为30 km的面积内设有70家店铺,由一个配送中心负责配货。一个中心拥有四五辆货车,按照总部送货单送货。一辆车一次送货10~15家店铺,先装距离最远店铺的货物,后装最近店铺的货物,送货时先送最近店铺的货物,后送最远店铺的货物。

事实上,许多连锁企业通常综合上述两种方法进行配送中心的设置,既按商品类别划分配送中心,又按店铺分布来安排位置。目前有些大型百货商店四面开花地建立分店,分散于各个区域,配送中心的效果很难体现。因此,配送中心要求连锁店铺分布有相对的集中性,一个配送中心至少能满足几家店铺的需要。

3) 单个配送中心的规模决策

单个配送中心的规模并非就是配送中心总规模的平均数。实际上,在连锁企业发展过程中,常常是配送中心逐个建立,因此配送中心总规模常常是全部单个配送中心累积的结果,而不是先确立总规模然后向各个配送中心进行分配。例如,上面提到的意大利 G.S 公司,中部配送中心负责 23 家超市的供应,设有面积为 2.3 万 m^2 的仓库,而北部、南部仓库则不同,或大或小。

也就是说,单个配送中心规模的大小,是根据实际商品周转量而确定的。

4.2.6　配送中心投资的决策

配送中心投资的决策是通过可行性研究与分析,计算出投资多少、效益怎样,是为配送中心的建与不建提供科学依据的重要一环。

配送中心投资额主要包括四项内容:

(1)预备性投资

由于配送中心是占地较大的项目,且应处于与用户接近的最优位置,因此在基本建设主体投资之前,需有征地、拆迁、市政、交通等预备性投资。

(2)直接投资

直接投资即用于配送中心项目主体的投资。如配送中心各主要建筑物的建设费用,配送中心的货架、叉车、分拣设备的购置及安装费,信息系统的购置安装费,配送中心自有车辆的购置费等。

(3)相关投资

与基本建设相关的,诸如燃料、水、电、环境保护等需要有的一定的投资。

(4)运营费用

运营费用包括配送过程中发生的人力、物力费用。由于配送中心的投资效果不仅取决于事前的投资费用,而且还决定于事后的运营费用,特别是在有些情况下,事前的投资费用很低,但事后的运营费用却很高,如远离市区的配送中心,配送效率显然不会高,因而企业对此必须有一个充分的估计。

4.3 配送中心内部布局及设施设备规划

配送中心内部布局及设施规划不仅是配送中心物流系统规划的核心部分之一,同时也是配送中心规划的重要内容。

4.3.1 配送中心内部设施关联性分析

在进行配送中心设计时,内部设施的选用、布局及其评价项目等总称为关联性分析。它不仅包括进货场所、检验场所、储存场所、流通加工场所、发货配送场所等配送中心内部设施,还包括办公室、道路等辅助设施。关联性强的设施要靠近布置。关联性分析按下列顺序进行。

1)列举主要的设施

包括大门、办公室、杂货仓库、绿化地、退货处理场、社会福利设施等,除此之外还有配送中心建筑物内部设施,应具体而且详细地进行列举。

2)关联性分析的功能相关表

设施列举顺序,既没有特殊也没有差异,性质类似的设施汇集到一起,以便进行全部关联性分析的研讨和判断。

靠近性判断不仅是研讨产品的流程,而且还应研讨作业管理、汽车出入、装卸系统等,从不同的角度进行合理性判断。以配送中心建筑物内部设施作为例子,见图4.7。

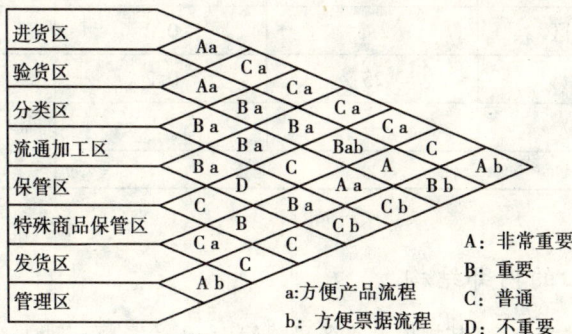

图 4.7　配送中心设施相关性分析图

3)关联性分析

根据前项评价,以各个功能区域的相关性,来判断在配送中心平面布置中其位置的靠近程度。

4.3.2 配送中心内部布局规划

1)配送中心内部设施面积计算

对于配送中心内部设施面积的计算,一般是按照作业量的大小,根据经验性的数据来决定,同时也可以现有配送中心单位面积作业量作为主要依据来设计其面积。

单位面积作业量的经验数据为:

①保管设施(库存量):1 t/m²;

②其他作业设施:0.2 t/m²。

表4.1是假定每天作业量为50 t(进出货各25 t)的小型配送中心面积的估算。

表4.1　配送中心设施面积的估算

设计名称	每天的作业量 /t	经验数据 /(t·m⁻²)	设施面积 m²
进货区	25	0.2	125
检验区	(25)	进货区兼用	—
分拣区	15	0.2	75
储存区	35	1.0	35
流通加工区	2.5	0.2	12.5
工具存放区	2.5	0.2	12.5
发货区	25	0.2	125
管理区	—		30
合　计			415

2)配送中心的内部结构

配送中心的种类很多,其规模大小各异。然而,无论是哪一种类型的配送中心,其内部结构基本上是相同的。也就是说,各种配送中心都是由指挥管理系统和各种作业系统组成的。现以综合性配送中心为例,分别叙述各个系统的性质和职能。

(1)指挥管理系统

指挥管理系统是配送中心的中枢神经。其职能是:

①负责收集和汇总各种信息(包括用户订货或要货信息),并作出相应的决策;

②负责协调、组织各种活动,指挥调度各类人员,共同完成配送任务。

(2)作业系统

因配送中心的类型不同,作业区的构成及其面积大小也不尽相同。综合性的配送中心,其作业系统包括以下几个部分:

①进货区。在此作业区内,工作人员须完成接收货物、货物入库、拣选之前的准备工作(如卸货、检验、分拣等工作)。主要设施有:铁路(或公路)专用线、卸货站台和验货场区。

②储存区。此作业区存储或分类存储着经过检验后的货物。相对而言,储存区所占的面积比较大。通常情况下,储存区大体上要占整个作业区面积的一半左右,甚至要占配送中心总面积的一半以上。

③理货区。是配送中心的工作人员进行拣货和配货作业的场所。其面积大小因配送中心的类型不同而异。一般说来,拣选货和配货工作量比较大的配送中心,其理货区的面积都比较大;反之,拣选及配货任务不太大的配送中心,其理货区所占的面积较小。理货区内配置的专用设备和设施包括:手推载货车、重力式货架和回转式货架、升降机、传送装置、自动分拣设施等。

④配装区。因有些分拣出来并配备好的货物不能立即装车发送,这种放置和处理待发送货物的场地就是配装区。在配装区内,配送中心的工作人员要进行配装作业。配装区的面积要比储存区小得多。

⑤发货区。发货区是工作人员将组配好的货物装车外运的作业区域。从布局和结构上看,发货区和进货区类似,也是由运输货物的线路和接靠载货车辆的站台、场地等组成的。

⑥流通加工区。在这个区域内,配备着流通加工设备(如剪床、锯床、打包机等)。因流通加工工艺有别,配送中心的加工区所配置的设备也不完全相同。和储存区一样,加工区所占的面积也比较大,尤其是煤炭、水泥、木材等生产资料的加工区,所占面积更大。

3)配送中心的内部区域布置

配送中心的内部区域布置方法有两种,即流程性布置法和活动相关性布置法。流程性布置法是根据物流移动路线和物流相关表作为布置的主要依据,适用于物流作业区域的布置;活动相关性布置法是根据各区域的综合相关表进行区域布置,一般用于整个厂区或辅助性区域的布置。平面布置可以做出几种方案,最后通过综合比较和评价选择一个最佳方案。配送中心内部区域布置的方法和步骤如下:

(1)物流作业区域的布置

①决定配送中心对外的联外道路形式、方位及厂区配置方式,确定配送中心联外道路、进出口。

②决定配送中心厂房空间范围、大小及长宽比例。

③决定配送中心内由进货到出货的主要物流路线。

④按物流相关表和物流流程路线配置区域位置。可首先将面积较大且长宽比例不易变动的区域先置入建筑平面内,如自动仓库、分类输送机等作业区,再按物流相关表中相关强度的大小安排其他区域的布置。

(2)行政活动区域的配置

一般配送中心行政办公区均采用集中式布置,并与物流仓储区分隔,但也应进行合理的配置。

其配置方法是首先选择与各部门活动相关性最高的部门区域先行置入规划范围内,再按活动相关表,按与已置入区域关系的重要程度由大到小依次置入布置范围内。办公区布置应考虑空间的有效利用,如采用多楼层办公室、单独利用某一楼层、利用进出货区上层的空间等方式。

(3)确定各种布置组合

根据以上方法,可以逐步完成各区域的概略配置。然后再将各区域的面积置入各区相对位置,并作适当调整,减少区域重叠或空隙,即可得到配送中心的平面配置图。最后调整并确定部分作业区域的面积或长宽比例后,即得到作业区域配置图。如图4.8所示。

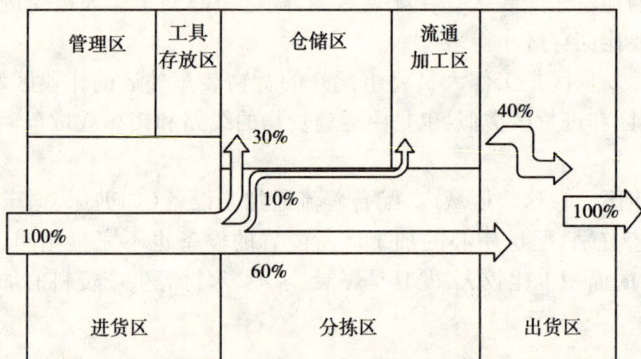

图4.8 配送中心平面布局图

以上对配送中心的平面布局是理论性的计算和规划。具体设计过程中,还应详细考虑装卸搬运通道、空间的储备、发展余地、人员配置及经济效益等条件。另外,在配送中心内作业不像工厂内的工序那样有着明确的区分,设施兼用的情况较多,因此,采用理论性方法决定配送中心设施内部布局方案之后,还要听取现场管理者的意见,再根据实际情况进行修正,以确定合适的方案。

知识链接

配送中心货物流动路线的分析

通常情况下,新建的综合性配送中心,按以下的流程进行业务活动:接收货物—检验货物—进货分类—暂时保管—储存—按订单分拣—流通加工—配货—包装—发货场暂存—发货。

在配送中心,首先接收大量的、多品种的商品,检查核对各种商品的数量和质量,对照发货单等进行相应的各种作业和储存。对于储存的一般要求是根据大多数需求者的订货,维持最小限量。另一种方式是接受发货订单之后,立即进行分拣,按照每个用户所订商品进行配货、包装,按配送方向不同进行分类、发货配送。另外,伴随这些业务活动的还有流通加工、信息处理等业务。

图4.9 所示的几种类型是在配送中心内经由作业场的产品流动的基本形式。

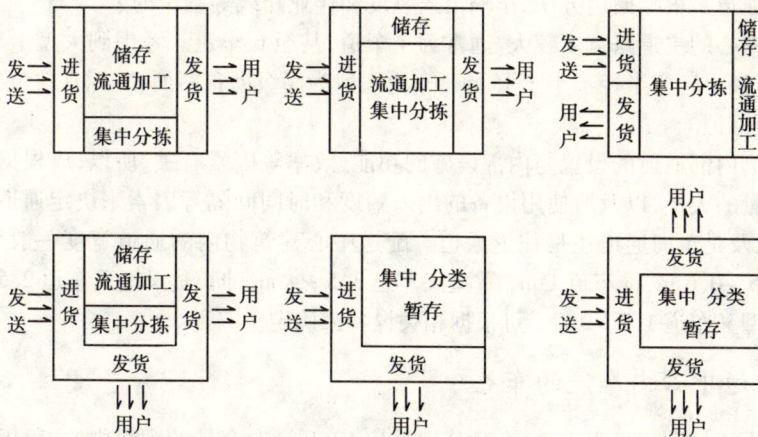

图4.9　配送中心内货物流转线路

4.3.3　配送中心的设施及其结构

配送中心的主要设施包括其内部的建筑物及相关附属设施。下面对配送中心的主要设施及结构加以介绍。

1)建筑物

配送中心在总体设计时,一般建筑物的覆盖率为60%左右。从作业效率的角度上考虑,配送中心的建筑物形式最多的是单层建筑。但是由于城市土地紧张,地价昂贵,有的配送中心采用多层建筑。多层建筑的费用要比单层建筑高出 1.5~2.5 倍。

① 建筑物荷载强度。配送中心建筑物荷载强度是由保管的货物种类、比重、堆垛

高度及使用的机械设备决定的。另外,机械设备对地面要求的动荷载,即机械设备在作业时地面上每平方米的承受能力,也要在设计时加以考虑。

②建筑物的高度。配送中心建筑物的高度是由堆货高度或货架高度及托盘货物高度所决定的。一般情况下,单层建筑物的高度在5.5~13 m;在多层建筑中,一般一层高度设计为5.5~6.5 m,二层高度5~6 m,三层以上5~5.5 m。

③立柱间隔。配送中心建筑物内立柱间隔过大,影响建筑的结构和费用;如果立柱间隔过小,影响作业效率。一般情况下,对于钢筋混凝土结构的建筑物横向为6 m、12 m,纵向为9 m、12 m;对于钢结构的建筑物横向为6 m、12 m、18 m,纵向为9 m、12 m、18 m、21 m不等。

2)配送中心的通道

配送中心的通道可分为区外通道及区内通道。区外通道将影响车辆、人员的进出,车辆的回转,装卸货物等动线;库内通道主要影响配送中心的作业能力和效率。配送中心的通道是根据搬运方法、车辆出入频度和作业路线等确定的。

配送中心的主道路宽度较大,通常为4车道,甚至6车道。考虑到大型卡车、集装箱车进出,最小转弯半径不小于15 m。车道一般为高级沥青路面,并标有白色界线、方向、速度等标记。

建筑物内部通道的设置与内部设施的功能、效率等因素有关,所以,应根据货物的品种和批量的大小,以及所使用设备的出入频度和时间间隔等因素来决定通道的宽度和数量,以及是单向通道还是往返通道。配送中心建筑物内的通道宽度一般设计为:人行道0.5~0.6 m,推车道1 m,重型叉车道3.5~4 m,伸长货叉型叉车道2.5~3 m,侧面货叉型叉车道1.7~2 m。可根据相关设备来确定。

3)配送中心内车流的布置

配送中心的车流量很大,一个日处理量达10万箱次商品的配送中心,每天的车流量可达250辆次,同时送货发货的车辆,时间相对集中。因此,道路、停车场地及车辆运行线路的设计显得尤为重要。可以说,配送中心总体设计的成败很大程度决定于车流规划的合理与否。

为了保证配送中心内车辆行驶秩序井然,一般来讲要遵循"单向行驶、分门出入"的原则。不少配送中心还规定了大型卡车、中型卡车、乘用小车的出入门以及车辆行驶线路。

4.3.4　配送中心设备的选用

配送中心所需设备是配送中心硬件构成的重要组成部分。充分分析各设备制造商的技术特长,综合评价后选定最满意的、信赖度高的生产商是十分重要的,是达到质量高、成本低的效果的保证。

1）配送中心设备选用的重点要素

配送中心设备选用的重点要素是：
①设备的形状、尺寸、重量；
②设备的使用方法；
③设备的作业能力；
④设备的占地面积；
⑤设备的价格。
设备选用之所以重要，不仅仅是因为影响分拣的速度，而且还关系到配送中心在作业过程中整体的平衡。

配送中心的货物流量波动很大，如果选择的设备适应物流高峰，必然会在物流量低谷时存在设备过剩问题，所以设备的选用大多是按物流量的平均值设计。配送中心设备的规划一方面要控制设备费用，另一方面，在预算之内尽可能提高其资金利用率。

2）装卸搬运、分拣等设备的选定

配送中心对于货物的处理，如果作业量大、品种显著增多，则作业方面要求的速度化、小批量化、多频率化等就会被迫降低，对于装卸搬运会成为越来越重要的问题。

在配送中心的物流设施中，小批量、多品种处理货物时，大多设计高站台；大批量、少品种作业时，大多采用低站台。不管是高站台还是低站台，仓储、搬运相关作业的对象几乎都是托盘装载，采用叉车装卸的方法。所以要求在叉车、托盘、集装箱、平板车等设备选定时将标准化、单元化、省力化及安全性、弹性等作为重要原则。

3）流通加工等设备的选定

流通加工设施是进行产品简单加工、组装、粘贴价格、粘贴标记符号、小包装等作业的设施，大多是在配送中心作业流程中间区段设施内进行作业。为了提高作业效率，可使用自动粘贴价格机、自动粘贴符号机、简易包装机、自动封口机等设备。

配送中心作业中的重要环节之一就是货物的验收，采用传动带输送机自动检验系列（利用条形码扫报方式），可以提高精确度，缩短时间。但需要根据不同的作业工艺，把握设施和设备的费用。

通常情况下，机械设备的选定和组合大多是根据机械设备的特征和机械设备的能力来确定的，而很少依据配送中心特性来使用机械设备。而往往低附加值的商品设备费用高，自功化难度较大，所以，应根据实际作业情况，综合考虑人和机械协同作业的问题。

本章小结

为充分发挥配送中心的作用,适应物流发展的需要,必须对配送中心进行科学合理的规划设计。本章在第一篇配送及配送中心相关知识的基础上,从介绍配送中心规划设计的基本内容、设计程序入手,详细说明了包括配送中心设立的时机选择、配送中心的类型、所有者决策、地址选择、规模设计等决策方法,同时重点阐述了物流配送网点的合理规划、配送中心内部平面布局及设施设备的选用等有关内容。从宏观到微观对配送中心规划进行了较为全面的讲解。

案例　烟台铁路公司珠玑配送中心规划(摘选)

烟台地处山东半岛中部,濒临黄海、渤海,与辽东半岛及日本、朝鲜、韩国隔海相望,是全国首批 14 个沿海开放城市之一,也是国家重点开发的环渤海经济区内的重要城市。

随着社会发展,烟台地区各部门开始重视物流产业。在烟台市 1997 年 10 月 27 日正式实施的《烟台市公路主枢纽总体布局规划》中,规划了与物流业相关的主要城市功能布局:大型中转、储备仓储区,布置在芝水、楚塘片;八角港区和牟平港区后方,为城市服务的仓储区,安排在珠玑站以北地带;危险品仓库布置在铁路福山站后方。

珠玑地区位于烟台市郊,是烟台市的交通枢纽和重要的商品集散地。烟台铁路公司、烟台交运集团都有在珠玑地区设立配送中心的设想,并得到了有关部门的支持。

以下是珠玑配送中心整体规划项目的一部分内容,包括确定配送中心的配送模式、配送中心的功能规划、业务流程规划(相关内容在第 5 章讲解)、场地与设施布局和主要设备配置等内容。

一、确定配送中心的配送模式

珠玑配送中心应避免与周围铁路专用线的所有者竞争,应采用共同配送的模式。初步可以选定珠玑储运公司、果品公司和商业储运公司三家企业作为合作对象。

1.共同配送的具体模式

共同配送是指配送企业采取多种方式,进行横向联合、集约协调、求同存异以及效益共享。烟台铁路公司可以充分利用组织货源方面的优势,联合其他企业,使用其空余场地或利用其经营优势,使各方获利,并促进各企业运营规模的扩大,提高服务水平,降低物流成本。

共同配送包括:配送的共同化、物流资源利用的共同化、物流设施与设备利用的共同化以及物流管理的共同化。根据实际情况,珠玑配送中心可以同上述三家企业实现物流设施与设备的共同利用,由三家企业提供场地、仓储设施供铁路公司使用。另外,在协调好的基础上,还可以充分利用他们的物流设备(如运输车、装卸搬运机械、托盘、集装箱等),以利于企业经营规模的进一步扩大,运营成本的进一步降低。

共同配送的联合方式通常有紧密型(法人型)、半紧密型(合伙型)和松散型(合同型)三种类型。根据目前现状及烟台铁路公司自己的意向,在珠玑配送中心初步运营阶段应选择松散型(合同型)联合方式,以获取更大的经营主动性,避免认识及经营理念上的差异对配送中心的发展产生不利影响。

在珠玑配送中心的初步发展阶段,可以先自行进行配送。在我国具备社会化物流发展的大环境时,在各家企业都认识到有必要物流资源利用共同化和物流管理共同化时,再逐步发展真正意义上的共同配送。

2.实施共同配送的原则

共同配送的参加企业应共同遵守一定的原则和理念,才能获得好的经营效益。铁路公司的具体情况,应遵循以下原则:

①扬长避短,自愿互用,追求整体效益。

②排除短期行为和成见,互利互惠共同发展。不能以大压小,要坚持"利益均沾"和"有利可固"的原则。

③公平公开,加盟企业确保中立,保守内部秘密。

④联合形式多样,追求实效。

⑤不断创新,不断发展,防止临时观念和因循守旧,把竞争的思想转变成联合互利的思想。

3.共同配送的目标

①改变现在珠玑站到多发少的现状,扩大经营规模,扩展经营范围,提高发送量。

②提高现有物流资源的利用率,降低运营成本。

③充分利用合作企业的设施与设备,扩大配送面积,提高作业效率。

4.实施共同配送的步骤

①选择合作伙伴。

②组织联合谈判班子,并作好谈判前的一切准备。

③签订共同化联合意向书。

④签订共同化联合的正式合同。

⑤对合同进行公证。

⑥联合体正式运作。

二、配送中心的功能规划

珠玑配送中心是在一般铁路货站的基础上建立的,其内部结构和布局直接影响到其功能。主要功能应包括以下几种:

①储存。珠玑配送中心是货物的集散中心,初期配送对象确定为煤、钢材和木材三种,所以储存功能必不可少,而且利用合作企业的储存场地是铁路公司与合作企业的主要合作项目。

②分拣理货。为了满足客户对商品不同种类、不同规格、不同数量的需求,配送中心必须有效分拣货物,并按计划理货。这是配送中心的核心功能。而对于珠玑配送中心而言,由于初期发展方向定位于大宗散装货物,规格品种较为简单明了,所以此项工作不是很难。

③配货。用户对商品的需求有各种不同的组合,配送中心必须对货物进行有效组合,才能合理利用运输工具,方便配送工作,满足用户需求。如果珠玑配送中心不发展真正意义上的共同配送,这项工作就很简单。但如果真想有经营上的飞跃的话,就必须认清形势,想尽一切办法降低经营成本,这样就必须真正与合作企业联合,实现资源共享,实行共同配送。那时配货工作就会显出其重要性,而且将是需要信息化程度很高的一项工作。

④倒装、分装。是指不同规模的货载在配送中心能高效分解与组合或新的装运形态。

⑤装卸搬运。是配送中不可少的辅助作业。

⑥流通加工。对商品进行不同程度的加工,能够提高配送水平,提供增值服务,实现更高的经济效益。珠玑配送中心应利用铁路运输优势和场地优势,充分发挥这一功能的作用。

⑦送货。送货工作在配送中心之外完成。但是送货工作的计划、指挥和管理均由配送中心完成。这项工作直接涉及客户的满意程度,所以其及时性、准确性非常重要。现在有多种先进的送货方式,如和生产厂家直接挂钩实现即时配送,帮助厂家实现零库存或少库存。珠玑配送中心应在不断发展配送商品品种、扩大业务范围的基础上,发展多种送货方式,以实现更大的经济效益。

⑧信息处理。其重要性毋庸多言。需要注意的一点是,在配送中心发展的初级阶段,不必盲目追求所有信息都实现计算机处理以及计算机联网,可以分阶段、分步骤完成信息处理的现代化工作。

三、配送中心的业务流程规划

根据业务流程重组的理论,针对每一配送品种制订比较合理的业务流程。对于每一个品种(钢材、本材和煤),基本业务流程如图4.10所示,整个业务流程须和实际业务系统结合起来考虑。

1.煤

作为配送对象的煤炭产品主要有原煤、型煤、配煤。这类产品需求的共同特点是:需求量大,需求范围广;消耗稳定,用户较固定。因为此类产品储运是以散堆为主,故很难与其他产品混装。

鉴于煤炭有其特殊的物理性能和化学性质,因而在实际操作中有两种不同的配送流程。

第一种工艺流程：从储存场地直接装货、直接送货，即进货—储存—装卸—送货。

第二种工艺流程：在储货场地设置加工环节，将煤炭加工成配煤和型煤，然后进行装货和发货。

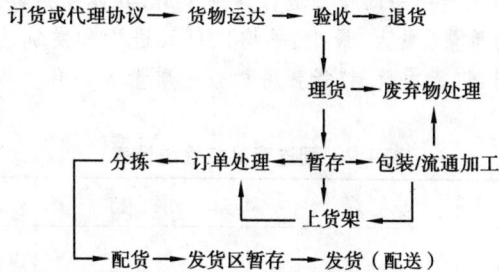

订货或代理协议 → 货物运达 → 验收 → 退货
　　　　　　　　　　　　　　　↓
　　　　　　　　　理货 → 废弃物处理
　　　　　　　　　　↓
┌─ 分拣 ← 订单处理 ← 暂存 → 包装/流通加工
│　　　　　　　　　↓　　　　　　↓
│　　　　　　　　上货架 ←──────┘
│
└─ 配货 → 发货区暂存 → 发货（配送）

图4.10　基本业务流程

煤的流通加工主要就是掺配不同热值的煤炭和去除混杂在煤炭中的矸石，这是附加价值较高的一种方式。根据珠玑站的煤炭除了电力用煤就是生活用煤的特点，建议珠玑配送中心采用如下所示方式：

进货—储存—加工—储存—装货—送货。

煤炭配送的特点是配送量大且发送货物频繁。有些不需要加工的煤炭，在满足整车装运要求的前提下，配送时运输车辆可以直接到储煤场地去装运和发货。配送流程中也不需要分拣、配货等作业。由于煤炭产品的配送量比较大，且这类产品需求稳定、用户比较固定，因此在实际操作时，常采用计划配送和定量配送等形式向用户供货。

2. 钢材和木材

木材和钢材的特点是重量大、强度高、规格品种繁多，但运输时可以混装。一般说来，这类物资的产需关系比较稳定，但是需求结构比较复杂。据此，木材和钢材的配送一般都应包含加工工序。对于一些需求量不太大，但需要品种较多的用户，配送流程中又常常包含着分拣、配货和配装等作业。其配送流程有以下三种不同的情况：

进货—储存—装货—送货

进货—储存—加工—储存—分拣—配货—配装—送货

进货—储存—理货—分拣—配装—送货

由于木材和钢材的需求相对稳定，因此在实践中宜采用计划配送的形式供货。也适宜采用集团配送和定时、定量配送的形式向用户供货。

木材的流通加工主要有两项内容：

①破开原木，将发运来的大规格原木截锯成各种小规格的木方或木板，需专用设备；

②制材，将碎木、木屑压制成各种规格的板材。

钢材的流通加工主要包括三项内容：

①圆钢、角钢、扁钢、方钢等小型钢和部分管材的切割,线材的冷拉加工;

②薄钢板的剪切加工和带钢的平展、裁切加工;

③专用钢管的涂油和油漆加工,这也需要专门的设备。

四、配送中心场地与设施布局

首先,需要对计划配送商品的特性进行详细了解,具体包括其规格、重量、品种、形态、每件货物进出库的重量(最大、最小、平均)、每天进货和发货的数量及从收货到发送所需时间、供应时间、订货次数、订货费用和服务质量等。有关数据可如表4.2形式列出。

表4.2　配送商品特性统计表

商品名称		煤	钢　材	木　材
规格				
重量				
品种				
形态				
每件货物进出库的重量	最大			
	平均			
	最小			
每天进货数量				
每天发货数量				
进货到发货所需时间				
供应时间				
订货次数				
订货费用				

在建设配送中心的初期,根据现状,原有设施的改造利用应成为重点内容,尽量避免新增设施。对仓库建筑物、货棚和货场而言,没有太多特殊要求,可以在适当的内部改造的基础上,充分加以利用。例如,为配合配送要求,在库房地面硬化的基础上,可以铺设走行导轨和牵引索道,以安装活动货架和轨道搬运车;对原有库房、场地进行重新划分,确定加工区、理货区、配货区;建立高层货架,提高空间利用率。

1.珠玑站及合作企业现有场地设施状况

(1)珠玑站

站内设有股道线路9条,其中8道、9道是货场装卸线。站内货场设装卸货物线2条,650 m²的零担货物仓库1座,108 m²零担到达库1座,货物装卸高站台2处,地磅

1座。8道货物装卸线路线有效长948 m,装卸有效长730 m,装卸货位48个,分东、中、西段。东段设有水泥平台高货位14个,办理日用百货、烟酒、罐头等成包论件的货物;中段有17个笨大货区的低货位(硬面化可两面作业),办理装卸原木、钢材、钢锭等集装成件的笨大货物;西段设有17个低货位,办理卸煤、矿石、焦炭等散堆装货物。9道货物装卸线有效长338 m,装卸有效长250 m,货位16个,其中零担仓库货位3个,办理发到千家万户的零担货物业务;铅锌库货位3个,办理发送矿粉;东端设高台货位10个,办理苹果、轮胎、成包论件的货物。珠玑站共有堆场面积1 475 m²,硬面面积10 000 m²。

(2)烟台果品公司

占用1条专用线。其货场面积为2万 m²,利用率只有30% ~40%。内设贯通线路2条,1道长565 m,设站台仓库1座1 680 m²,高台货位20个,平货位6个。2道长854 m,装卸有效长度480 m,货物雨棚1座,设高台货位20个,平货位16个,办理发到农副产品、水果、煤等,不办理零担货物。库房大部分出租,出租价位较低,还有一大部分不收租金。公司代运物资主要是化肥、煤炭和钢材。

(3)商业储运公司

内设尽头股道2条。1道线路有效长368 m,线路东端设高站台货位3个,西端为平货位20个。2道线路有效长330 m,高货台货位16个,设1 200 m²站台库1座,主要办理日用百货、电器、成包论件货物和煤、焦炭等散堆装货物,不办理发到零担货物。2道是珠玑西货场走行线。专用线饱和运输能力为15 ~16万 t,现在实际只有5 ~6万 t。

(4)珠玑储运公司

包括东、西两个货场,占地1 000亩(1公顷=15亩,下同)。东货场设尽头线路2条,1道线路装卸有效长416 m,东段平货位15个,西段1 200 m长,为笨大货位;2道线路装卸有效长400 m,东段平货位10个,西段设550 m²站台库1座,高台货位18个,站台风雨棚1 700 m²。西货场内设尽头线路3条,线路装卸有效长度共约1 500 m,以散堆货物煤、木材、钢材为主。其中木材存储区占地150亩左右,煤炭存储区占地300亩左右。西货场大库存储面积2 000 m²(原材料存储)。

2. 配送中心设施的合理构成

配送中心为了完成配送业务,通常应由下列设施构成(如图4.11所示):管理区、进货区、理货区、储存区、加工区、分拣配货区、发货区、退货处理区、废弃物处理区、设备存放及简易维护区。但是,从珠玑站现状考虑,要想完全合理地设置这些功能区是不可能的。所以,一是利用合作企业的场地,二是只设相关区域的管理机构,在需要时联系场地的使用。

3. 确定各区所需设施种类及其面积

设施需要面积是按作业量计算的,根据经验确定的单位面积作业量为:

（1）保管设施（库存剩余货物量）：1 t/m²；（2）处理货物的其他设施：0.2 t/m²。

退货处理区	废弃物处理区	设备存放及简易维护区	
进货区	理货区	储存区	
		流通加工区	废弃物处理区
管理区	分拣区		管理区
	出货		

图 4.11　配送中心的功能分区

根据珠玑站历年到发量，初步确定配送中心日处理货物 500 t，其中入库、出库各 250 t，保管场所滞留货物设为 300 t。具体计算可按表 4.3 进行。

表 4.3　配送中心场地面积计算表

设施名称	每天的作业量/t	经验数据/($t \cdot m^{-2}$)	设施面积/m²
进货区及检验区	250	0.2	1 250
理货区	250	0.2	1 250
分拣区	150	0.2	750
储存区	300	1.0	3 000
流通加工区	25	0.2	125
退货及废弃物存放	10	0.2	50
配送出货区	250	0.2	1 250
设备存放及维护区	—		50
合　计			7 725

共需场地约 7 725 m²。根据现有场地分析，完全能够满足日处理货物 500 t 的配送中心的需求。所以重点是与合作单位的协调问题。

4.具体建议

①管理区利用现有车站设施即可；

②煤：建议主要利用商业储运公司场地；

③钢材与木材：建议主要利用果品公司场地；

④在任务繁忙的时候，考虑利用珠玑储运公司的西货场；

⑤应考虑长期租用果品公司和商业储运公司的场地，按图 4.11 所示，合理安排各区分布。

五、配送中心需要的主要设备

在配送中心发展的初期，也应尽量节约资金，尽可能利用现有设备，尤其是果品公司和商业储运公司的设备。但是实际情况并不乐观，他们并没有太多可供利用的设备。

1. 现有设备分析

①果品公司：现有 2 台 12 t 的汽车,吊、叉车数辆,没有运输车。

②商业储运公司：有一些吊车、叉车,无大型吊车设备。

出于珠玑站有自身的到发任务要完成,所以配送中心不应占用珠玑站现有设备,而且因为作业场地都选在了合作企业,实际上也无法利用珠玑站的大型设备。根据这些分析,以进一步确定所需设备种类。

2. 需要设备种类与数量

①装卸搬运设备。珠玑配送中心发展初期的年到发量估计为 20 万 t 左右。根据经验值判断,需要装卸搬运设备为 160 t 左右。根据实际情况,应减少初期投资,重视对现有设备的利用,基本上能满足需要。除此之外,还应添置龙门吊 1 台,主要在果品公司使用,以装卸钢材与木材。如果资金允许的话,还应添置带式输送机,用以输送煤及其他散货。

②运输设备。如果要发展真正意义上的配送中心,就不能依靠客户自备车辆提货,而必须送货上门。本配送中心的特殊之处在于,它并非将所配送的物资全部用汽车进行运输,而是部分依靠铁路向外发送。所以,依据前面假设,一天发送量为 250 t 的话,大约能有 50% 依靠汽车进行运送。具体数字还要依据实际情况进行确定。这样,就大约需要运输车辆总吨位为 125 t。由于运送的为长大、重型和散装货物,所以应考虑的汽车车型为重型载货汽车和拖车与挂车,需要数量为 10 ~ 15 辆。

③流通加工设备。对于煤、钢材和木材来说,都需要专门的设备进行流通加工。如果珠玑配送中心在初期发展阶段资金紧张的话,可以先进行一些不需要专门设备的流通加工活动,例如去除煤中的煤矸石。

六、结论与建议

①珠玑配送中心的合作对象为效益较差的果品公司、商业储运公司以及效益很好的珠玑储运公司。对前者应利用其设施与设备,对后者应考虑与其进行业务上的合作。

②应尽量利用现有设施与设备,先将配送中心的业务开展起来,然后再逐步、分阶段、有计划地进行场地改造与设备添购。但是,大型装卸搬运设备和运输车辆必须是新添置的。

③建议烟台铁路公司对配送中心的物流系统进行更详细的论证与研究,最终确定配送中心的布局、业务流程、作业流程、机构与人员设置,具体所需设施种类与面积、所需设备种类与数量等问题。

④建议铁路公司进一步建立物流管理系统与物流管理信息系统。

（资料来源：北方交通大学经济管理学院 物流所）

案例分析与讨论题

　1. 简述珠玑配送中心规划方案规划的主要内容。

　2. 试分析珠玑配送中心采用共同配送模式的原因。

　3. 你认为该珠玑配送中心规划方案中还应补充考虑什么因素和内容？

　4. 共同讨论珠玑配送中心规划方案给我们带来了哪些启示？

复习思考题

　1. 简述配送中心规划的内容及程序。

　2. 简述配送中心设立时机的决策方式。

　3. 如何进行配送中心类型的选择？

　4. 配送中心选址时应遵循哪些原则？考虑哪些因素？

　5. 什么是共有型配送中心？它的主要形式有哪些？

　6. 配送中心的内部作业系统由哪些工作区构成？

　7. 配送中心设施设备规划主要考虑哪些内容？

实操项目一
"优速"配送中心平面布局规划

一、实训目的

1. 使学生理解配送中心的内部设施关联性分析方法;
2. 使学生掌握配送中心内部功能结构及内部功能区域布局的规划;
3. 使学生加深对配送中心平面布局规划的方法的直观认识,提高对配送中心规划的实践操作能力。

二、实训条件

电商实训室,多媒体教室,零售商型配送中心或卖场、超市。

三、实训操作时间

6课时。

四、相关知识

1. 配送中心内部设施关联性分析方法,见本书第4章4.3.1;
2. 配送中心内部布局规划,见本书第4章4.3.2。

五、实操任务

"优速"物流公司是一家提供专业物流服务的第三方物流公司,总部设在江苏省南京市,主要提供包括家电、袋装食品、日化用品、果蔬等类产品的储运、加工、包装、配送作业,以及代收货款、信息查询等一站式物流服务。公司创立十几年以来,以健全的仓储保管体系、迅捷的运输网络和完善的管理制度享誉物流业,并以优质的服务和良好的信誉深得广大客户的首肯和信赖。

公司下设总经理办公室、财务部、人力资源部、商务部、信息技术部等职能部门,以及仓储部、运输部、加工配送部等业务部门。公司拥有一批高素质的管理团队和员工队伍,为提升公司的管理水平和竞争力提供了有力的保障。

公司运输网络覆盖长三角主要大中城市,可实现江苏至安徽、浙江、上海等全国各地的长途运输。

"优速"物流在江苏省已经构架出完善的物流服务体系,形成了完整的物流服务网络,一级物流中心位于南京、无锡,二级物流中心覆盖全省各大中型城市。每个一级物流中心配有超过 20 000 m² 的标准仓库、近 30 000 m² 的场地、约 20 000 m² 的合同仓库。每个二级以上物流中心配有 2~30 t 的各式配送车辆 30 余台。

同时,公司拥有先进、完善的物流信息系统,包括订单信息管理系统、库存管理系统、货位定位系统和 RFID 系统,运输车辆安装 GPS 导航系统并配装车载 GSM 移动平台。

"优速"物流公司南京配送中心位于南京市城南,为南京市数家拥有综合性超市及卖场的连锁企业提供相关物流服务。主要商品包括家用电器、日化产品、袋装食品、果蔬等。

规划中的配送中心一号库为果蔬加工配送中心。规划果蔬进出货吞吐量约为 30 t,主要完成原菜和水果的进货验收、清洁整理、预冷、加工、包装、冷藏、分拣、出货等作业,同时考虑管理办公区域及各种装卸搬运工具的存放与维修等辅助功能区的设置。

请在理论学习及参观实践的基础上,针对果蔬配送的特点,完成:

1. 该配送中心一号库的内部设施相关性分析图;
2. 该配送中心一号库各个功能分区的面积估算;
3. 设计该配送中心一号库的平面布局方案图;
4. 制作 PPT,说明以上规划设计的依据及设计理念。

六、实训操作指导

第一步:理论知识准备。复习教材相关内容,搜集果蔬配送中心的相关资料。

第二步:实地参观。有条件可实地参观果蔬配送中心,也可参观规模较大的批发及零售超市,参考果蔬产品的相关作业处理及功能布局。

第三步:分组并讨论完成本案中"优速"配送中心一号库的设施相关性分析图、各功能分区面积估算表、平面布局方案图及方案的 PPT 文件制作。

第四步:分组详述方案的内容,并解答其他组同学及老师的提问;方案评比。

七、实操考核评价标准

序号	项　目	分　值
1	内部设施相关性分析图	20
2	各功能分区面积估算表	20
3	平面布局方案图	30
4	文档制作	10
5	现场答辩表现	20
合　计		100

第5章 配送中心作业管理

学习目标

掌握配送中心主要功能；
掌握配送中心的一般作业流程；
理接配送中心各个作业流程的具体运作内容；
了解不同行业配送的特点。

知识点

配送中心功能 配送中心一般作业流程 配送中心的订货方式 配送中心的分拣方法 配送中心流通加工内容 连锁零售业配送的特点及作业方式

案例导入

海福发展(深圳)有限公司的配送体系

海福发展(深圳)有限公司坐落在深圳福田保税区,是一家为高科技电子产品生产企业提供料件配送服务的第三方物流企业。

该公司承接了国际著名电子企业 IBM 公司在我国境内的生产厂的电子料件配送业务。为此,该公司按 IBM 的要求开发了一套严密控制作业流程和管理物流信息的电子网络系统。在这个电子网络系统的支持下,公司将 IBM 分布在全球各地共 140 余家供应商的料件以海、陆、空物流网络有机地联系在一起。当装着料件的集装箱运达香港机场或码头后,公司配送中心进行报关、接运,并负责质检、分拆、选货、配套、集成、结算、制单、信息传递、运输、装卸等项作业,使上千种电子料件在 24 小时内安全、准确地完成从香港到保税区再到 IBM 工厂生产线的物流过程,以保证 IBM 生产厂在料件零库存状态下生产。另外,还要把不合格的料件在规定时间内准确无误地退给 IBM 的各供应商,与此同时还要完成 IBM、海福、供应商三者之间的费用结算。

2001 年 3 月,海福公司又与日本美能达公司签订了提供配送服务的合同。这项服务与前项服务的不同之处是:前者为多家供应商对 IBM 生产厂一家供货;后者为供应商不仅向美能达本部供货,还要向美能达分布在国内外的约几十家分供方供货,所存料件的集散、选配货、信息传递、运输、报关都要由海福的配送中心来完成。

海福的物流配送业务有两种形式、一个特点:形式一是 IBM 式——完成多个供货商对一个需方生产线的配送活动,即"多对一"物流;形式二是美能达式——承担多个供货商对一个需方的多个分供点的配送物流业务,即"多对多"物流。一个特点是零关税配送,即配送是在保税区业务范围内进行的,来料进入(包括废品退回)及成品出口都是在不上关税的条件下完成的。这对保税区严格货品进出口管理和杜绝走私逃税起了很大作用。

海福发展(深圳)有限公司开业以来,销售额每年均以 30% 以上的速度增长,获得了良好的企业经济效益。

5.1　配送中心的主要功能

从理论上说,配送中心主要具有如下一些基本功能:

1)商品进销功能

要让商品在市场上流通,到达消费者手中,势必通过商品的交易买卖来达成,而商品销售可以说是一切配送中心的起源,要达到物品销售的目的,配送中心的作业可分为几方面来讨论:

(1)订单处理

买卖交易的达成,必须经由订单的接受到商品处理出货,交到客户手中才算完整。订单处理作业是一个包括从接受订单、现有库存数量及各项配送资源查询、订货跟踪、订单资料的建档及维护、相关单据的制作,到催款入账为止的完整作业过程。

除了以上基本的交易内容之外,还有一些作业是随着配送中心作业内容的不同而不同的。例如跨国交易的配送中心就必须考虑加入进出口押汇、报关等作业功能,因此要根据具体的配送中心业务功能来确定订单处理的具体业务内容。

(2)市场开发、规划、管理

在实际的商品销售作业之外,还要考虑如何推广商品,让消费者了解各种商品特色,扩大市场份额。而市场的推广开拓可以考虑的系统功能有销售预测分析、现有销售资料分析、商品管理、客户管理等,并根据市场对商品的需求进行动态分析等。

(3)商品采购

商品必须先购入才能出货。对于以零售商为主体的配送中心而言,需多方询价,统计订购数量;另一方面可通过供应厂商管理来建立厂商管理系统,对供货的价格、货品的品质、交货日期的状况加以管理控制。

(4)商品退货

商品退货作业的处理一般很容易被配送中心系统设计者所遗忘。然而退货作业内容本身较为复杂，而且作业工作量也较大，尤其是退货商品的检验、退货数量审核等，最耗费作业时间及人力。一般除退货物品验收、退货数量审核外，还必须将可用商品再入库，可修补商品送往流通加工区处理，不可用的商品给予报废，并且统计各项送修、报废数量，以便统计库存、出货、流通加工、配送过程的损耗。

2）仓储功能

商品交易完成后，除直接送货外，均经过商品实际入库、保管、流通加工、包装后出库等程序。因此配送中心需具有仓储保管的功能。仓储保管功能分为有形的仓库管理作业和无形的库存管理作业。

（1）仓库管理作业

仓库管理作业包括商品的入库作业、在库管理作业及出库作业，即从商品入库到出库之间的装卸、搬运、流通加工、区域规划等一切与商品实务操作、设备、人力资源相关的作业。具体内容将在第7章详细介绍。

（2）库存管理作业

库存管理作业除了商品出入库的各项实际作业外，库存量的变化则显示配送中心资金积压状况，另外商品进出量的准确性也影响了库存损失金额，因此配送中心应做好库存管理。其作业包括产品分类、经济采购批量及订购时点的确定、库存盘点作业、商品周转率分析与货位使用率分析等。这部分内容在第8章会有相关内容的讲解。

3）装卸搬运功能

装卸搬运功能是为了加快商品在配送中心的流通速度而必须具备的功能。综合型配送中心应该配备专业化的装载、卸载、提升、运送、码垛等装卸搬运机械，以提高装卸搬运作业效率，减少对商品造成的损毁。

4）包装功能

配送中心的包装作业目的不是要改变商品的销售包装，而在于通过对销售包装进行组合、拼配、加固，形成适合于物流和配送的组合包装单元。

5）配送功能

商品拣取包装处理好后，需由运输设备送达客户手中，故商品配送时需包括派车计划及出货路线选择、装车调度等。其中，派车计划包括该批次出货商品所需配送的车辆品种及数量，计算机管理系统中应根据路线选择系统来决定配送顺序，装车人员还可据此顺序装载商品。此外，还需开发配送途中配送状况的信息传输，以便于在商品配送途中跟踪商品、监控管理运送设备及处理意外情况。

6）运输功能

配送中心需要自己拥有或租赁一定规模的运输工具。具有竞争优势的配送中心不只是一个点，而是一个覆盖全国的网络。因此，配送中心首先应该负责为客户选择满足客户需要的运输方式，然后具体组织网络内部的运输作业，在规定的时间内将客户的商品运抵目的地。

7）流通加工功能

配送中心的流通加工作业，包括分类、过磅、拆箱改包装、产品组合包装、贴标签等。为适应这些作业需求，配送中心管理系统的设计可包括：工具、设备、人员的选用及调派系统，组合商品的搭配选用系统，包装容器的选用系统，包装方法的规划设计系统等。

8）信息处理与提供功能

配送中心除进销、配送、流通加工、储存保管等功能外，还能提供各种信息，为配送中心经营管理、政策制定、商品路线开发、商品销售促销政策的制定提供参考。该系统可提供下列几种信息：绩效管理、经营规划、配送资源计划等。

5.2　配送中心的作业流程

现代物流利用配送中心的高效率运作，充分发挥调配社会资源的作用，为生产者和消费提供低成本高效率的流通服务，从而促进经济的良性循环。配送中心的作业环节即是实现配送中心各个物流服务功能的具体担当者。配送中心的作业流程规划决定了配送中心作业的详细、具体要求内容，是建立配送中心的重要步骤。

5.2.1　配送中心的基本作业流程

配送中心的效益主要来自"统一进货、统一配送"。统一进货的目的是避免库存分散，降低企业的整体库存水平；统一配送的目的是减少送货的交通流量，提高送货车辆的实载率，从而减少送货费用。

配送中心的作业流程设计要便于实现两个主要目标：一是降低企业的物流总成本；二是缩短补货时间，提供更好的服务。配送中心的特性或规模不同，其涵盖的作业项目和作业流程也不完全相同，但其一般作业流程大致相同，如图 5.1 所示。

不同类型的配送中心，其作业流程长短不一、内容各异，但作为一个整体，又是统一的、一致的。关于配送中心的作业流程，可以从一般的作业流程和特殊的作业流程

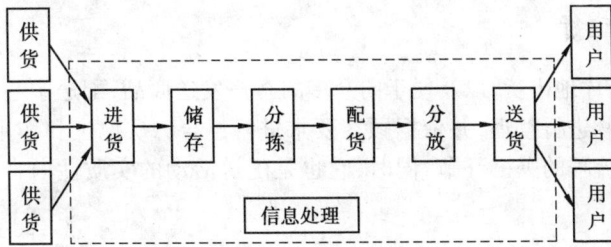

图 5.1　配送中心的一般作业流程

两个方面进行概括。配送中心的基本作业流程具体内容如下所述。

1)接受并汇总订单

无论从事何种货物配送活动,配送中心都需有明确的服务对象。因此,在未曾进行实质性的配送活动之前,都有专门的机构以各种方式收取客户的订货通知单并加以汇总。

按照惯例,接受配送服务的各个客户一般都要在规定的时点以前将订货单通知给配送中心,以此来确定所要配送货物的种类、规格、数量和配送时间等。收取和汇总客户的订单是配送中心组织和调度诸如进货、理货、送货等活动的重要依据,是配送中心作业流程的开端。

2)进货

配送中心的进货流程包括以下几种作业:

(1)订货

配送中心收到和汇总客户的订货单后,首先要确定配送货物的种类和数量,然后要查询本系统现有库存商品中有无所需的现货。如有现货,则转入拣选流程;如果没有或虽有现货但数量不足,则要及时向供应商发出订单,进行订货。

(2)验收

采取一定的手段对接收的货物进行检验。若与订货合同要求相符,则很快转入下一道工序;若不符合合同要求,配送中心将详细记载差错情况,并且拒收货物。按照规定,质量不合格的商品将由供应商处理。

(3)分拣

对于生产商送交来的商品,经过有关部门验收之后,配送中心的工作人员随即要按照数量、品种将其分门别类地存放到指定的场地或直接进行下一步操作。

(4)存储

为了保证配送活动正常进行,也为了享受价格上的优惠待遇,有些配送中心常常大批量进货,继而将货物暂时存储起来,由此,在进货流程中就增加了一项存储作业。

3）理货和配货

为了顺利、有序地出货，以及便于向众多的客户发送商品，配送中心一般都要对组织进来的各种货物进行整理，并依据顾客要求进行组合。从地位和作用上说，理货和配货是整个作业流程的关键环节，同时，它也是配送活动的实质性内容。具体情况概述如下：

（1）加工作业

在配送中心所进行的加工作业中，有的属于初级加工活动（如长板、大材改制成短材、小材等），有的是辅助性加工，也有的属于深加工活动。加工作业属于增值性经济活动，它完善了配送中心的服务功能。

（2）拣选作业

有人把这项作业称为"出货的第一个环节"。实际上，它应当属于理货、配货范围。拣选作业就是配送中心的工作人员根据要货通知单，从储存的货物中拣出客户所要商品的一种活动。目前，随着配送货物数量的不断增加和配送范围的日益扩大，以及配送节奏的明显加快，许多大型的配送中心已经配置了自动化的分拣设备，开始应用自动化拣选货物。

（3）包装作业

配送中心将客户所需要的货物拣选出来以后，为了便于运输和识别各个客户的货物，有时要对配备好的货物重新进行包装，并在包装物上印上标签。这样，在拣选作业之后，常常进行包装作业。

（4）配装作业

为了充分利用载货车辆的容积和提高运输效率，配送中心常常把同一条送货路线上不同客户的货物组织起来，配装在同一辆载货车上，于是，在理货和配货流程中还需完成组配或配装作业。

4）出货

这是配送中心的末端作业活动，也是整个配送流程中的一个重要环节，包括装车和送货两个主要环节。

（1）装车

配送中心的装车作业有两种表现形式：其一是使用机械装卸货物，其二是利用人力装车。通常，批量较大的较重商品都被放在托盘上来进行装车。还要考虑按送货点的先后顺序组织装车，先到的要放在混载货体的上面或外面，后到的要放在其下边或里面；还要做到"轻者在上，重者在下"，"重不压轻"。

（2）送货

在一般的情况下，配送中心都使用自备的车辆进行送货作业。有时，它也借助于社会上专业运输组织的力量，联合进行送货作业。此外，适应不同客户的需要，配送中心在进行送货作业时,常常做出多种安排,有时是按照固定时间、固定路线为固定客户送货;有时也不受时间、路线的限制,机动灵活地进行送货作业。

5.2.2　配送中心的特殊作业流程

所谓的特殊作业流程,是指某一类配送中心进行配送作业时所经过的程序,并不包含一般作业流程的全部。通常有以下几种情况:

1)不设储存的作业流程

在流通实践中,有的配送中心主营从事配货和送货活动,本身没有储存场地,而尽量利用设立在其他地方的"公共仓库"来补充货物。据此,在其配送作业流程中,没有储存工序。为了保证配货、送货活动的顺利开展,有时配送中心不设储存区。实际上,在这类配送中心内部,货物暂存和配货作业是同时进行的。在现实生活中,配送生鲜食品的配送中心通常都按照这样的作业流程开展业务活动。

2)加工转换型配送中心的作业流程

加工型配送中心多以加工产品为主,因此,在其配送作业流程中,储存作业和加工作业居主导地位。由于流通加工一般是对单品种、大批量产品的加工作业,并且是按照客户的要求安排的,因此,对于加工型的配送中心来说,虽然进货量比较大,但是分类、分拣工作量并不太大。

3)分货型配送中心的作业流程

分货型配送中心是以中转货物为其主要职能的配送组织。在一般情况下,这类配送中心在配送货物之前都先要按照要求把单品种、大批量的货物分堆,然后再将分好的货物分别配送到客户指定的接货地点。其作业流程比较简单,无需拣选、配货、配装的"等腰三角形"作业程序。

知识链接

配送中心特殊作业流程及设施设备

1.蔬菜果品食品作业流程

蔬菜、果品、加工食品是配送中心的主要经营商品之一,其作业流程体现出一定的特殊性。

(1)家乐福生鲜食品配送中心

家乐福生鲜食品配送中心专为家乐福服务,经营蔬菜类、水果类及干果类商品。该配送中心租用中以示范农场的库房及办公区,面积约500 m^2,其中加工作业区面积约330平方米(分为收货区、加工区、配送区、临时存储区四个作业区),高3 m左右;存储区、冷藏仓库面积各为 70 m²;堆垛最高为 1.8 m(为搬运方便)。配送中心里基本是人工作业,机械作业设备只有小叉车(4 台 × 650 kg)。入库商品由供应商负责运输、装卸,出库商品由配送中心负责配送。该配送中心的包装容器为平均承重 25 kg 的标准筐。

家乐福生鲜食品配送中心的蔬菜商品来源于天津五星县蔬菜种植区,一般下午采收,晚上加工,第二天早上 5:00 配送到店。该中心平均每天加工配送时令蔬菜 10 t,占京津两地"家乐福"所属 6 家店蔬菜销售量的 70% ~ 80%。蔬菜类商品的作业流程包括进货、拣选、打捆、清洗、装筐等,属于简单粗加工,目前尚未进行净菜加工,在配送中心里不进行蔬菜保存。

该配送中心果品来源主要是南方水果及进口水果,本地产葡萄、苹果的量较少。平均配送量 5 t,占京津两地"家乐福"所属 6 家店水果销售量的 40% ~ 50%。该配送中心干果供应占京津两地"家乐福"所属 6 家店干果销售量的 60% ~ 70%。

(2)四道口果品批发公司

四道口果品批发公司(简称"四道口")是华北地区最大的果品集散地,经营干鲜果品、蔬菜调料、副食品、果脯蜜饯、农副土特产等,服务项目主要是租赁库房、实行配送,是目前北京最大的果品存储配送企业。"四道口"每日果品进出量为 20 万 ~ 30 万 kg,旺季(如节假日)可达到 40 万 ~ 50 万 kg。平均周转速度为 2 ~ 3 日。"四道口"的冷藏库共分 6 层(地下 1 层,地上 5 层),建筑面积 8 160 m²。冷库容量约 4 150 t,现利用率约为 85%。冷库内采用氨制冷、机械送风,共有 4 台制冷机,冷库内有电梯、叉车(2 台内燃式,4 台电动式),冷库承载能力为 0.588 t 每 m²,库高 4 m。

(3)蔬菜果品加工食品作业流程

蔬菜、果品、加工食品作业流程一般包括:入库、装卸、流通加工、包装、保管或分拣、出库、运输配送等要素和若干作业过程。

2.家用电器作业流程

(1)青年路储运经营公司

青年路储运经营公司(简称"青年路仓库")隶属于北京市机电设备总公司,占地面积 11 万 m²,内有标准库房 17 栋(保温库 6 栋),专门储运大型机电产品。单个库房面积从 1 080 m² 到 2 480 m² 不等,地面防潮处理较好,库内配备简单的立体货架 4 或 5 层,高约 3 m,并配有 5 t、10 t 桥式吊车,库房实行机械通风。场区内有铁路专用线及其相关设备,并且有专业的消防队伍。

目前,青年路仓库作为集散型仓库,主要存储家用电器、食品、医药、装饰材料等商品。库房堆垛高度 6 ~ 7 m。青年路仓库负责部分商品的存储、配送、运输作业,部分商品由厂家自己负责存储、运输与配送。其主要作业流程包括入库验收、抽样检测、进库码垛、保管、出库。

(2)中储发展股份有限公司

中储发展股份有限公司(简称"中储股份")占地 195 万 m²,其中货场面积 65 万 m²,

库房面积25.1万 m^2。铁路专用线20条共11 323 m,起重运输设备224台(套)。公司具备仓储、运输货代(揽货、订仓、报关、商校、接运、集装箱拼装、拆箱、分拨)、贸易、加工、配送、实业、科技开发、信息服务等功能,并且在仓储、加工、分销、配送、管理等方面均导人计算机信息管理系统。公司经营范围包括:生活生产资料仓储(家用电器类、食品类、机电类、建筑装饰材料类、家具类、包装物品类等)、配送、国际货运代理、分拣配货及信息服务等。

目前,中储股份天津南一仓库经营家用电器类商品,主要为海尔、澳柯玛、三星等公司提供物流服务。中储股份专门为海尔公司提供了两栋仓库,总面积为6 500 m^2 ×2,商品周转时间为1个月,仓库单位面积承载能力为8 t/m^2,仓库内防潮条件比较好。其物流作业流程包括:入库、抽样验收(只进行部分外包装检查)、进库码垛、保管、出库(采用先进先出的原则)。

(3)家用电器作业流程

家用电器物流作业流程一般包括:入库、抽样验收(外包装检查、性能切试)、进库码垛、保管、配货、出库、运输等。

3.装饰材料作业流程规划

天津唐口仓库(属于中国物资储运总公司)目前经营的装饰材料有瓷器类、木材类、玻璃类、化工产品类(如涂料、油漆等),商品周转时间为1个月,仓库单位面积承载能力为8 t/m^2,物流作业流程包括:入库、验收、保管、出库。

装饰材料作业流程一般包括:入库、装卸、保管或流通加工、包装、分拣、出库、运输配送。

5.3 配送中心的作业管理

根据不同配送要求,建立不同类型的配送中心,这对于流通环节具有重大意义。虽然不同的配送中心在特性或规模上不尽相同,其营运涵盖的作业项目也不完全相同,但其基本作业均包括订单处理作业、进货作业、装卸搬运作业、储存作业、拣货作业、流通加工作业、送货作业、盘点作业、补货作业及退货作业等。其中储存作业的相关内容将在本书的仓储部分详细介绍,下面具体对配送中心其他的主要作业项目进行介绍。

5.3.1 订单处理作业

配送作业的一个核心业务流程是订单处理,其包括订单准备、订单传递、订单登录、按订单供货、订单处理状态跟踪等活动。订单处理是实现企业客户服务目标最重要的影响因素。

1)订单处理的内容及步骤

配送中心的交易起始于客户的咨询,而后由接收订单的业务部门查询出货日的存货状况、装卸货能力、流通加工负荷、包装能力、配送负荷等来答复客户,而当无法按订单依客户要求交货时,由业务部加以协调补货、订货。通常情况下,订单处理的内容及步骤如图5.2所示。

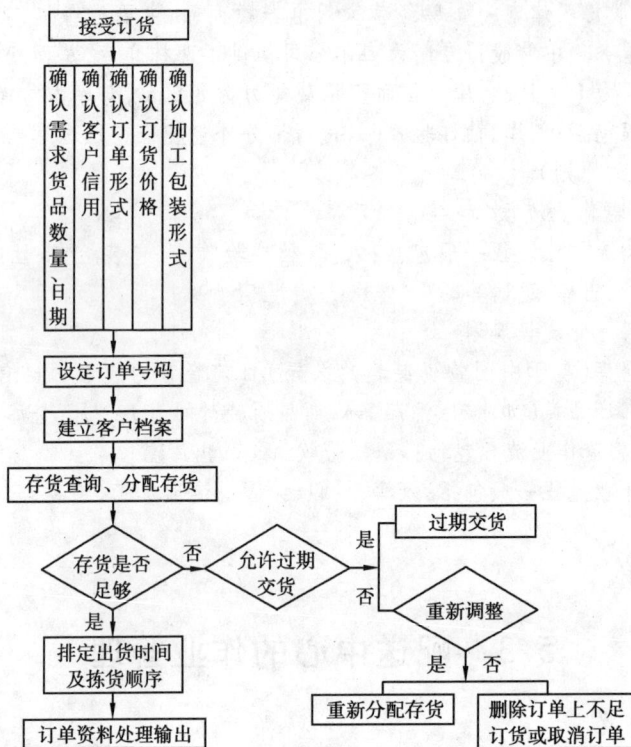

图5.2　订单处理的内容与步骤

2)传统订货方式

(1)厂商供货

供应商直接将商品放在货车上,一家家去送货,缺多少补多少。此种方法适用于周转率快或新上市的商品。

(2)厂商巡货、隔天送货

供应商派巡货人员前一天先到各客户处查寻需补充的商品,隔天再予以补货。传统的供应商采用这种方式可利用巡货人员为商店整理货架、贴标签或提供经营管理意见、市场信息等,也可促销新品。

（3）电话口头订货

订货人员将商品名称及数量,通过电话口述向厂商订货。许多供应商要货,且需订货的品项可能达数种,故花费时间长,错误率高。

（4）传真订货

客户将缺货信息整理成文,用传真机传给供应商。

（5）邮寄订单

客户将订货单邮寄给供应商。

（6）客户自行取货

客户自行到供应商处看货、补货。此种方式多为传统杂货店因地缘近而采用。

（7）业务员跑单接单

业务员到各客户处去推销产品,而后将订单带回,或紧急时用电话先与公司联系,通知公司客户订单情况。

3）电子订货方式

随着市场竞争的日趋加剧,对订货的高频率、订单快速响应的需要,传统的订货方式已无法应付。伴随着信息技术的快速发展,一种新的订货方式——电子订货方式应运而生。这是一种借助于计算机信息处理,以取代传统人工书写、输入、传送的订货方式。它将订货信息转为电子信息借由通信网络传送,故称电子订货系统。电子订货通常有以下几种:

（1）订货簿与终端机配合

订货人员携带订货簿及手持终端机巡视货架,若发现商品缺货则用扫描仪扫描订货簿或货架上的商品标签,再输入订货数量,当所有订货资料皆输入完毕后,再利用数据机将订货资料传给供应商或总公司。

（2）POS（Point of Sale,销售时点管理系统）

即在商品库存档里设定安全库存量,每销售一笔商品资料时,电脑自动扣除该商品库存,当库存低于安全存量时,即自动产生订货资料,并将此订货资料确认后通过电信网络传给总公司或供应商。

（3）订货应用系统

客户资讯系统里若有订单处理系统,就可将应用系统产生的订货资料经转换软件转成与供应商约定的共通格式,再在约定时间将资料传送出去。

电子订货方式不仅可大幅度提高客户服务水平,也能有效地缩减存货及相关成本费用。但其运作费用较为昂贵,因此在选择订货方式时应视具体情况而定。

4）订单内容的确认

接受订单后,需对其进行确认。其主要内容包括以下几点:

①需求数量及日期的确认。

②客户信用的确认。

③订单价格确认。

④加工包装确认。

⑤设定订单号码。

⑥建立客户主档。

⑦存货查询。

⑧按订单分配存货的方式。

A. 单一订单分配：此种情形多为线上即时分配，也就是在输入订单资料时，就将存货分配给该订单。

B. 按批次处理分配存货：累积汇总数笔订单资料输入后，再一次分配库存。

⑨关于订单分配客户优先权，通常掌握以下原则：

A. 具有优先权者先分配。

B. 依客户等级来取舍，将客户重要性程度高的作优先分配。

C. 依订单交易量或交易金额来取舍，对公司贡献度大的订单优先处理。

D. 依客户信用状况，将信用较好的客户订单优先处理。

⑩订单资料处理输出：

A. 拣货单（即出库单）：拣货单的输出应考虑商品的储存位置，依据储位前后相关顺序排列，以减少拣货人员重复往返取货，同时拣货数量、单位均需详细正确地标明。

B. 送货单：物品交货配送时，通常附上送货单据供客户清点查收，必须准确、清晰。

C. 缺货信息：待配货完毕后，缺货的商品或缺货的订单资料，系统应提供查询界面或报表，以便采购人员紧急采购。

5.3.2 进货作业

1）进货作业一般流程

进货作业的一般流程如图5.3所示。

2）进货作业系统设计的原则

为了让搬运者安全有效率地卸货，使配送中心能迅速准确地收货，进货计划和信息系统规划应遵循以下原则：

①多利用配送司机来卸货，以减轻公司作业人员的负担及避免卸货作业的拖延。

②进货的高峰时间尽可能多安排人力，以维持货品正常迅速地移动。

③尽可能将多种活动集中在一个工作站，以节省必要的空间。

④按照进货的需求状况统筹配车，不要将耗时的进货放在高峰时间。

⑤使码头、月台至储区的活动尽量保持直线运动。

```
┌──────────┐
│  采购计划  │
└────┬─────┘
     ↓
┌──────────────┐        ┌──────────────┐        ┌──────────────────┐
│供货商备货并发ASN│←──────│  发出采购订单  │        │ 核对订货单和送货单位 │
└──────────────┘        └──────┬───────┘        └────────┬─────────┘
                               ↓                          ↓
                        ┌──────────────┐        ┌──────────────────┐
                        │  验收作业订单  │        │ 验收并在验收单据   │
                        └──────┬───────┘        │ 上记录货物数量    │
                               ↓                 └────────┬─────────┘
                        ┌──────────────┐                  ↓
                        │ 系统生成验收单  │        ┌──────────────────┐
                        └──────┬───────┘        │   货物验收检查    │
                               ↓                 └────────┬─────────┘
┌──────────────┐        ┌──────────────┐                  ↓
│  供货商到货到站 │        │根据号码调出验收单│        ┌──────────────────┐
└──────────────┘        └──────┬───────┘        │  记录所有进货资料  │
                               ↓                 └────────┬─────────┘
                        ┌──────────────┐                  ↓
                        │  卸货和堆垛   │        ┌──────────────────┐
                        └──────┬───────┘        │ 指派储位并上架入库 │
                               ↓                 └────────┬─────────┘
┌──────────────┐      ◇───────────────◇                  ↓
│在货箱上贴条码标签│←─────◇ 是否有条码标签 ◇        ┌──────────────────┐
└──────────────┘   否 ◇───────┬───────◇        │ 商品质量跟踪处理   │
                               │是               └────────┬─────────┘
                               ↓                          ↓
                        ┌──────────────┐        ┌──────────────────┐
                        │ 货品编号和货物分类│        │ 商品验收入库结束   │
                        └──────────────┘        └──────────────────┘
```

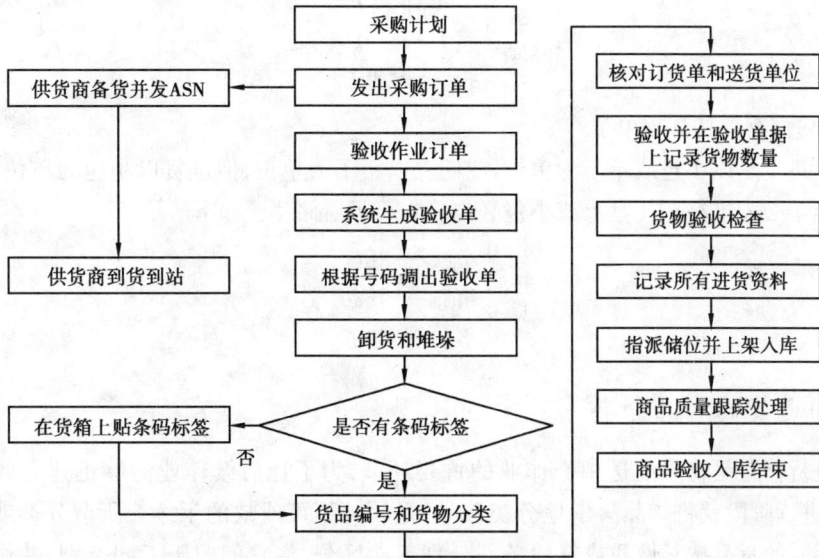

图5.3　进货作业的一般流程图

⑥尽量使用可流通的容器,以减少更换容器的动作。

⑦为小批量进货准备小车。

⑧依据各作业的相关性安排活动,力求搬运距离最小并尽可能减少步行的机会。

⑨在进出货期间尽可能省略不必要的货品搬运及储存。

⑩为方便后续存取及查询,应详细记录进货资料。

3)进货的储存方式

配送中心一般有托盘、箱子、小包三种储存方式。同样的,卡车进货也通过此三种形式与储存作业有效衔接。大致可分为以下三种形式:

(1)进货与储存同单位

由输送机直接将货品运至储存区。如下所示;

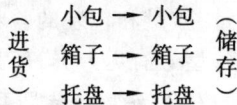

$$
\left(\begin{matrix}进\\货\end{matrix}\right)
\begin{matrix}
小包 \rightarrow 小包\\
箱子 \rightarrow 箱子\\
托盘 \rightarrow 托盘
\end{matrix}
\left(\begin{matrix}储\\存\end{matrix}\right)
$$

(2)储存以小包为单位

但进货是以托盘、箱子为单位,或储存以箱子为单位,但进货是以托盘为单位,则必须于进货点卸货或拆装。先是以自动托盘卸货机拆卸托盘上的货物,再拆箱将小包放在输送机上运至储存区。如下所示:

$$
（进货）\quad
\begin{matrix}
托盘 \rightarrow 小包 \\
箱子 \rightarrow 小包 \\
托盘 \rightarrow 箱子
\end{matrix}
\quad（储存）
$$

（3）储存以托盘为单位

但进货是以小包或箱子为单位，或储存以箱子为单位，但进货以小包为单位，则小包或箱子必先堆叠在托盘上或小包必先装入箱子后储存。如下所示：

$$
（进货）\quad
\begin{matrix}
小包 \rightarrow 托盘 \\
箱子 \rightarrow 托盘 \\
小包 \rightarrow 箱子
\end{matrix}
\quad（储存）
$$

4）进货的货品分类

进货作业是物流配送中心作业的首要环节，为了让后续作业能够迅速有效地进行，在进货阶段就将货品科学地分类编号，是一项不可或缺的手续。所谓分类就是将多种不同的货品按其性质或其他条件分别逐次区分，将它们归于不同类别，并作系统排列的一种方法。进行货品分类时应注意以下原则：

①分类应按照统一的标准，由大至小分类。依据同一原理区分，要合乎逻辑。

②分类必须根据企业本身的需要，选择适用的分类标准及形式。

③分类必须有系统地展开，层次细分，方能层次分明。

④分类应明确而相互排斥，当某一产品已归于某类时，绝不能再分至他类。

⑤分类必须具有完全性、普遍性，适用于广大地区类别，使所有物料均能清楚归类。

⑥分类应具有相对持久性，货品一经确定类别后，便不可任意变更，以免造成混乱。

⑦分类应具有伸缩性，以便随时可增列新货品或新产品。

5）货品的验货

货品的验收主要是对货品数量、质量和包装的验收，即检查入库商品数量是否与订单资料或其他凭证相符合，规格、型号有无差异，商品质量是否符合规定的要求，物流包装能否保证商品储运和运输的安全，销售包装是否符合要求等。

验收货品时，可根据下列几项标准进行检验：

①采购合约或订购单所规定的条件。

②以比价议价时的合格样品为依据。

③采购合约中的规格或者图解。

④各种产品的国家品质标准。

5.3.3　装卸搬运作业

装卸搬运是指在一定区域范围内,如加工厂范围、仓库内部等,以改变"物"的存放状态位置为主要内容的活动。具体而言,装卸主要是指改变"物"的垂直方向存放状态和位置,搬运主要是指改变"物"的水平方向存放状态和位置。在物流配送中心的实际操作中,装卸与搬运是密不可分的,两者是伴随在一起发生的。

1)装卸搬运作业的特点

(1)装卸搬运作业是附属性、伴生性的活动

装卸搬运作业是配送中心每一项活动开始及结束时发生的活动,因而时常被人忽视,有时也被看作是其他作业的组成部分。

(2)装卸搬运作业是支持性、保障性的活动

装卸搬运作业的附属性不能理解成被动的。实际上,装卸搬运作业对其他作业活动有一定的决定性。装卸搬运作业会影响其他作业活动的质量和速度。

(3)装卸搬运作业是衔接性的活动

任何其他作业活动之间相互过渡时,都以装卸搬运来衔接,因而装卸搬运作业往往会成为整个物流系统的"瓶颈",是物流配送中心各功能之间能否形成一个有机整体的关键所在。

2)装卸搬运作业管理的作用

装卸搬运作业管理的主要作用如下:

(1)提高物流效率

能够消除作业瓶颈,增进作业效率;能够优化人力资源配置,减少设备闲置;也能够缩短产品总的配销时间,提高物流配送中心的客户服务水平,对公司营运目标的实现有着重要意义。

(2)降低搬运成本

能够减少每位工人及每单位货品的装卸搬运成本,并减少延迟、损坏及浪费。

(3)提高库存周转,降低存货成本

可以加快货品移动速度,缩减装卸搬运距离,进而减少总的作业时间,降低存货存放成本及其他相关成本。

(4)改善工作环境,增加人员、货品装卸搬运安全

能使工作环境大为改善,不但能保证货品装卸搬运的安全,降低保险费率,而且能提高员工的工作积极性。

（5）提高货品品质

可以减少货品的毁损,提升产品品质水平,减少客户抱怨。

3) 装卸搬运发生的时机

一般情况下,配送中心的装卸搬运作业发生的时机如图 5.4 所示。

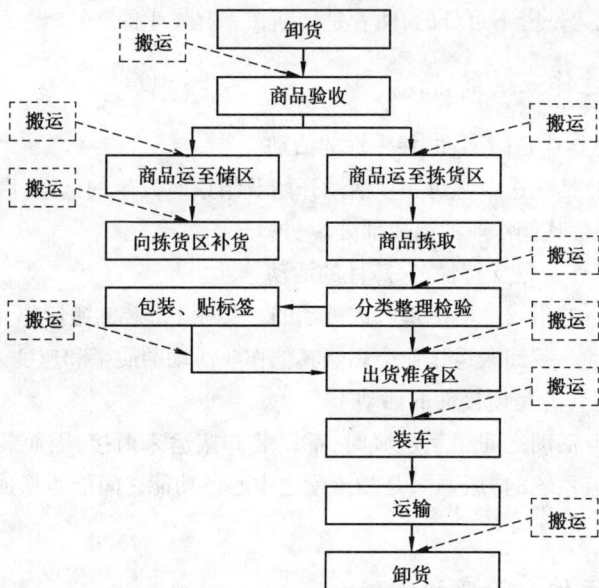

图 5.4　装卸搬运作业发生的时机

4) 装卸搬运作业过程分析

过程分析是观察商品由进货到出货的整个作业过程或是一项作业过程中的所有的相关信息和资源设备的情况。过程分析主要借助于 TQM 流程图。

为能简化对配送中心货品作业过程的描述,制作 TQM 流程图规定使用以下符号,如表 5.1 所示。表 5.2 是以某一货品(微波炉)的进货入库过程为例说明的过程分析的方法。

表 5.1　TQM 流程图常用符号表

作业名称	作 业	搬 运	检 查	入库货物	储 存	延 迟
符 号	○	⇨	□	▽	△	D

表5.2　微波炉的进货入库过程 TQM 流程分析

作业描述	单位	重量	距离/m	时间/min	TQM 流程					
					○	➡	□	▽	△	D
进货存放于码头月台	托盘									☆
用堆高机搬运至暂存区	托盘						☆			
卸托盘拆箱					☆					
商品数量品质检验	盒							☆		
由输送机运至加工区	盒						☆			
流通加工	盒				☆					
重新包装	箱				☆					
由输送机运至储存区	箱						☆			
入库储存	箱									☆
合计										

5）装卸搬运的单位

货品装卸搬运的基本单位有三种形式：散装、个装和包装。

散装是最简单且最廉价的货品装卸搬运单位。每次的运送量较大，但散装装卸搬运容易损坏货品。

个装往往是体积很大的货品，大部分的移动需要大型装卸搬运机或辅助设施来完成。个装也可以累积到一定单元数量后再装卸搬运，如托盘、笼车、盒子等都是单元载重。

单元载重的好处在于可以保护货品并降低每单位货品的移动成本及装卸成本，从而使装卸搬运作业运行得更加完善和经济。多数量的单元包装是标准化的形式，其大小、形态与设计都要一致才能节省成本。

5.3.4 拣货作业

1）拣货作业的流程

拣货是指根据客户的订货要求或配送中心的作业计划，尽可能迅速、准确地将商品从其储位或其他区域拣取出来的作业过程。拣货作业的操作流程如图5.5所示。

2）拣货的方法

（1）直取式拣选作业

当客户所需配送的商品种类很少并且各种商品的数量很大时，可以将运送车辆直接开抵储存仓库或货位，进行即装即送。由于这种拣选方式将拣货、配货和送货结合在一起，减少了作业环节，因此效率较高。但是，车辆直接进入储存仓库或货位，对仓库或货位的空间提出了较高的要求，同时也给保管和养护作业带来了困难。

（2）摘果式拣选作业

在储存的商品不易移动，或者每一个客户需要的商品种类较多，而每种商品的数量较小时，可采用此种选拣作业方式。

摘果式拣选就像在果园中摘果子那样拣选货物。这种作业方式的操作形式是：拣货员操纵搬运车巡回于储存仓库或货位间，按照订单的要求，从各相关货位或货架上拣出商品，然后将配好的商品放置到发运场所指定的位置，或者直接配载发运。一般是一次只为一个客户进行配货作业；在搬运车容积许可而且配送商品不太复杂的情况下，也可以同时为两个以上的客户配货，如图5.6所示。

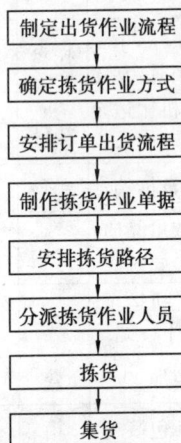

制定出货作业流程
确定拣货作业方式
安排订单出货流程
制作拣货作业单据
安排拣货路径
分派拣货作业人员
拣货
集货

图 5.5　拣货作业流程图

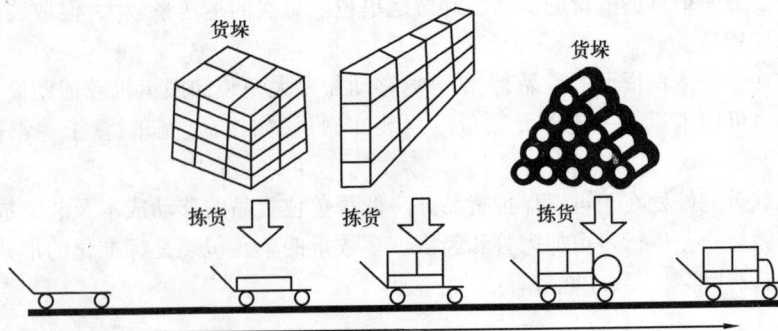

图 5.6　摘果式拣选作业图

（3）播种式拣选作业

在客户需要的商品种类较少、每种商品的需要量不大，且各客户需要的商品种类差别不大时，可以采取此种作业方式。

播种式拣选类似于田野中的播种操作。其操作形式是：先将需要配送数量较多的同种商品从储存货位取出，集中搬运到发货区（拣选作业），然后组配机械在各个客户的发货位间移动，并依次将各个客户需要的该类商品按照要求的数量分出来（分拣作业）。这样，每巡回一次，就将一种商品分到若干个需要该类商品的客户发货位上。如此反复，直到将每个客户需要的各种商品都配齐，就完成了一次配货作业任务。

与摘果式拣选作业方式相比，播种式拣选作业方式可以提高配货速度，节约配货的劳动消耗，提高作业效率。尤其是当需要配送的客户数量很多时，采用播种式作业能够取得更好的效果，如图5.7所示。

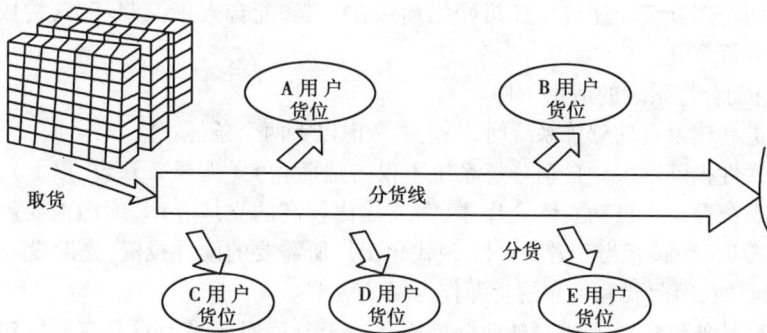

图5.7　播种式拣选作业图

3）自动化分拣

随着消费者"多品种、少批量"消费需求的日趋强烈，配送中心商品分拣和拆零拣选作业量越来越大，分拣作业已成为物流配送中心的一个重要作业环节。例如，一个配送中心的日分拣量超过5万件，一次分拣的客户数超过100个的情况已很常见时，对服务质量要求也越来越高，人工分拣根本无法满足大规模配送的需求。分拣作业的效率和质量，已成为配送中心的一种核心竞争能力。

（1）自动分拣系统的构成

自动分拣系统由控制装置、分类装量、输送装置及分拣道口组成。

①控制装置。作用是识别、接收和处理分拣信号，根据分拣信号的要求指示分类装置，按商品种类、商品送达地点或按货主的类别对商品进行自动分类。这些分拣需求可以通过不同方式（如条形码扫描、键盘输入、重量检测、语音识别、高度检测及形状识别等），输入到分拣控制系统中去，分拣控制系统根据对这些分拣信号的判断，决定哪一种商品该进入哪一个分拣道口。

②分类装置。作用是根据控制装置发出的分拣指示,当具有相同分拣信号的商品经过该装置时,分类装置使控制装置改变在输送上的运行方向,进入其他输送机或进入分拣进口。分类装置的种类很多,参见的有推出式、浮出式、倾斜式和分支式4种。不同的装置对分拣货物的包装材料、包装重量、包装物底面的平滑程度等有不完全相同的要求。

③输送装置。其主要组成部分是传送带或输送机,其主要作用是使待分拣商品鱼贯通过控制装置、分类装置。在输送装量的两侧,一般要连接若干分拣道口,使分好类的商品滑向主输送机或主传送带,以便进行后续作业。

④分拣道口。已经分拣的商品脱离主输送机进入集货区域的通道,一般由钢带、皮带、滚筒等组成滑道,使商品从主输送装置滑向集货站台。在那里的工作人员将该道口的所有商品集中后,或是入库储存,或是组配装车并进行配送作业。

以上四个部分装置通过计算机网络连接在一起,配合人工控制环节,构成一个完整的自动分拣系统。

（2）自动分拣系统的适用条件

在引进和建设自动分拣系统时,一定要考虑以下两个条件:

①一次性投资巨大。自动分拣系统不仅占地面积大（需要2万 m^2 以上）,且一般自动分拣系统都建在自动立体仓库中,需要建比较高的立体仓库,库内需要配备各种自动化的搬运设施,相当于建立一个现代化工厂所需要的硬件投资,先期投入要10～20年才能收回,因此要有可靠的货源作为保证。

②对商品外包装要求高。自动分拣机只适于分拣底部平坦且具有刚性包装规则的商品。袋装商品、包装底部柔软且凹凸不平的商品及包装容易变形、易破损、超长、超薄、超重、超高、不能颠覆的商品,不能使用普通的自动分拣机进行分拣。因此物流企业要根据经营商品的包装情况来确定是否建或建什么样的自动分拣系统。

5.3.5 流通加工作业

流通加工是指物品在从生产领域向消费领域流动的过程中,为维护产品质量,改善产品功能,促进销售,提高物流效率而对物品进行的加工。在物流配送过程中,为了更好地满足客户的要求,要经常对货物进行流通加工。

1）流通加工的目的

流通加工是在流通领域中对生产的辅助性加工,是生产过程的延续,也是生产本身或生产工艺在流通领域的延续。设置流通加工环节的目的在于:

①满足多样化需求,促进商品销售;

②保证食品新鲜;

③美化商品,提高商品的附加值;

④规避风险;

⑤推进物流系统化,提高物流效率,降低物流成本;

⑥开展专业化加工,降低生产成本。

2)流通加工的内容

不同的货物,流通加工的内容是不一样的。

(1)食品的流通加工

加工项目主要有以下几种:

①鱼、肉、禽类的冷冻;

②生奶酪的冷藏;

③生鲜食品及蔬菜的速冻包装、真空包装;

④粮谷类的自动包装;

⑤鲜牛奶的灭菌。

(2)消费资料的流通加工

加工的项目主要有以下几种:

①衣料物品的标志和印记商标、粘贴标价;

②安装作广告用的幕墙;

③家用电器的安装;

④家具的组装以及地毯剪切等。

(3)生产资料的流通加工

具有代表性的生产资料加工是钢铁的加工,如热炼轧钢板和钢带等的平展和剪切,圆钢、型钢的切割,线材的冷拉加工等。

3)流通加工的类型

按照加工的目的和作用,流通加工可分为以下几种类型:

(1)为方便运输而进行的流通加工

如分体运输的产品在销售地的组装,使得运输方便、经济并将组装环节移至流通领域。

(2)为保存产品而进行的流通加工

为使产品的使用价值得到妥善的保存,延长产品在生产与使用时间之间的距离而进行的加工,包括生活消费品的流通加工和生产资料的流通加工,如水产品的冷冻加工、金属材料的涂防锈油等。

(3)为适应客户要求而进行的流通加工

其目的在于通过加工使产品品种、规格、质量适应客户需要,解决产需分离现象。

(4)综合型流通加工

在流通中将货物分解,分类处理等。

4）流通加工合理化

（1）流通加工不合理的表现

流通加工虽然会产生物流效益，但各种不合理的流通加工会产生抵消效益的负效应。具体表现在：

①地点设置不合理。一般而言，为衔接单品种大批量生产与多样化需求的流通加工，加工地设置在有需求地区，才能实现大批量的干线运输与多品种末端配送的物流优势。如果将流通加工地设置在生产地区，对于多品种、小批量的产品运输会出现不合理，而且，由于生产地增加一个加工环节，就增加了近距离运输、装卸、储存等一系列物流活动。

②流通加工方式选择不当。流通加工方式包括流通加工对象、流通加工工艺、流通加工技术、流通加工程度等。流通加工方式的确定实际上是生产加工的合理分工，如果分工不合理，本来应由生产加工完成的，却错误地由流通加工完成；本来应由流通加工完成的，却错误地在生产过程去完成，都会造成不合理性。

③流通加工意义作用不大，形成多余环节。有的流通加工过于简单，或对生产及消费者作用都不大，甚至流通加工具有盲目性，增加了多余的物流环节，这都是流通加工不合理的重要形式。

④流通加工成本高，效益不好。流通加工之所以能够有生命力，重要优势之一是有较大的产出投入比，因而起着补充完善的作用。如果流通加工成本过高，则不能实现以较低投入实现较高使用价值的目的。

（2）流通加工合理化的途径

流通加工合理化的含义是指实现流通加工的最优配置，不仅做到避免各种不合理，使流通加工有存在的价值，而且做到最优的选择。为避免各种不合理现象，对是否设置流通加工环节、在什么地点设置、选择什么类型的加工、采用什么样的技术装备等，都需要作出正确选择。实现流通加工合理化需要考虑以下几方面：

①流通加工和配送相配合。这是将流通加工设置在配送点中，一方面按配送的需要进行加工，另一方面加工又是配送业务流程中分货、拣货、配货的一环，从而使流通加工与中转流通巧妙结合在一起。

②流通加工和合理运输结合。流通加工能有效衔接干线运输与支线运输，促进两种运输形式的合理化。利用流通加工，在支线运输转干线运输或干线运输转支线运输必须停顿的环节，按照合理的要求进行适当加工，从而大大提高运输及运输转载水平。

③流通加工和合理商流结合。通过加工有效促进销售，使商流合理化，也是流通加工合理化的考虑方向之一。流通加工和配送的结合，提高了配送水平，促进了销售，是流通加工与合理商流相结合的成功方式。

④节约原则。节约能源、节约设备、节约人力、节约耗费是流通加工合理化重要的考虑因素，也是目前我国设置流通加工，考虑其合理化的较普遍形式。

5.3.6 送货作业

送货作业是利用配送车辆把客户订购的物品从制造厂、生产基地、批发商、经销商或配送中心,送到客户手中的过程。送货通常是一种短距离、小批量、高频率的运输形式。它以服务为目标,以满足客户需求为宗旨。

1)送货作业的特点

送货作业是配送中心最终直接面对客户的服务,具有以下几个特点:

（1）时效性

送货是从客户订货至交货过程的最后一个环节,也是最容易引起时间延误的一个环节,而客户又非常重视送货的时效性。因此,必须在认真分析各种因素的前提下,用系统化的思想和原则,有效协调,综合管理,选择合理的配送线路、配送车辆和送货人员,使每位客户能够在预定的时间里收到所订购的货物。

（2）可靠性

可靠性要求将货物完好无损地送到目的地。在配送过程中,货物的装卸作业、运送过程中的机械振动和冲击及其他意外事故、客户地点及作业环境、送货人员的素质等都可能损坏货物。因此,在配送管理过程中必须注意可靠性的原则。

（3）便利性

提高客户的满意度是配送作业的宗旨。因此,应尽可能通过高弹性的送货系统,如采用应急送货、顺道送货与退货、辅助资源回收等方式,为客户提供真正意义上的便利服务。

（4）经济性

企业运作的基本目标是实现一定的经济利益。因此,送货不仅要满足客户的要求,提供高质量、及时方便的配送服务,还必须提高配送效率,加强成本管理与控制。

2)送货作业的一般步骤

送货作业由以下几个步骤构成,见图5.8所示。

（1）车辆调度

货物配好以后,就要分配任务进行运输调度与装卸作业,即根据配送计划所确定的配送货物数量、特性、服务客户地址、送货路线、行驶趟次等计划内容,指派车辆与装卸、

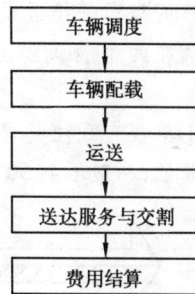

图 5.8　送货作业步骤图

送人员,下达运送作业指示和车辆配载方案,安排具体的装车与送货任务,并将发货明细单交给送货人员或司机。

送货人员则必须完全根据调度人员的送货指示(出车调派单)来执行送货作业。当送货人员接到出车指示后,将车辆开到指定的装货地点,然后将保管、出货人员清点

分拣配组好的货物,由装卸人员将已理货完毕的商品配载上车。

（2）车辆配装

根据不同配送要求,在选择合适的车辆的基础上对车辆进行配装以提高利用率,是送货的一项主要工作。

由于配送货物品种、特性各异,为提高配送效率,确保货物质量,首先必须对特性差异大的货物进行分类,并分别确定不同的运送方式和运输工具。配送部门既要按订单要求在配送计划中明确运送顺序,又要安排理货人员将各种所需的不能混装的商品进行分类,同时还应按订单标明的到达地点、客户名称、运送时间、商品明细等,最后按流向、流量、距离将各类商品进行车辆配载。

（3）运送

根据配送计划所确定的最优路线,在规定的时间及时准确地将货物运送到客户手中。在运送过程中要注意加强运输车辆的考核与管理。

知识链接

配送中心送货运送线路的确定

在组织车辆完成货物运送工作的同时,通常存在多种可供选择的行驶路线,选择时间短、费用省、效益好的行驶路线是配送运输组织的一项重要内容。应尽量在保证满足客户要求的前提下,集多个客户的配送货物进行搭配装载,以充分利用运能、运力,降低配送成本,提高配送效率。

1. 往复式行驶线路

一般是指由一个供应点对一个客户专门送货。从物流优化的角度看,其基本条件是客户的需求量接近或大于可用车辆的核定载重量。可以说往复式行驶线路是指配送车辆在两个物流结点间往复行驶的路线类型。根据运载情况,具体可分为三种形式:

①单程有载往复式线路（图5.9）。这种行驶线路因为回程不载货,因此其里程利用率较低,一般不到50%。

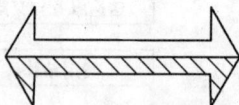

| 图5.9　单程有载往复式线路 | 图5.10　回程部分有载往复式线路 |

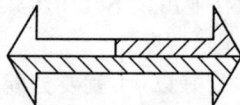

②回程部分有载往复式线路（图5.10）。车辆在回程过程中有货物运送,但该回程货物不是运到线路的终点,而是运到线路的中间某一结点或是中途载货。

③双程有载往复式路线（图5.11）。车辆回程运行中全程载有货物运到终点,其里程利用率为100%。

可见,车辆在双程有载往复式路线上运送货物时效果最好,在回程部分有载往复式线路上次之,在单程有载往复式线路上效果最差。

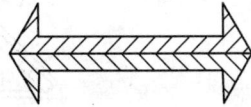

图 5.11　双程有载往复式路线

2. 环形式行驶路线

环形式行驶路线是指配送车辆在由若干物流结点间组成的封闭回路上,进行连续单向运行的行驶路线。车辆在环形式行驶路线上行驶一周,至少完成两个运次的货物运送工作。由于不同运送任务其装卸作业点的位置分布不同,环形式行驶路线可分为 4 种形式,即简单环式、交叉环式、三角环式和复合环式,如图 5.12 所示。

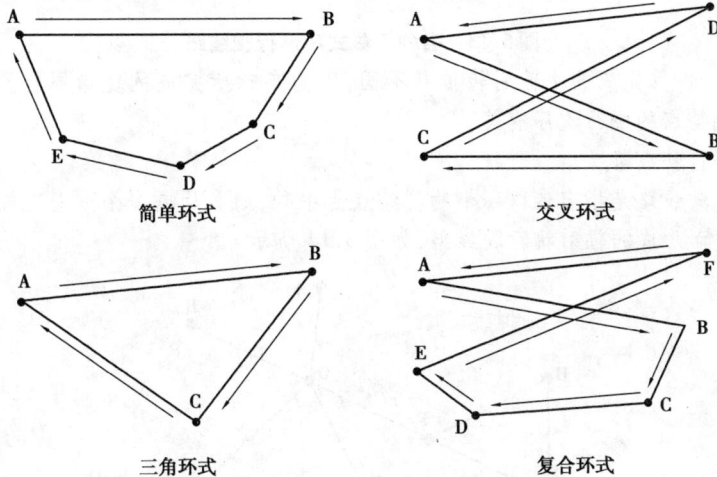

简单环式　　　　　　交叉环式

三角环式　　　　　　复合环式

图 5.12　各种环形式行驶路线

3. 汇集式行驶路线

汇集式行驶路线指车辆沿分布于运行线路上各物流结点依次完成相应的装卸作业,且每次货物装(卸)量均小于该车核定载货量,直到整个车装满(卸空)后返回出发点的行驶路线。它分为直线形和环形两类,一般环形的里程利用率要高些。这两种类型的线路又都可分为分送式、聚集式、分送-聚集式。汇集式直线形路线实质是往复式行驶路线的变形。而汇集式环形路线有以下 3 种分类,见图 5.13。

①分送式。车辆在运行路线上的各物流结点依次卸货,直到卸完所有待卸货物返回出发点。

②聚集式。车辆沿运行路线上各物流结点依次装货,直到装完所有待装货物返回出发点。

③分送-聚集式。车辆沿运行路线上各物流结点分别或同时装、卸货物,直到完成对所有待运货物的装卸作业返回出发点。

车辆在汇集式行驶路线上运行时,其调度工作组织较为复杂。有时虽然完成指定

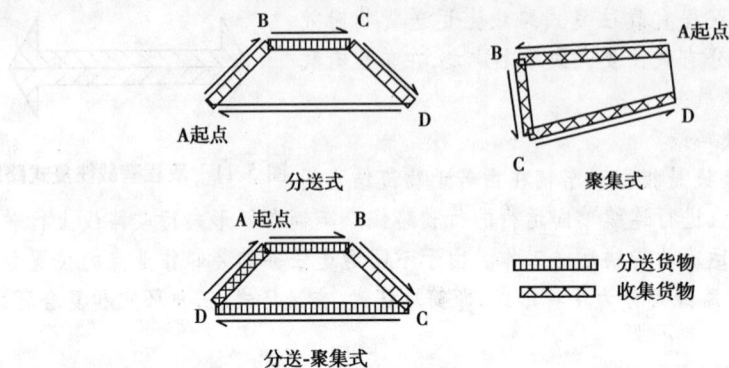

图 5.13　各种汇集式环形行驶线路

的运送任务,但其完成的运输周转量却不同,因为车辆所完成的运输周转量与车辆沿线上各物流结点的绕行次序有关。

4. 星形行驶线路

星形行驶线路是指车辆以一个物流结点为中心,向其周围多个方向上的一个或多个结点行驶而形成的辐射状行驶线路,如图 5.14 所示。

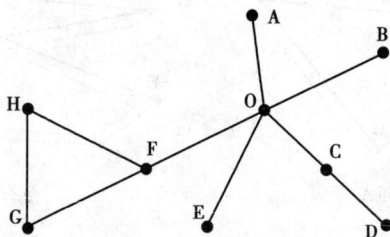

图 5.14　星形行驶线路

5.3.7　盘点作业

货物储存一段时间后,由于操作不当,如库存资料记录不确实、数量清点有误或盘点出错等都会产生物账不符的情况。计算企业的损益、评价货品管理的绩效,都需要进行盘点作业。盘点作业的基本步骤,如图 5.15 所示。

1) 盘点准备工作

盘点作业的事前准备工作是否充分,决定了盘点作业的顺利程度。准备工作内容如下:

①明确盘点的程序方法;

②配合会计结算进行盘点;

③培训盘点、复盘、监盘人员;

④让受训人员熟悉盘点单据的使用方法；

⑤印制盘点用的表格；

⑥结清库存资料。

2）确定盘点周期

为提高库存管理水平，以盘点频率较高为佳。但由于盘点作业是消耗大量资源的非增值性活动，因此应根据配送中心的商品 ABC 分类管理方法（详见本书第 8 章），确定不同的盘点周期。例如 A 类商品每天或每周盘点一次，B 类商品每两周或三周盘点一次，C 类商品每月盘点一次即可。

3）选择盘点方法

```
盘点准备工作
   ├── 确定盘点周期
   └── 选择盘点方法
培训盘点人员
清理储存区
库存信息结算处理
实物盘点
盘点差异原因调查
盘盈、盘亏处理
```

图 5.15　盘点作业的基本步骤

因盘点场合、需求的不同，盘点的方法也会有所差异。选择的盘点方法要对盘点有利，不至于在盘点时混淆。一般盘点方法分为账面盘点与现货盘点。

（1）账面盘点

账面盘点是把每天入库及出库的货品的数量及单价记录在电脑账簿上，然后不断地累计加总算出账面上的库存量及库存金额。

（2）现货盘点（实地盘点）

现货盘点又称"实盘"，就是实地清点调查仓库内货品的库存数，再依货品单价计算出实际库存金额的方法。

要得到最正确的库存情况并确保盘点无误，最直接的方法就是确保账面盘点与现货盘点的结果完全一致。如果存在差异，即出现"账货不符"的现象，需要查找原因，并加以判断。

4）培训盘点人员

盘点人员的培训分为两部分，一是针对所有人员进行盘点方法训练，让盘点作业人员了解盘点的目的及盘点表格的使用；二是针对复盘与监盘人员进行商品识别的培训。

5）清理储存区

清理整顿储存区，画出相应的平面图，对所有仓位进行编码。包括：

①在盘点前明确盘点和非盘点货物；

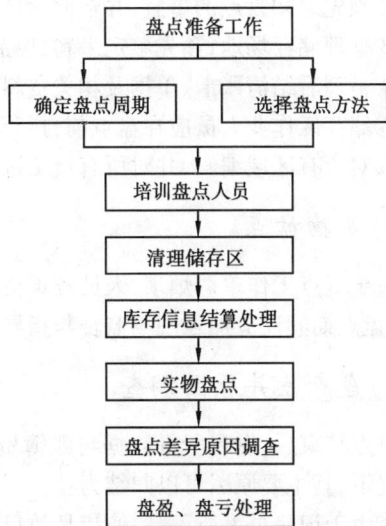

②预先通知盘点的事宜,并在储存区关闭前通知相关部门;

③整理储存场地,预先鉴定呆料、废品、不良品;

④整理后结清账卡、单据及相关资料;

⑤储存区作业人员应在盘点前自行预盘,以便提早发现问题并加以预防;

⑥对所有区域编码,并对所有员工进行分工定岗。

6)实物盘点

由于盘点工作单调烦琐,人员较难持之以恒,为确保盘点的正确性,除加强人员培训外,盘点期间还应加强现场监督与指导。

7)盘点差异原因调查

盘点结束后,发现所得数据与账簿资料不符时,应追查产生差异的主要原因。通常情况下,其主要原因可以归结为:

①由于记账员素质不高,使货品数目记录不准确;

②由于货账处理制度有缺陷,导致货品数目不清;

③由于盘点制度的缺陷导致货账不符;

④盘点所得的数据与账簿的资料所产生的差异不在允许误差范围内;

⑤盘点人员不尽职,产生漏盘、错盘等情况。

8)盘点盈亏的处理

货品盘点产生数量上的盈亏后,有些货品在价格上也会产生增减,所以在经主管审核后,可进行货品盘点盈亏及库存更正修改。

5.3.8 补货作业

补货作业的目的是保证拣货区有货可拣。通常是以托盘为单位,从货物保管区将货品转移到另一个作为订货单拣取的动态拣货区,然后将此移库作业作库存信息处理。

1)补货方式

(1)整箱补货

整箱补货即由货架保管区补货至流力货架的拣货区。这种补货方式适合体积小且少量多样出货的货品。在这种补货方式下,保管区为货架储放,拣货区为两面开放式的流力拣选货架。拣货时拣货人员在流力货架拣取单品放入周转箱后,由输送机将货品运至出货区。

当拣货区的存货低于标准时,即开始补货。作业人员到货架保管区取货箱,使用手推车或电动堆高机载至拣货区,从流力货架的后方(非拣取面)补货。

（2）整托盘补货

①由地板堆叠保管区补货至地板堆叠拣货区。

这种补货方式适合体积大或出货量多的货品。这种补货方式下，保管区和拣货区都以托盘为单位地板平置堆叠储放。不同之处在于保管区的面积较大，储放货品量较多，而拣货区的面积较小，储放货品量较少。拣取时拣货人员于拣货区拣取托盘上的货箱，放至中央输送机出货，或者使用堆高机将托盘整个送至出货区。当拣货区的存货低于标准时，即开始补货。

②由地板堆叠保管区补货至托盘货架拣货区。

这种补货方式适合体积中等或中量（以箱为单位）出货的货品。这种补货方式下，保管区为以托盘为单位地板平置堆叠储放，拣货区则为托盘货架储放。拣取时拣货人员在拣货区搭乘牵引车拉着笼车移动拣货，拣取后再将推车送至输送机轨道出货。一旦拣货区的库存低于标准，即开始补货。

（3）货架上层向货架下层的补货

这种补货方式适合体积不大，每品项存货量不高，且出货多属于中小批量（以箱为单位）的货品。这种补货方式下，保管区与拣货区属于同一货架，也就是将货架上两手方便拿取的地方（中下层）作为拣货区，不容易拿取的地方（上层）作为保管区。

进货时将拣货区放不下的多余货箱放至上层保管区。当拣货区的库存低于标准时，即开始补货。可以利用堆高机将上层保管区的货品搬至下层拣货区补货。

2）补货时机

补货作业的发生与否主要看拣货区的货物存量是否符合需求，因此究竟何时补货要看拣货区作业。通常可采用以下 3 种方式：

（1）批次补货

在每天或每一批次拣取前，经由计算机计算所需货品总拣取量，检查拣选的库存量，再计算差额并在拣货开始时补足货品。这是一次补足的补货原则，比较适合一日内作业量变化不大，紧急插单不多，或是每次拣取量大，要事先掌握的情况。

（2）定时补货

将每天划分为数个时点，补货人员于时段内检查拣货区的货品存量，若不足即马上将货架补满。这是定时补足的补货原则，比较适合分批拣货时间固定，且紧急处理时间也固定的情况。

（3）随机补货

随机补货指定专门的补货人员，随时巡视拣货区的货品存量，有不足随时补货。这是不定时补货的原则，比较适合每批次拣取量不大，紧急插单多，一日内作业量不易事前掌握的情况。

5.3.9　退货作业

退货处理是售后服务中的一项任务。

1)退货或换货的原因

(1)依照协议可以退货的情况

例如,超市与供应商订立特别协议的季节性商品、试销商品、代销商品等。

(2)有质量问题的退货

例如,商品鲜度不佳、数量不足等。

(3)搬运中损坏

由于包装不良,货物在搬运中剧烈振动,造成商品破损或包装污损。

(4)商品过期退回

一般的食品和药品都有有效期限,例如日配品(面包、卤味等)、速食类以及加工肉食,有效期一过,就予以退货或换货。所以事前要准确分析商品的需求,或以多次少量配送,减少过期商品产生。

(5)次品回收

生产商在设计、制造过程中有问题,商品在销售后,才由消费者或厂商自行发现重大缺失,必须立即部分或全部回收。

(6)商品送错退回

凡商品有效期已超过三分之一或由于商品条码、品项、规格、细数、重量、数量与订单不符,必须换货或退回。

2)返调的做法

返调环节包含退货商品的接收和退货商品的处理。对退货商品的处理,还包含退货商品的分类整理(部分商品可重新入库)、退供货商或报废销毁以及账务处理,具体流程见图5.16。无论采取什么方式,对生产企业和物流中心来说退货都是不希望发生的事件。通常,企业会派专门人员负责处理产品回收,配送中心制定一些预防措施也是十分必要的。

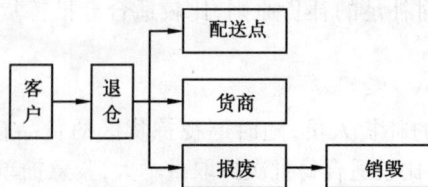

图 5.16　返调的主要流程

百事可乐公司的回收事件

1986 年夏季,位于美国堪萨斯州的百事可乐装瓶公司发生了一次回收产品事故。2 500 箱橙汁不得不从密苏里西北部和堪萨斯州的东北部的商店货架上撤下来,原因是 2 升装的百事可乐瓶子密封不严,致使泡沫数量不符合标准要求。发现问题后,百事总公司快速行动,在报告食品和药物管理部门的同时,火速派遣 90 路销售人员到受影响的商店撤回产品,并借助报纸和电台向顾客解释缘由。

一旦产品回收活动结束,生产厂家及其销售部门就应立即采取行动,用没有缺陷的同一种产品或替代品重新填补零售店的货架。尽管这一步骤不及收回产品重要,但这样可以使损失降低到最低限度。否则,竞争对手会借此机会乘虚而入,向零售商兜售他们的产品以补充货架上的空缺。

有时,产品的回收渠道与它们的销售渠道不尽相同。美国全国药品批发商协会赞同一项将批发商排除在产品回收外的政策。货物直接退回给生产厂家,他们可将这些货物简单地就地销毁。在理论上,授权零售商或批发商把不合格货物销毁更为简便。然而,如果商品确实有危险,生产厂家希望在其直接监督下销毁。不然的话,总要冒一定的风险,即有缺陷的商品未能被妥善处理,以致造成人员伤害。因此需要进行会计控制,以保证用户只有在退回回收产品时才予以照价补偿。

5.4 不同行业的配送运作管理

5.4.1 连锁零售业配送

1)零售业的配送特点

零售企业的配送是在百货商店、连锁商店、超级市场、大卖场、邮购商店等商业企业的物流过程中产生的。在商流与物流分离的条件下,零售企业的物流形态主要特点有:

①从生产企业、批发企业等购进商品的采购;

②将商品通过配送中心转运到各个连锁店和分销店的配送;

③把商品直接送到消费者手中的直销物流等。

过去,零售企业的商品配送主要依赖于供货商的生产企业和批发商,零售企业的物流主动权也由他们支配,零售企业则主要提供将消费者订购的商品运送到客户家中这种简单的"门到门"的配送服务。

现在,零售企业认识到企业物流发展的重要性,通过加强物流中心的建设逐步获得商品供应的主导权。这是因为供应商的物流管理水平参差不齐,完全依赖于供货商来经营零售企业的物流,有可能会使零售企业的商品出现问题。

2)零售业配送作业类型及流程

零售配送作业类型可分为一般作业、中转型作业、加工型作业和批量转换型作业。

（1）一般作业流程

一般作业流程包括进货、分类、储存、分拣、配货、分放、配装和送货等环节,但不是所有的配送都按这些环节进行。配送不同的商品,其作业流程长短不一,内容也不尽相同。一般的配送商品主要是包型包装食品、服装、鞋帽、日用品、家用电器、图书及印刷品等。这类产品的特点可以归纳为:品种规格繁多,有确定的包装,商品的尺寸不大,可以进行混装混载,需要理货和配货。

（2）中转型作业流程

中转型作业流程专以暂存商品的配送为职能。暂存区设在配货场地,配送中心不单设存储区。这种类型的配送中心的主要场所都用于理货、配货。许多采用"准时制"的零售企业都采用这种配送,前门进货后门出货,要求各方面作好协调,对技术尤其是信息技术要求较高。

（3）加工型作业流程

典型的加工型作业流程包括选货、储存、加工、暂存、分拣、配货和送货等环节。在这种流程中,商品按少品种、大批量进货,很少或无需分类存放,一般是按客户要求进行加工,加工后直接配送。

（4）批量转换型作业流程

批量转换型作业流程包括进货、存储、转换、送货等环节,商品是以单一品种、大批量方式进货,然后在配送中心内转换成小批量商品配送出去。

知识链接

美国 MAIN STREET 哥伦布配送中心

MAIN STREET 公司是专营服装和鞋子等商品的大型联合企业,它设有 21 家商店和一个名叫哥伦布的配送中心。配送中心的面积是 12 万 ft^2,由 3 部分组成:

①设立在中央位置的以纸盒为货物包装单位的商品中心兼验货场所。

②设在商品中心一侧的商品分拣区。配置着两台分拣"架挂商品"的分拣机和分拣毛衣、运动衫等服装的分拣设备。

③设在另一侧的出货场所。此处配置着单元分拣机(即按照商店种类分拣货物的设备)。此外,还配备着长 2~30 m 三层结构的流动货架。

挂架服装或一般服装经分拣后装入集装箱发货。在一般情况下,从进货到出货,配送周期约 3 天时间。其中,进货检验约 0.5 天,拆包需要 1 天,标价要 1 天,分拣要 0.5天。

3)连锁零售企业的配送

连锁零售以连锁制为轴心,以配送为纽带,以广泛的门店网络为市场依托;以集中采购开发获取销售利润;以现代化的物流配送中心获取物流利润;将市场信息向加工制造业渗透,发展定牌商品,乃至形成供应链,开发生产利润。

(1)连锁零售企业配送的特点

在过去的几十年中,以连锁化、信息化和规模化为特征的零售业发展很快,已成为当今社会经济的支柱产业。连锁零售配送的特点有:

①价格变化快。即商品的进货和销货价格变动快,通常连锁超市经营的快速消费品的价格随着市场供需会有较快的变化,同时生产商或零售店的频繁促销也会引起经常变价。

②订单处理频繁。连锁零售的店铺多,订单频率高,时间要求紧,如有些小型的便利店要求一天送货多次。

③拆零、退换作业频繁。供应商通常是大包装供货,而配送中心却是按照店铺的要求小货量配送,此外由于保质期、赠品、新品和滞销品等原因,配送中心需经常性地进行拆零和退换作业。

(2)连锁零售企业的配送管理方法

①合理选择送货方式,确定配送区域。配送和直送都有各自的优势领域和适宜的范围,因此,实现配送的合理化首先应该合理地选择送货方式,正确地划分配送区域。

②加强配送的计划性。在配送中,临时配送、紧急配送和无计划的随时配送是降低配送效率和效益的主要因素。这些配送形式都未能提前确定正确的配送方法和配送路线,造成运力浪费。应事先认真核查,在配送作业能力上保有一定的柔性,加强配送的计划性,也可以把浪费降到最低程度。

③正确选择配送模式,合理设置配送中心。连锁企业配送模式的选择,直接关系到企业的投资回报、经营风险和经济效益,是一项重大的决策问题,各连锁企业应根据自身的经济实力、销售规模、连锁店的数量以及业务发展的需要作出正确的选择。

对于自建配送中心的连锁企业来讲,需要根据市场需求、地理位置和交通基础设施来合理地设置配送中心,正确地进行配送中心的规划,加强配送中心的作业管理,提高配送中心的运作水平。

5.4.2 农业配送

农业配送是指在与农业相关的经济合理区域范围内,根据客户要求,对农业生产资料和农产品进行分拣、加工、包装、分割、组配等作业,并按时送达指定地点的农业物流活动。农业配送是一种特殊的、综合的农业物流活动,是在农业生产资料、农产品的送货基础上发展起来的。

1)农业配送的特点

(1)农业配送环境的制约性

农业配送环境的制约性表现在两个互相关联的方面。一方面是农业物流能力(包括物流管理和物流基础设施等方面)的制约和影响;另一方面是宏观物流环境、国家物流政策、农产品行业规范及标准化等对农业配送形成外部约束和局限。

(2)农业配送主体的特殊性

农业配送主体既有加工企业、运销企业,又有农户。农户作为农业生产主体和核心企业的供应商,具有包括自然人、法人、管理者、决策者、劳动者等多重身份属性,其行为模式比较复杂,决策的理性与非理性并存。

(3)农业配送客体和配送工具的多样性

农业配送客体主要是农业生产资料和农副产品及其中间产品、产成品,此外,还包括其他辅料、包装物等。农业配送工具也是种类繁多,既可以是飞机、火车等现代物流工具,也可以是小三轮、马车等低级物流工具。

农业配送客体和配送工具的多样性,加剧了农业配送路径的多样性和复杂性。

(4)农业配送路径的复杂性

农业配送路径的复杂性主要源于农业生产的分散性和农产品消费的普遍性。农业配送过程可描述为"发散—收敛—发散"模式,即农业投入以工厂或工业城镇为起点,经由各种运输方式到达农村,直至千家万户,配送路径呈强发散性;经过农业生产、收获等环节后,农产品由少到多,由支线向干线汇聚到制造厂或分销商,呈强收敛性。

这一特点决定了农业配送控制上的高难度、管理上的复杂性,物流硬件投资上的巨大性。

(5)农业配送时间竞争的双向性和局限性

一方面,农业配送在时间竞争的策略方向上具有双向性。即尽可能地缩短产品开发、发布、加工制造、销售配送、服务支持等时间长度,而且还要尽量抑制农副产品有机体自然生长的速度,使其具有更大的经济价值。

另一方面,农业配送在时间竞争方面受到诸多局限。首先农业环节生产和运营周期漫长;其次农业环节在响应客户需求时,其响应方式与后续环节存在着巨大差异;最后农业配送结点的时间竞争工具很有限。

(6)农业配送需求的不确定性

农业配送需求的不确定性,既源于不同地区消费者对同类农产品需求的差异性和变动性,也源于同一地区消费者在不同种类农产品以及同一农产品不同品种之间频繁的选择和变换上。

2）农业配送的分类

（1）按物流的不同阶段划分

农业配送按照物流的不同阶段可以分为农业供应配送、农业生产配送和农业销售配送。

（2）按配送客体划分

农业配送按照配送客体可以分为农业生产资料配送和农产品配送。

3）主要农产品的销售配送

（1）粮食配送

粮食配送是指以粮食为配送客体，对其进行备货、储存、分拣、配货、分放、配装、送货等作业，并按时送达指定地点的农业物流活动。粮食的运输和仓储等环节的基础设施是影响粮食配送管理的重要因素。

（2）畜产品配送

畜产品配送是指以畜产品为配送客体，对其进行备货、储存、分拣、配货、分放、配装、送货等作业，并按时送达指定地点的农业物流活动。我国畜产品配送的渠道一般可分为以下3种形式：

①生产者（包括企业和个人）—消费者；

②生产者—零售企业—消费者；

③生产者—批发企业—零售企业—消费者。

（3）水果配送

水果配送是指以水果为配送客体，对其进行备货、储存、分拣、配货、分放、配装、送货等作业，并按时送达指定地点的农业物流活动。目前，我国水果配送的形式主要有以下4种：

①向超市、大卖场配送水果业务；

②由批发企业与超市约定，派员在超市中经营；

③向宾馆、饭店及企事业单位配送餐间水果业务；

④通过电话订购等形式配送水果到消费者家中的业务。

目前我国水果配送严格意义上仅是一般性的送货活动，从事这类活动的企业多、规模小、竞争无序，需要有一个质的提升。

5.4.3　制造业配送

制造业配送是指制造业企业在生产中所进行的一系列包括需求预测、库存控制、运输优化、配送中心设备管理、客户服务以及订单管理的运作过程。

在当前供应链中，制造企业往往扮演核心企业的角色，资源也大多由制造业企业进行整合。如各大汽车制造商、家电制造商往往作为供应链上的核心企业向上与众多供应商建立供应链伙伴关系,向下与各个分销商合作,将产品推向顾客。

1)制造业配送的特点

制造业配送是围绕制造企业的物料和成品在供应商、制造商和客户之间,以及制造商内部各个生产车间甚至生产工位之间的有序平稳流动而进行。制造业配送主要具有以下特点:

(1)复杂性

对于制造业生产配送来说,因为组成产品的零部件成千上万,配送物料十分复杂,需要现代化的仓库来储存各种大小适中的原材料和零部件。

(2)有序性

对于制造业企业来说,特别是进行流水线生产的企业,其生产的特征是平稳有序的,对各个零部件的需求在时间上也是有序的,不同的加工、装配工序的零部件在时间上有先后之分。

(3)配套性

在制造业生产中,有些零部件的需求是配套的。在进行配送时,如果其他零部件都能准时配送到位,而其中一个零部件缺失,那将造成整条生产线停工。

(4)定路线定时性

在进行生产时,一般来说加工工位的地理位置是不会发生变化的,即相应零部件的配送目的地不会发生改变,所以其配送路线是不变的;同时随着生产节奏的平稳变化,各个工位上的需求也是十分稳定的,体现在配送上就是对配送时间的要求也是稳定的。

(5)高度准时性

由于生产的连续性,特别是对于进行流水式生产的企业来说,其对配送的准时性有极高的要求。若制造业配送不及时,其直接的后果将是整条生产线的停工待料,给企业将造成不可估量的损失。

知识链接

德国 MAZDA MOTQR 配件中心

该配件中心总面积为 2.5 万 m^2,经营的配件有 8 万种。它的特点是:经营规模比较大,设备先进且数量较多。在这个配件中心内部,共配置了 17 台能吊装大型配件和小型配件的塔式起重机,10 台运输配件的自动化机械(A.G.V 型运输机)和各式分拣设备。此外,在中心内部还建立了使用光导传送技术的新的库存管理系统,使分拣出的配件能及时出库。

德国 MAZDA MOTQR 配件中心的工作人员主要是利用各种机械来进行配件的入库及出库作业的。货物入库时,大、中型配件是以托盘为单位,用升降机将其吊运至固定的货位存储;小型配件入库采取"预约定位"方式,配件连同存储容器一起存入货架。其运作过程是:在盛装配件的容器上贴有标明入库位置的条形码,当升降机(或运输机械)吊运的货物所到架位正好与条形码读出要求相符合时,便按指令将货物送入货架。出库作业与入库作业类似,也利用条形码技术和光导装置。

2)制造业配送的主要业务

(1)制造业配送中心的订单管理

在配送中心的日常营运作业中,订单处理是一切作业的开始,也是一切作业的核心。订单处理的成效将会影响到后续作业乃至整个企业的营运状态。

要做到快速、准确、有效地取得订货资料,应做到有效的订单分类和归并,并追踪、掌握订单进度以提升客户服务水准;同时要考虑将订单资料快速传递给生产部门,以制订有效的生产计划。

(2)制造业配送中心的库存管理

在现代化配送中,大多数企业采取各种措施来降低库存水平。但真正的零库存是很难实现的,库存也并不都是对配送起消极作用,相反,有时在配送中心中保有适量的存货,能够更好地为制造企业的生产和销售服务,提高配送中心的服务水平。因此,有必要在配送中心采用 ABC 重点分类管理技术对存货进行合理管理。

(3)制造业配送中心的理货作业管理

配送中心的理货是配送中心区别于一般仓库及送货组织的重要标志。据统计,分拣、配货等理货作业的作业量要占整个制造业配送中心作业量的一半以上,同时流通加工也是配送中心进行增值、提高客户服务水平的主要手段。因此,强化制造业配送中心的理货作业管理有着重要意义。

(4)制造业配送中心的输配送管理

在配送中心理货作业完成后,要想最终完成整个配送计划,反映到制造业配送的管理中来,就是要在正确的时间里使用正确的输配送方法,将产品送到各分销中心或由供应配送中心将各种零部件及时送到加工车间。

5.4.4 快递业配送

快递业配送是指在一定的合理区域范围内,根据客户的要求,对快递货物进行分拣、包装、分类、组配等作业,并以最短时间送达指定地点的物流活动。按照配送客体,快递业配送可以划分为快递信件配送、快递包裹配送两类。

1)快递业配送的特点

相对于其他行业的配送来说,快递业配送的作业环节比较少而且简单,但快递配送对时间的要求却非常高,强调以最短的时间完成配送任务。具体来说,快递业配送有以下特点:

(1)托运人对快递货物的配送时间要求高

时间是托运人委托快递企业提供服务首先要考虑的因素。由于社会经济活动的日益频繁,人们对货物送达的时间要求越来越高。另外,时令性较强的产品,或者客户应急采购的产品或配件,也要求快递企业提供快捷的送达服务。因此,保证客户对配送的时间要求是一个快递企业生存与发展的根本。

(2)快递货物一般体积不大、价值较高或产品难以替代

快递货物诸如通信器材、计算机芯片及配件、试验用器材和样品、高档服装、商业合同文件、时令性产品等,通常体积不大,单件货物价值较高,难以替代。这些物品不仅对时间性要求高,而且对安全性等服务要求也非常高,这就对快递服务者的服务条件、保险责任、信誉和资金实力提出了更高要求。

(3)配送成本较大

与普通大宗货物运输相比,快递货物托运人对快递企业的服务要求较高,除了运输时间和货物的在途安全外,最通常的条件是要求服务提供者上门取货与送货到门,真正实现货物门到门运输服务。由于快递企业所面对的是分散的社会群体,货物的单元体积通常较小,因此,运输单位体积货物所发生的成本远远高于普通货物。

(4)需要完善的配送网络系统

快递业配送的服务对象分散,地域分布广,快递服务提供者必须要有完善的配送网络系统来支持其业务活动。完善的配送网络系统包括运输网络和信息网络两个子系统。

(5)大多数快递业配送需要实现航空运输与地面中转的紧密配合

由于条件限制,飞机在运送快递货物时,只能选择大城市降落。因此,除同城快递配送外,大多数快递业配送在航空运输的基础上,同时需要航空运输与物流基地的地面中转紧密配合。

知识链接

当今国际四大跨国快递公司相关情况

1. 美国联合包裹运输公司(UPS)

UPS,或称为联合包裹服务公司,于1907年作为一家信使公司成立于美国,致力于推动全球商务同步发展,并已发展到拥有360亿美元资产的规模,总部设在美国乔治亚州的亚特兰大。作为世界最大的快递承运商和包裹运送公司,同时也是专业的运输、物流、资本与电子商务服务等领域的领导者。

UPS每天在两百多个国家和地区范围内递送超过一千四百万份包裹和文件。此外,经营着世界第九大航空公司,每年管理着50万次的远洋运输。全球雇员人数为407 200人,其中美国本土348 400人,国际雇员58 800人。运输机队拥有88 000辆包裹运输车、有篷货车、拖拉机与摩托车,269架喷气飞机,租赁飞机305架。2004年营业

收入为 366 亿美元。

2. 美国联邦快递公司(FedEx)

成立于 1973 年,是全球第二大快递企业。在美国本土,除了田纳西州孟菲斯市的超级转运中心外,还有 5 个美国本土转运中心。该公司的亚太转运枢纽中心位于菲律宾苏碧湾,还有一些转运设施位于东京、阿联酋的迪拜等。截至 2004 年,FedEx 已发展成为全球最大的快递运输公司之一。公司现有货机 684 架,货运车辆 445 万辆,员工超过 14.5 万人,全球共有 43 500 个投送件地点,每个工作日为 210 个国家和地区提供便捷快速、可靠准时的服务,每日处理的货件量平均多达 310 万件。

3. 荷兰邮政集团公司(TNT)

TNT 快递公司在 1946 年创建于澳大利亚,1996 年被荷兰皇家邮政收购,成立荷兰 TNT 邮政集团公司。该邮政集团在全球有 200 多个经营网点。在欧洲,它是最大的快件运营商,占有欧洲速递市场 75% 的份额。

4. 敦豪国际速递公司(DHL)

敦豪国际速递公司是由德国邮政公司控股 51% 的国际速递公司,其网络连接着全球 200 多个国家和地区。1986 年,该公司与中国对外贸易运输总公司联合建立了中国敦豪中外运速递公司,成为中国第一家国际航空快递合资企业。目前已在中国各大城市设立了分公司,并取得了中国国际速递市场的多数份额。

2)我国快递业配送的运作

经过近 30 年的发展,我国快递产业规模不断扩大。近年来,依托于航空等快捷交通工具和信息技术的进步,快递市场日益扩大,快递企业逐步成长。目前,我国的快递市场呈现出多元化竞争格局。在国有、民营、外资三大市场主体作用下,形成了国际快递、国内异地快递和同城快递三大市场板块。

(1)我国快递业配送的主要问题

①航空公司客货混载的运输方式限制了快递业配送速度的提高。目前,航空公司实行的运输方式是客货混载,顾客的数量是确定飞机型号的重要参数,此外,还要考虑顾客行李的数量,才能计算出可实载的货量。因此,通常不多的搭载货量要分配到多家航空货运代理处,不能满足大批急货的发送需求。

②快递业信息技术应用滞后,信息网络不完善,限制了配送系统的建设。我国加入 WTO 以后,随着国外快递巨头的进入,加强我国快递业信息化建设已是大势所趋。然而,由于我国快递业相对落后以及资金的匮乏,使得我国快递业在进行信息化建设方面难度较大。

③快递环境的不配套降低了快递企业的配送效率。在我国的一些大城市,如北京、上海、广州、天津、南京、深圳等地,出于缺少快递车辆装卸基础设施、交通拥挤日趋加剧、普通的快递货运车辆排放污染及市容等方面的考虑,都在不同程度上对城市货物快递加以限制。

（2）国外快递业的成功经验

当今跨国快递公司发展尽管各有特色，但也有相同的成功经验，即：

①始终如一地遵循服务第一、客户至上的经营理念，信守诺言。

②快速配送，充分体现快递服务的行业特点。跨国快递公司依靠其发达的运输网络和严格的组织管理，对整个快递过程像流水线一样进行设计和操作，保证托运货物以最快的速度送达收件人。

③配送网络发达，服务周全。跨国快递公司在全球都有数千个快件处理中心和数万个客户投送地点，形成覆盖全球的配送网络系统，为公司快递业务的开展和兑现对客户的承诺提供了保证。同时，这些公司都不断引进新的服务项目，例如门到门送取货，对国际快递货物预报关，多种付费方式，严格的保险和及时的赔付承诺等。

④完备的信息支持系统。完善的信息支持系统是现代快递企业业务开展的基本先决条件，每个公司都有自己先进完备的信息支持系统。

（3）加快发展我国现代快递的措施

①加强统一领导，建立必要的政府部门间的协调机制。现代快递的管理，涉及计划、经贸、财税、工商、内贸、外贸、铁路、民航、邮政、信息、海关等多个部门，横跨不同的行业和地区，同时和政府多个部门有关，各级政府都应该加强对发展快递的统一领导，建立必需的政府部门间的综合协调机制，制定发展现代快递的规划，并负责协调现代快递发展中的相关政策措施，为构建全国统一、高效的现代快递体系创造环境。

②抓好快递标准化体系建设。针对当前快递标准中存在的问题和国际快递标准化的发展方向，应该加快标准化建设步伐，在做好快递用语、计量标准、技术标准、数据传输标准、快递作业和服务标准等方面基础工作的同时，还要加强标准化的组织协调工作。在对各种与快递活动相关的国家标准、行业标准深入研究的基础上，全面梳理现行的标准。

③充分发挥行业社团组织的作用。根据发达国家经验和我国市场经济发展、政府职能转变的实际，特别是快递产业综合性强、关联性大，应该充分发挥行业社团组织的作用。行业社团组织业要积极转变观念，改进工作作风和方法，牢固树立为企业服务、为行业服务、为政府服务的观念。同时，各社团应加强联合，形成推动我国物流产业发展的合力，发挥好政府与企业之间的桥梁和纽带作用。

④加强快递人才的培养。应鼓励和允许高等院校按照市场需求开办和设置现代快递专业及课程，为现代快递培养高级管理人才和专业人才；鼓励和引导企业、行业组织及民办教育机构参与现代快递人才的培训和教育工作；借鉴国际经验，由行业社团组织来执行现代快递产业从业人员职业资格制度，逐步建立我国快递行业人员职业教育、培训和从业资格认证制度及相应的认证体系。

本章小结

本章从物流配送中心的主要功能介绍入手,重点介绍了配送中心的一般作业流程和特殊作业流程。之后具体阐述配送中心的订单处理作业、进货作业、装卸搬运作业、储存作业、拣货作业、流通加工作业、送货作业、盘点作业、补货作业及退货作业等作业内容及方法。最后分别对连锁零售业、农业、制造业、快递业等不同行业的配送特点等进行了介绍。

案例　嘉事堂配送中心库内物流流程分析

一、北京嘉事堂医药企业概况

嘉事堂药业股份有限公司由中国青年实业发展总公司、上海张江高科技园区开发股份有限公司、新产业投资股份有限公司、中科联集团控股有限公司等于1997年创立,于2000年9月被国家药品监督管理局批准为全国58家跨省连锁零售企业之一。

目前,该公司在北京地区拥有260家直营零售连锁药店和350家农村乡镇销售网点,连锁门店数量、销售额、利润均进入全国前十五名。嘉事堂药业现有6个批发分公司,年销售额4个亿;1个零售连锁公司,有300多个店,年销售额在1.5亿元以上。正是基于此,北京嘉事堂医药集团为了进一步整合资源,提高运营效率,投资1个亿的资金,新建了一个北京嘉事堂医药配送中心。

二、嘉事堂配送中心内部物流流程概述

1. 配送中心基本情况

北京嘉事堂新的现代物流中心位于北京通州区机电一体化产业基地,设计配送能力20亿,建筑面积2万 m^2。嘉事堂配送中心总面积8 700 m^2,室内温度整体控制在10~20 ℃以内。另外,还建有1 200 m^2 特殊库,其中包括:冷藏库、冷冻库、精神药品库、易串味药品库、危险品库(100 m^2)。

货架整体分为四层,上面两层是储位区,主要是用于入库货物的储存;下面两层是分拣区,可以进行整箱拣选和拆箱拣选两种拣选方式。配送中心内部主要使用的工具是地牛、叉车和手持终端。其中地牛主要的作用是用于货物在配送中心内部的运输;叉车的主要作用是高架货物的上架和取货,同时也会少量做一些货物运输工作;而手持终端在货物的入库到出库都起着发出指导信息的作用。

2. 收货流程说明

收货作业流程是实现商品配送的前置工作。而配送中心的收货工作更是涉及商品所有权的转移,商品一旦被配送中心收下,配送中心就将承担确保商品完好的全部责任。因此,物流系统中的收货作业流程的质量是至关重要的。收货流程见图5.17。

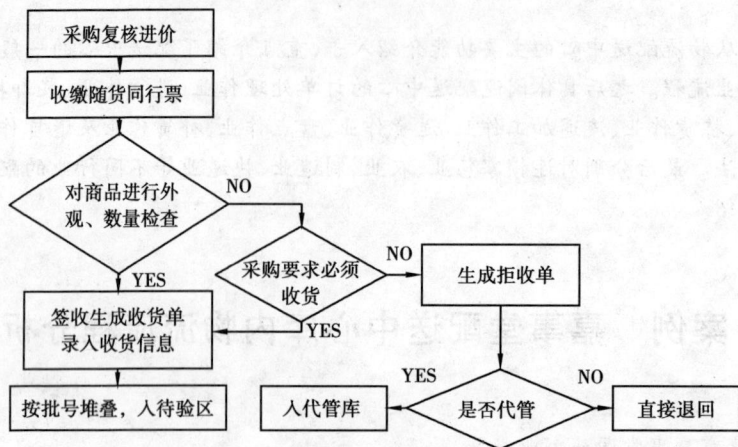

图5.17　收货流程图

①送货人员将随货同行票交采购员复核进价,修改进货价,并在随货同行票上签字确认,生成收货单。

②收货人员收取随货同行票,确认是否与收货单与供应商、商品品种相符。

③核对商品、数量是否与收货单相符,检查商品外观质量情况。

④签收、录入收货信息:

A. 签收随货同行票。

B. 收货信息录入信息系统。

C. 同时要注意收货数量不能大于订货数量,要将超出订货数量的货物及时处理在仓库之外,不要签收多余的数量,也不要同意寄存多余数量的货物,不要给自己带来不必要的麻烦。

D. 对于采购要求收货的商品(可能是预付款商品),即使外观质量有问题也要收货,然后将货物放入退货暂存区,等待下一步与供应商的具体协商。

⑤对于外观质量有问题或与订货单商品信息不符的货物:

A. 生成拒收单。

B. 如果代管,应入代管库,但是要严格把握代管的原则。应该减少代管的货物数量,这有利于节约本企业的运营成本,同时也避免给自己带来不必要的额外工作。

C. 如果确定不应该代管的货物,那么就要严格遵守直接退回的程序。

⑥改变订货单状态,回写收货数量及状态:

A. 计算机内部自动处理订货单的状态。

B.回填收货数量,修改订单状态为已收货。

3.库内检验、上架流程说明(见图5.18)

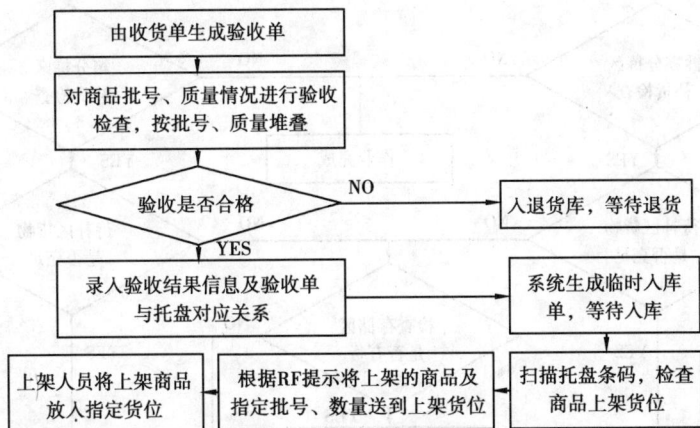

图5.18 库内检验、上架流程图

①对商品进行验收:

A.拆箱检查质量情况,验收批号、数量等信息。

B.按批号堆叠,放到入库托盘上,方便入库作业。

C.每个托盘分配一个唯一编号,通过信息系统根据托盘上货物情况分配指定的储位。

②输入验收信息。向系统中输入货物的批号、状态及其对应数量和验收情况、结论。要注意的是,验收明细单要与相应托盘对应。

③最后要妥善保存验收单,同时生成入库单,准备入库。

④在药品经过严格检验和核对之后,上架补货员就到待入库区领取药品,通过手持式RF扫描托盘码,显示入库单信息,库内作业人员根据RF提示将要上架的指定批号、数量的货物送到上架货位。库内作业人员将上架货物放入指定的货位,确认货位号,同时在系统中确认货品已经上架,并将信息反馈到配送中心的信息系统。

4.补货流程说明(见图5.19)

补货作业开始后,要同时检查拆零分拣区和箱分拣区是否需要补货。如果不需要,则进行下一个商品的补货作业。如果需要补货,首先判断待补区(销售退回合格品区)上是否有货,如果有货则先由待补货区上补货,如果补完后还未补够或者待补区无货,检查存储区上是否有货。如果存储区没有,则直接进行下一个商品的补货作业;如果存储区上有货,则由存储区补货,然后进行下一商品的补货。

5.出库作业流程说明(见图5.20)

出库作业是嘉事堂医药配送中心内部流程的最后一个环节。在这部分中,批发、配送业务员开票后,业务系统自动减少业务账,使可销库存减少,防止开出票不能配货

```
                    ┌──────────────┐
                    │  补货作业开始  │
                    └──────────────┘
          ┌────────────┴────────────┐
    ╱────────────╲    NO      NO    ╱────────────╲
   ╱  拆零分拣区   ╲──────┬──────────╱  箱分拣区    ╲
   ╲  补货检查     ╱      │          ╲  补货检查    ╱
    ╲────────────╱  ┌──────────┐    ╲────────────╱
       YES          │  作业完成  │        YES
                    └──────────┘
    ╱────────────╲   NO     NO   ╱────────────╲
   ╱  待补区货物   ╲──────┬───────╱  待补区货物   ╲
   ╲  是否充足     ╱      │       ╲  是否充足     ╱
    ╲────────────╱       │        ╲────────────╱
                   ╱────────────╲  NO
                  ╱  检查存储区   ╲──────┐
      YES         ╲  是否有货     ╱      │        YES
                   ╲────────────╱       │
                       YES              │
                  ┌──────────────┐      │
                  │  由存储区补货  │      │
                  └──────────────┘      │
                  ┌──────────────┐      │
                  │   作业完成    │◄─────┘
                  └──────────────┘
                  ┌──────────────┐
                  │  由待补区补货  │
                  └──────────────┘
```

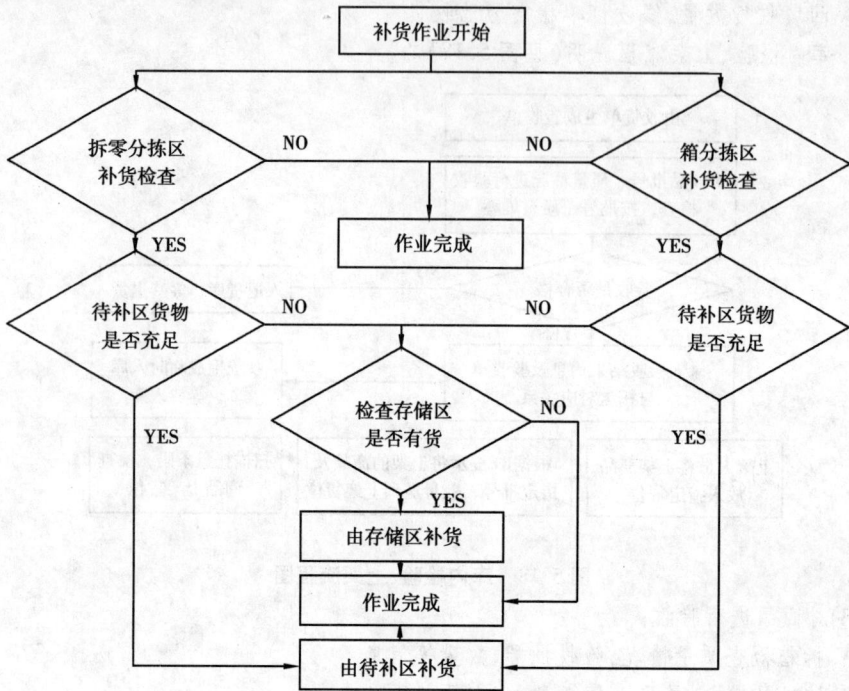

图 5.19 补货流程图

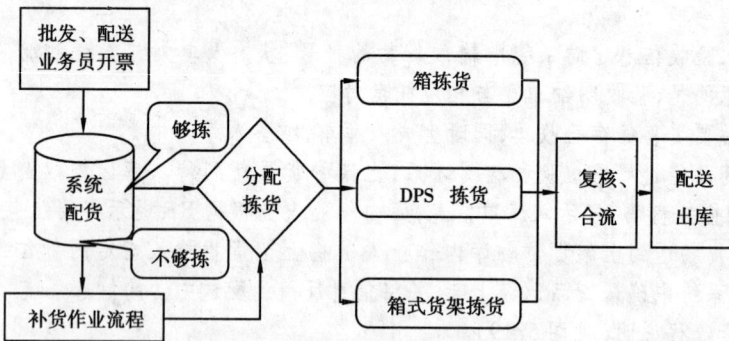

图 5.20 出库流程图

的问题发生。系统配货前,首先检查是否有未处理的状态调整单,先处理状态调整单,再检查拣货区商品数量是否能够满足此次配货。如果不足,生成补货单,将拣货区商品数量增加到大于或等于配货数量,并通知补货人员执行补货作业。系统按照销售票上所开商品数量进行配货,如果单笔出库数量大于一个整件,则整件部分从箱分拣区拣货,零数部分再判断是从 DPS 拣货还是从箱式货架拣货。

拣货环节是将客户订单中的不同数量、种类的货物从配送中心的货架取出集中在一起的过程,拣货的目的在于正确且迅速地集合顾客所订购的商品,同时也是出库作业的一个开端。对于嘉事堂医药配送中心 DPS 拣货区,在拣货前,拣货箱分配人员将每笔拣货单对应一个或多个周转箱录入系统记录,然后将分拣箱放入传送带,流入 DPS 拣货区。拣货箱进入拣货区后,每到一个拣货区域,DPS 系统会自动扫描拣货箱码,如果有货物要拣选,传送带就会停止,DPS 系统会发出提示,以便拣货人员能够进行拣货。对于 RF 分拣,配货员根据系统提示,将 RF 拣货单与拣货箱对应,RF 分拣员扫描箱码,按照 RF 上提示的货位取指定批号、数量商品,送入合流区。拣货完成后,进行商品的复核,并进行合流,配送出库,并减少各分拣区保管账库存。

(资料来源:张广敬.嘉事堂配送中心库内物流流程合理性分析[J].中国市场,2007(8).)

案例分析与讨论题

1. 总结嘉事堂配送中心主要的物流功能有哪些。
2. 说明嘉事堂配送中心一般作业流程。
3. 你认为嘉事堂配送中心作业流程中还应作哪些补充和调整?
4. 从该案例中我们可以总结出药品配送具有哪些特点?

复习思考题

1. 简述物流配送中心的基本功能。
2. 简述物流配送中心的一般作业流程。
3. 订单作业的主要流程包括哪些内容?
4. 简述流通加工合理化的途径。
5. 简述拣货作业的主要方法。
6. 连锁零售业配送的主要特点是什么?

实操项目二
"优速"配送中心作业流程规划

一、实训目的

1. 使学生掌握配送中心的主要功能;
2. 使学生掌握配送中心的一般作业流程;
3. 使学生理解配送中心作业流程的具体作业内容及步骤。

二、实训条件

电商实训室,多媒体教室。

三、实训操作时间

4课时。

四、相关知识

1. 配送中心主要功能,见本章5.1;
2. 配送中心作业流程,见本章5.2;
3. 本书实操项目一的相关理论知识及成果。

五、实操任务

"优速"物流公司是一家提供专业物流服务的第三方物流公司,总部设在江苏省南京市,主要提供包括家电、袋装食品、日化用品、果蔬等类产品的储运、加工、包装、配送作业,以及代收货款、信息查询等一站式物流服务。公司创立十几年来,以健全的仓储保管体系、迅捷的运输网络和完善的管理制度享誉物流业,并以优质的服务和良好的信誉深得广大客户的首肯和信赖。

公司下设总经理办公室、财务部、人力资源部、商务部、信息技术部等职能部门以及仓储部、运输部、加工配送部等业务部门。公司拥有一批高素质的管理团队和员工队伍,为提升公司的管理水平和竞争力提供了有力的保障。

公司运输网络覆盖长三角主要大中城市,可实现江苏至安徽、浙江、上海等全国各地的长途运输。

"优速"物流在江苏省已经构架出完善的物流服务体系,形成了完整的物流服务网络,一级物流中心位于南京、无锡,二级物流中心覆盖全省各大中型城市。每个一级物流中心配有超过 20 000 m² 的标准仓库、近 30 000 m² 的场地、合同仓库约 20 000 m²。每个二级以上物流中心配有 2~30 t 等各式配送车辆 30 余台。

同时,公司拥有先进、完善的物流信息系统,包括订单信息管理系统、库存管理系统、货位定位系统和 RFID 系统,运输车辆安装 GPS 导航系统并配装车载 GSM 移动平台。

"优速"物流公司南京配送中心位于南京市城南,为南京市数家拥有综合性超市及卖场的连锁企业提供相关物流服务。主要商品包括家用电器、日化产品、袋装食品、果蔬等。

规划中的配送中心一号库为果蔬加工配送中心。规划果蔬进出货吞吐量约为 30 t,主要完成原菜和水果的进货验收、清洁整理、预冷、加工、包装、冷藏、分拣、出货等作业,同时考虑管理办公区域及各种装卸搬运工具的存放与维修等辅助功能区的设置。

该配送中心一号库现已完成平面布局规划(参见实操项目一的成果),现需进行该果蔬配送中心的作业流程规划,且水果和蔬菜需考虑设置不同的作业流程。

具体作业内容应包括:

1. 果蔬的验收:包括单据的核对和制作、果蔬的数量验收和质量验收、果蔬农残检测等;

2. 果蔬的整理与加工:包括果蔬的预冷(为延长保鲜,需低于 15 ℃)、清洁、整理和加工、制作小包装等;

3. 水果的冷藏;

4. 果蔬的分拣机出货。

请在理论学习及实操项目一的基础上,完成该配送中心一号库的作业流程规划:

1. 主要功能规划;

2. 水果和蔬菜内部作业流程图;

3. 主要作业流程(进货、验收、加工、出货等)的作业步骤;

4. 制作 PPT,说明以上相关内容。

六、实训操作指导

第一步:理论知识准备。复习教材相关内容,搜集果蔬配送、加工、存储等的相关资料。

第二步:实习参观。有条件可实地参观果蔬配送中心,也可参观规模较大的零售超市,参考果蔬产品的相关作业处理及功能布局。

第三步:分组并讨论完成本案中"优速"配送中心一号库的内部作业流程图,主要作业流程的作业步骤的规划及方案的 PPT 文件制作。

第四步:分组详述方案的内容,并解答其他组同学及老师的提问;方案评比。

七、实操考核评价标准

序号	项 目	分 值
1	内部功能规划	10
2	作业流程图	30
3	主要流程的作用步骤	30
4	文档制作	10
5	现场答辩表现	20
合 计		100

第6章 配送中心信息系统

学习目标

    掌握配送中心信息系统的作用和结构;

    理解配送中心信息系统技术应用;

    了解配送中心信息系统的功能。

知识点

    配送中心信息系统的作用   配送中心信息系统结构关系   自动识别技术   自动分拣技术   EDI 技术   GPS 技术   GIS 技术   EOS 技术

案例导入

日本菱食公司的"配送体系再构筑"

    20 世纪 90 年代,连锁商业在日本获得突飞猛进的发展。日本食品批发商——菱食司抓住了这个机遇,按照"供应链物流"的思想,建立了可供"一揽子采购",并提供一系列物流服务的食品供配货网络体系。公司的年销售额也由此突破了 330 亿日元。

    有一家大型连锁超市公司原先向 23 家食品批发商进货,采用菱食公司的"一揽子物流"后,一下子减少到 5 家,加工食品销售额的 75% 由菱食公司一家承担,成本大幅度下降。由于采用计算机订货,实现无纸化作业,取消了验货环节,缺货率也明显下降。由于多频率、小批量的物流需要较高的物流成本,为了向消费者提供价廉的商品,必须重新构筑新的流通框架,降低从生产直至消费者手中的整个流通的综合成本。为了实现这个共同目标,生产厂、批发商、零售商齐心协力,用"供应链"的思想,构筑新的流通体系。

    菱食公司的战略是建立由区域性配送中心 RDC 和前端性配送中心 FDD 结合而成的物流网络体系。FDD 是承担整箱商品的配货、配送任务的物流中心。RDD 是具备拆零、分包装等流通加工功能的区域性集约化配送中心。

    客户发来的订单,由计算机按照是否满一箱进行分档。以箱为单位的配货作业由FDD 进行,不满整箱的,由 RDD 处理,经拆零拣选、拼箱后,按不同的客户进行理货,用大型载货汽车送至各 FDD,在那里与 FDD 配好货的整箱商品一起配送到各门店。目前,该公司在日本境内已经形成了拥有 9 个 RDD 和 55 个 FDD 的物流网络。

（资料来源:全行业机械网 http://czbtzz.cn/wujin/2010/0428/49449.html）

6.1 配送中心信息系统概述

6.1.1 配送中心信息系统的功能

配送中心要提供各种信息,为配送中心经营管理政策的制定、商品路线的开发、商品销售促销政策的制定提供参考。

1）为经营业务绩效管理与各项管理政策的制定提供参考

包括商品销售绩效管理、作业处理绩效管理、仓库保管效率管理、配送效率管理、机具设备使用效率管理等。

2）为配送中心经营规划提供参考

包括成本效益分析、商品品种或新商品开发可能性分析、人力资源计划以及统计分析。

3）为多库配送中心的配送资源规划提供参考

包括多库配送中心的产品线规划分析、多库调货计划及执行、人力资源的规划配置、机具设备的需求分析、实际配送的运作规划。

6.1.2 配送中心信息系统的作用

为了完成配送中心的功能,其信息系统具有各种相应的作用(如图 6.1 所示)。

1）业务管理

入库、出库、退货、残损管理,输入进、出货商品数量,打印商品单据,这些便于仓库保管人员正确进行商品的确认。

2）查询统计

入库、出库、退货、残损及库存信息的查询统计,可按相应的商品编码、分类、供应商、客户进行查询和统计。

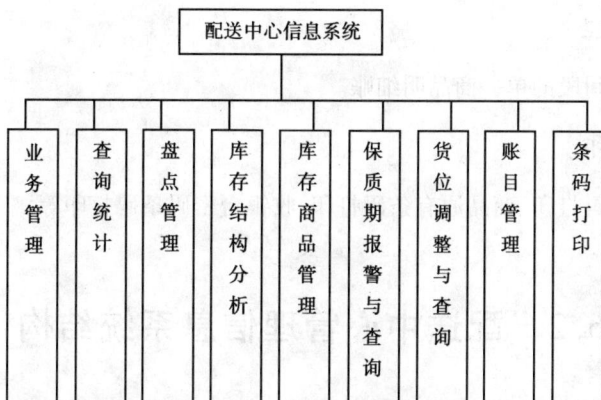

图 6.1 配送中心信息系统的作用

3）盘点管理

盘点清单生成、盘点清单打印、盘点数据输入或手持电脑输入、盘点商品确认、盘点结束确认、盘点利润统计、盘点商品查询、浏览统计。

4）库存结构分析

入库、出库、退货、残损的统计及各种商品库存量、品种结构等。

5）库存商品管理

库存商品管理主要包括：库存商品上下限报警，即对库存商品数量高于库存上限或低于下限的商品进行信息提示；库存停滞商品报警，即对某一段时间内有入库但没有出库的商品进行信息提示；商品缺货报警，即对在出库时库存商品为零但又未及时订货的商品进行信息提示。

6）保质期报警与查询

保质期报警与查询主要包括：已逾保质期的商品的报警，是指对库存商品中保质截止期已超过当日的商品进行信息提示；将逾保质期的商品报警，则是对库存商品中保质期将在当日后某一时间段内到期的商品进行信息提示；商品保质期查询，是指对库存商品中保质截止期在某一时间段内到期的商品进行查询。

7）货位调整与查询

库存货位调整，指以库存商品的货号进行调整；货位调整查询，指以库存商品按货位号进行统计。

8）账目管理

统计某一时间段的单一商品明细账。

9）条码打印

商品自编条码打印、商品原有条码打印、收银台密码条码打印等。

6.2 配送中心管理信息系统结构

配送中心管理信息系统主要由销售出库管理系统、采购入库管理系统、财务会计管理系统、经营绩效管理系统构成。各系统间的结构及其关系如图 6.2 所示。

由图可知，一个现代化物流配送中心拥有采购入库管理、销售出库管理、财务会计管理和经营绩效管理等四大主管理系统，每个主管理系统之下又有许多子系统，每个子系统又能实现许多功能。正是由于这些功能齐全的管理软件和各种相应的物质设备相配合，才能使一个现代化的物流配送中心高效有序地运行。

由上面配送中心的作业及其信息系统的结构，可以得出它们之间的关系，如图 6.3 所示。

从图 6.3 可以看出，配送中心的基本配送作业程序，从接受订单开始，到订单处理、出货准备、流通加工包装、拣货单审核、搬运出库分类、货车装货以及配送，都在采购入库管理、销售出库管理、财务会计管理和经营绩效管理等四大主管理系统控制之中。

6.2.1 销售出库管理系统

销售出库管理系统是配送中心信息管理的中心之一。它所涉及的对外作业主要是从客户处取得订单，进行订单处理、仓库管理、出货准备，实际将商品运送至客户手中，而这些作业均以客户为服务对象。对内的作业内容则是进行订单需求统计，传送到采购入库管理系统作为库存管理的参考，并从采购入库管理系统处取得入库数据；在商品发货后将应收账款账单送至财务会计管理系统，并从经营绩效管理系统处取得各项经营批示。

销售出库管理系统包括：订单处理系统，销售分析与销售预测系统，拣货规划系统，包装、流通加工规划系统，派车计划系统，出货配送系统，仓库管理系统，应收账款系统。

总公司

经营绩效管理系统

配送资源规划　　经营管理系统　　绩效管理系统

OCR扫描（光学字符识别）电话、邮寄、传真、电报电子订货系统/计算机辅助订货系统（EOS/CAO）

客户　增值网

销售出库管理系统

订单管理系统

销售分析与销售预测系统

拣货规划系统

包装、流通加工规划系统

派车计划系统

仓库管理系统

出货配送系统

应收账款系统

财务系统

人事工资管理系统

采购入库管理系统

入库作业管理系统

库存控制系统

库存管理系统

应付账款系统

客户

自动拣货系统
自动包装系统
自动分类运输系统
自动仓储控制设备
射频设计
数据收集分析　　电脑监控中心
旋转仓库

电子转账系统

银　行

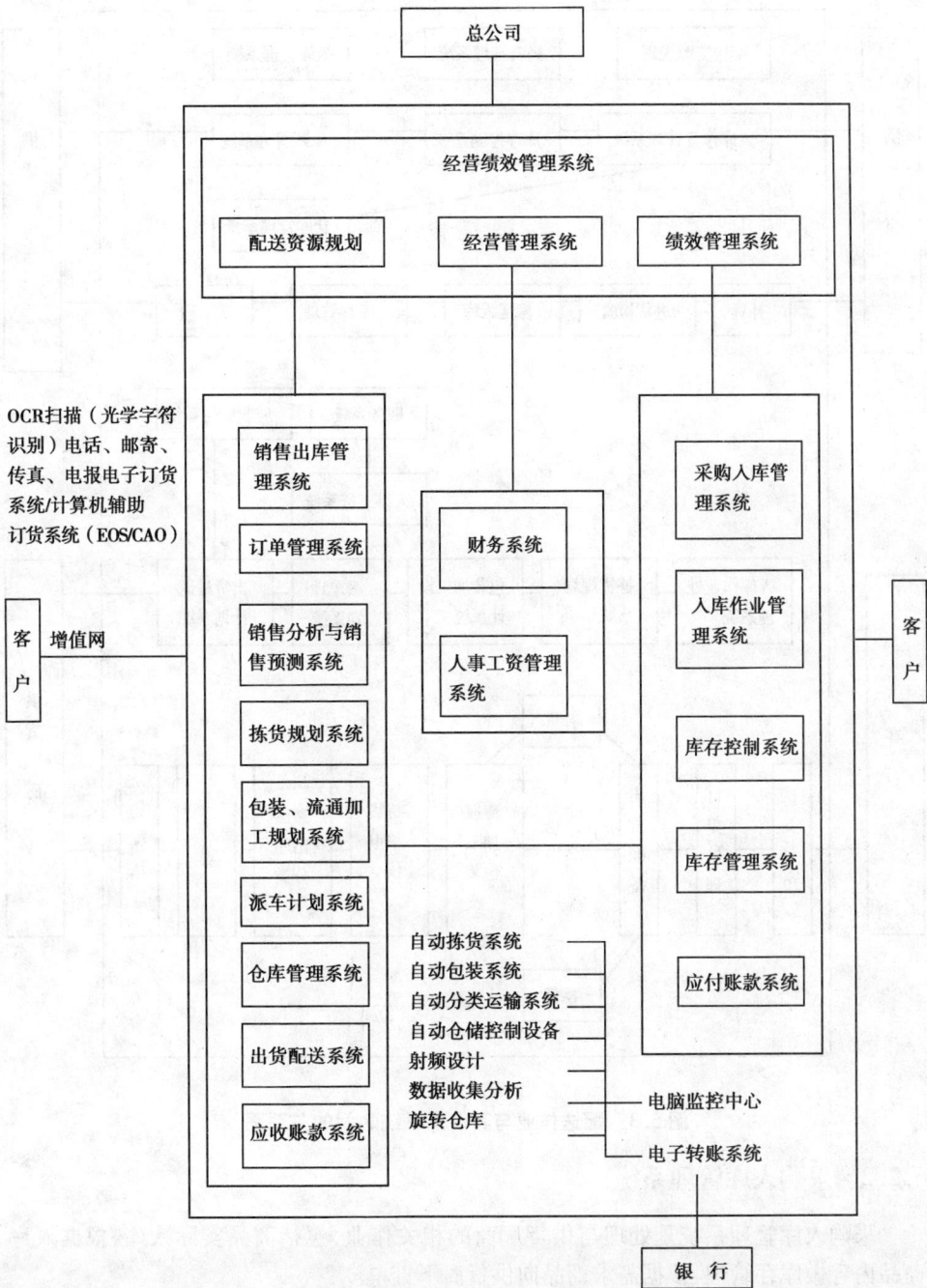

图6.2　配送中心信息系统结构关系图

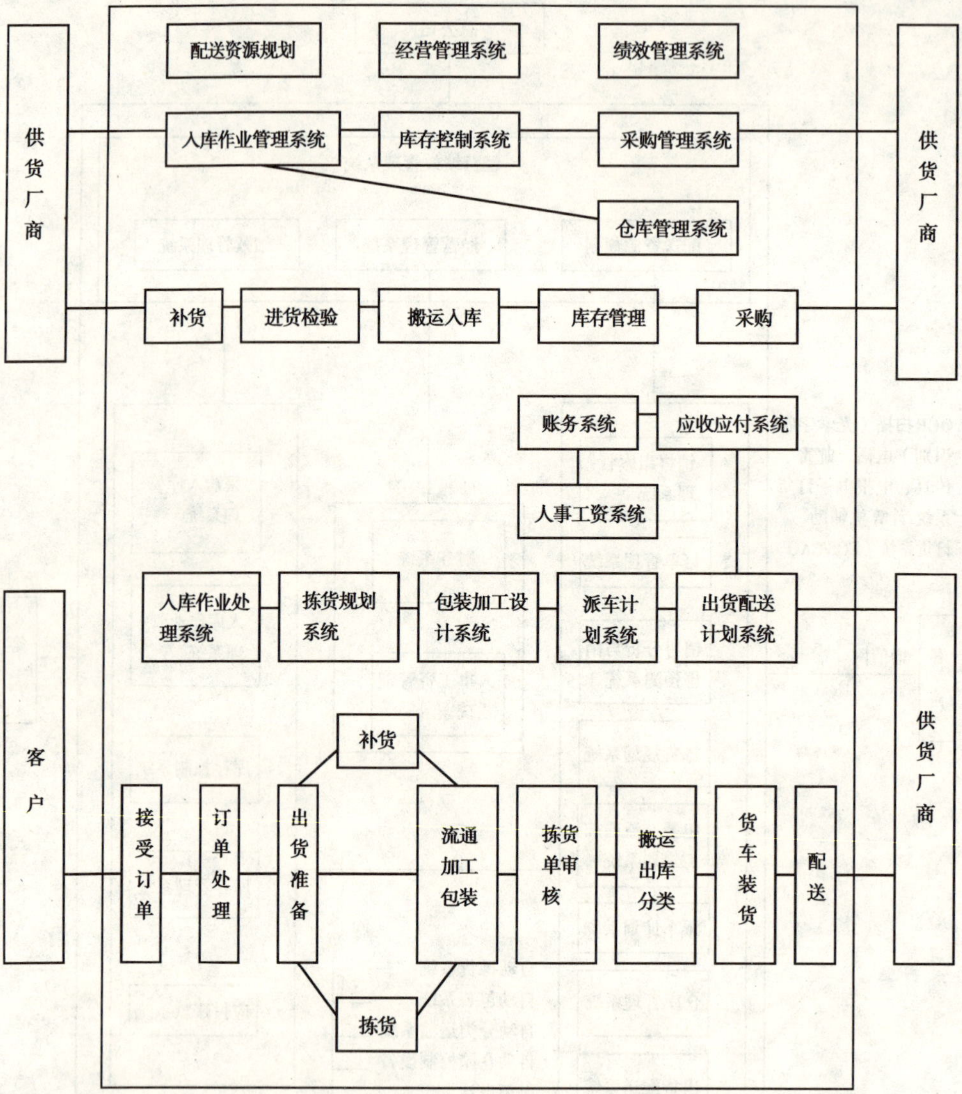

| 配送资源规划 | 经营管理系统 | 绩效管理系统 |

供货厂商

| 入库作业管理系统 | 库存控制系统 | 采购管理系统 |

| 仓库管理系统 |

供货厂商

| 补货 | 进货检验 | 搬运入库 | 库存管理 | 采购 |

| 账务系统 | 应收应付系统 |

| 人事工资系统 |

| 入库作业处理系统 | 拣货规划系统 | 包装加工设计系统 | 派车计划系统 | 出货配送计划系统 |

客户

| 补货 |

| 接受订单 | 订单处理 | 出货准备 | 流通加工包装 | 拣货单审核 | 搬运出库分类 | 货车装货 | 配送 |

| 拣货 |

供货厂商

图 6.3　配送作业与其信息系统之间的关系图

6.2.2　采购入库管理系统

采购入库管理系统是处理与供货厂商的相关作业,包括商品实际入库、根据入库商品内容做库存管理、根据需求商品向供货商下订单。

1）入库作业处理系统

（1）采购管理模块

采购管理模块,是为采购人员提供的一套快速而准确地向供货厂商适时适量开具采购单的系统,使商品能在出货前准时入库,并无库存不足及积压货太多等情况发生。此模块有四个子系统:采购预警系统、供应厂商管理系统、采购单据打印系统、采购跟催系统。

（2）入库作业处理模块

①预定入库数据处理。预定入库数据处理打印的定期入库数据报表,为入库月台调度、入库人力资源及机具设备资源分配提供参考。

②实际入货作业。实际入库作业则发生在厂商交货之时,输入数据包括采购单号、厂商名称、商品名称、商品数量等,可输入采购单号来查询商品名称、内容及数量是否符合采购内容,并用以确定入库月台。然后由仓库管理人员指定卸货地点及摆放方式,并将商品叠于托盘上,仓库管理人员检验后将修正入库数据输入,包括修正采购单并转入库存数据库且调整库存数据库。退货入库的商品也需检验,可用商品方可入库。这种入库数据既是订单数据库、出货配送数据库、应收账款数据库的减项,还是入库数据库及库存数据库的加项。

2）库存控制系统

库存控制系统主要完成库存数量控制和库存量规划,以避免因库存积压过多造成的利润损失。它包括商品分类分级、订购批量及订购时点确定、库存跟踪管理和库存盘点作业。

（1）商品分类分级系统

商品分类分级就是按商品类别统计库存量,并按库存量排序和分类,作为仓库区域规划布置、商品采购、人力资源、工具设备选用而参考的。商品分类分级还可按商品单价或实际库存金额进行排序。此系统主要是以商品为主体生成各种排序报表。

（2）订购批量及订购时点确定系统

由于采购时间和采购数量会影响资金的调度及库存成本,因此采购前就需要制定商品经济采购批量及采购时间。这就需要系统访问产品数据库、厂商报价数据库、库存数据库、采购数据库等来获得商品名称、商品单价、商品现有库存量、采购提前期及运送成本等数据来计算经济订购批量及订购时点,也可通过诸如安全库存量、经济采购量等其他方法来完成。系统要输入的数据为商品名称,并需要其他文件,如厂商报价数据库、库存数据库、采购数据库和运送成本数据库等;主要输出报表包括商品安全库存报表、商品经济批量报表、定期采购点查核报表、定期库存量统计报表等。此外,还需建立采购量及采购时间数据库。

（3）库存跟踪管理系统

库存跟踪管理系统主要是延续入库作业处理中货位的管理。该系统不需输入太多的数据，主要是从现有的数据库中调用现有库存的储存位置、储存区域及分布状况，或由库存数据库中调用现有库存数据查核库存量等。系统主要生成的报表包括商品库存量查询报表、商品货位查询报表、积压货存量或货位报表等。

（4）库存盘点作业

库存数量的管理与控制及货位的管理等作业依赖于库存数据和货位数据的正确性，因此需要盘点作业。一般有两种盘点方式：定期盘点及循环盘点。盘点作业系统主要包括定期打印各类商品报表，待实际盘点时输入实际库存数据并打印盘盈盘亏报表、库存损失率分析等报表。

6.2.3　财务会计管理系统

财务会计部门对外主要以采购部门传来的商品入库存数据核查供货厂商送来的催款数据，并据此付款给厂商，或由销售部门取得出货单来制作应收账款催款单并收取账款。财务会计管理系统还制作各种财务报表供经营绩效管理部门参考。财务会计管理系统主要包括财务系统与人事工资管理系统。

财务系统可将销售管理系统、采购入库管理系统的数据转入本系统，并制作成会计总账、分类账、各种财务报表等。此系统尚需着重于现金管理、支票管理及银行转账联网功能的开发。人事工资管理系统包括人事数据的建库维护、工资统计报表打印、工资单打印及银行计算机联网的工资数据转换。

6.2.4　经营绩效管理系统

经营绩效管理系统从各系统及流通业取得信息，制定各种经营政策，然后将政策内容及执行方针告知各个经营部门，并将配送中心的数据提供给流通业。

经营绩效管理系统包括配送资源规划系统、经营管理系统和绩效管理系统。

1）配送资源规划

配送资源规划是在配送中心有多个运作单位时，规划各种资源及经营方向和经营内容。配送中心有多座仓库、多个储运站或多个转运站时，应该设置多少仓储据点、仓库的位置如何，才可以满足市场开发的需求，而哪座仓库应存入哪些商品、商品存放量有多少，才足以供应该区域的商品需求，所需仓库空间又需多大才足以存放该商品数量而适应这些配送活动，各据点又需具备什么机具及人力资源，这些资源如何分配，彼此间又如何协调，这就是配送资源规划需要解决的问题。

2）经营管理系统

经营管理系统是供配送中心高层管理人员使用，用来制定各类管理政策。如车辆设备租用采购计划、销售策略计划、配送成本分析系统、运费制定计划、外车管理系统等,偏向于投资分析与预算预测。

3)绩效管理系统

配送中心的赢利除需要各项经营策略的正确制定与实际计划及执行外,还需要有良好的数据反馈作为政策、管理及实施方法修正的依据,这就需要绩效管理系统。

知识链接

物流行业信息化:注重配送中心信息系统设计的易用性

1. 信息系统的问题要点

配送中心的信息系统十分重要,信息系统与配送中心作业的衔接可能会存在许多问题。如果将信息系统对比实际的作业进行详细探讨的话,会更好地提高作业的效率。例如,信息系统如果输出更加易于辨别的配货清单,就能够提高配货的效率并减少差错。

从信息部门的角度来看,由于不知道如何进行配货作业,进行出库指示书或出库管理处理时,只是考虑能够完成配送中心系统或配货系统的功能,或一味听取物流部门人员的要求。

从物流部门的角度来看,由于不知道信息系统能够做到什么程度,当使用后才发现问题较多。这样的话,对已经完成的信息系统修改起来就比较麻烦,甚至有许多时候不能修改。

配送中心系统是根据系统所具有的数据内容来决定的。基于这样的系统,有必要开发出易于作业的信息系统,尽可能地通过信息表达出物流部门的希望。特别是物流业务中出库指示的变更和紧急出库等功能属于信息系统之内的功能,要能够简单地完成,不要做得很复杂。只有开发出这样的信息系统才能够实用。

2. 业务数据和管理数据

一般的物流信息处理是为了完成日常业务所进行的必要的信息处理。从这些信息的内容来看,有很多信息系统没有提供为改善业务的管理所需要的管理数据。只要对日常的业务数据作适当的提取和分析,就能够进行业务管理,就能够进行业务的改善。简单来说,如果对平均每一笔的配货时间作一记录,就可得到作为管理数据的出库件数的平均作业时间。

3. 信息系统的货位管理

通过信息系统管理货位,可能会出现在这个货位上是否有商品的问题。决定了商品的保管货位编号,进行商品的入出库管理,就应该能够管理到货位以及在库的情况。在现场,如果将商品放置到了其他地方,就不能够找到该商品了。

还有可能由于实际在库商品和信息系统的在库商品数据不一致,导致不信任信息系统的在库。按货位顺序输出的配货清单,而没有按货位的顺序存放,还需要按商品名称进行配货。

基于信息系统的随机货位管理是开始于自动运送货物的自动立体仓库。由于立体仓库的托盘运送装置是与计算机系统连动的,计算机控制能够自动将货物放到指定的货位。使用叉车和手工进行随机货位的管理,就需要将在哪里放了什么商品的信息在信息系统中进行商品和位置的确认,这样出现问题的情况就会很多。

4. 配货清单的输出

当使用手工进行配货作业时,通常是利用配货清单进行作业。在没有配货清单的情况下,有很多是使用订单或出库指示书。配货所必要的项目包括货架号、商品编号、数量和品名等,按照货位号或商品编号的顺序排列的单据进行配货较容易。

出库指示书或配货清单的输出要注意下面的问题:在同一个货位不要放置若干种商品;不要将同名称不同属性的商品使用同一个商品编号;使用易于区分的商品名称,不要读到名称的最后才能区分开商品;进行配货作业时,在商品名称的后面要看到的是数量,不要使这两项内容相距较远等。

6.3 配送中心管理信息系统技术应用

6.3.1 自动识别技术

1)条码技术

条码技术与其他输入技术(如键盘输入、OCR 输入、磁卡输入、射频输入)相比,具有识别速度快、误码率低、设备便宜、应用成本低廉和技术成熟等优点,目前已被广泛应用。

条码技术是在计算机技术与信息技术基础上发展起来的一门集编码、印刷、识别、数据采集和处理于一身的新兴技术。条码技术的核心内容是利用光电扫描设备识读条码符号,从而实现机器的自动识别,并快速准确地将信息录入到计算机进行数据处理,以达到自动化管理之目的。条码技术是在计算机的应用实践中产生和发展起来的一种自动识别技术。它是为实现对信息的自动扫描而设计的,是实现快速、准确而可靠地采集数据的有效手段。

2)扫描技术

扫描技术用于跟踪业务。由于其非接触阅读的性能,可用于制造业和其他不宜使用条形码标签的环境;因其能够跟踪移动对象,而广泛应用于运输。这种技术已成为主要的数据采集、标识和分析系统的工具。

RFID 系统最重要的优点是非接触作业。它能穿透雪、雾、冰、涂料、尘垢和在条形码无法使用的恶劣环境阅读标签,阅读速度非常快。大多数情况下,可用于流程跟踪或者维修跟踪等交互式业务。RFID 的主要问题是不兼容的标准。RFID 的主要厂商提供的都是专用系统,导致不同的应用和不同的行业采用不同的厂商的频率和协议标准。

3)自动识别技术在现代配送中的应用

配送中心在业务处理中的订货、收货、入库、理货、在库管理、配货、补货等作业流程中都大量应用了自动识别技术,条码应用几乎出现在整个配送中心作业流程的所有环节中。

6.3.2 自动分拣技术

在配送中心中,分拣作业是一个重要的工作环节。随着分拣量的增加、分配点的增多和服务质量的提高,人工分拣将难以满足大规模配送的要求。国外一些大中型配送(物流、货运)中心大都采用自动分拣系统进行分拣,它具有分拣量大、分拣点多、误差小、效率高和基本实现无人化操作的优点。

1)自动分拣系统的适用条件

第二次世界大战以后,自动分拣系统逐渐开始在西方发达国家投入使用,成为发达国家先进的配送中心、流通中心所必需的设施条件之一,但其要求使用者必须具备一定的技术经济条件。因此,在发达国家,配送中心或流通中心不用自动分拣系统的情况也很普遍。在引进和建设自动分拣系统时一定要考虑以下条件:

①一次性投资巨大。

②对商品外包装要术高。

2)自动分拣技术在现代配送中的应用

①拣选货架。

②电子标签拣货系统。

6.3.3 EDI 技术

EDI(电子数据交换)是指按照同一规定的一套通用标准格式,将标准的经济信息,通过通信网络传输,在电子计算机系统之间进行数据交换和自动处理。

EDI 的目的是充分利用现有计算机及通信网络资源,提高通信效益,降低成本。

EDI 主要应用于:

①JIT 即时响应(Just In Time)以减少库存量及生产线待料时间,降低生产成本。

②快速通关报检、经济使用运输资源，降低贸易运输空间、成本与时间的浪费。

③QR 快速响应，减少商场库存量与空架率，以加速商品资金周转，降低成本。

6.3.4　GPS 技术

全球定位系统（Global Positioning System GPS）由三大子系统即空间卫星系统、地面监控系统、信号接收系统构成，具有在海、陆、空进行全方位实时三维导航与定位能力。GPS 技术可以实现货物跟踪，实现有效物流配送方式。

GPS 在物流配送管理中的应用主要包括：

①用于汽车自定位、跟踪调度、陆地救援。

②用于内河及远洋船队最佳航程和安全航线的测定、航向的实时调度、监测及水上救援。

③用于空中交通管理、精密进场着陆、航路导航和监视。

④用于铁路运输管理。

6.3.5　GIS 技术

地理信息系统（Geographical Information System，GIS）是地理学、计算机科学、测绘遥感学、城市科学、环境科学、信息科学、空间科学、管理科学和信息科学融为一体的新兴学科。它以地理空间数据为基础，采用地理模型分析方法，适时地提供多种空间的和动态的地理信息，实现了各种信息的数字化处理，为系统地进行预测、监测、规划管理和决策提供科学依据，是一种为地理研究和地理决策服务的计算机技术系统。其基本功能是将表格型数据（无论它来自数据库、电子表格文件或直接在程序中输入）转换为地理图形显示，然后对显示结果浏览、操作和分析。

6.3.6　EOS 技术

EOS 也称为电子自动订货系统，是指企业间利用通讯网络（VAN 或互联网）和终端设备以在线连接（On-Line）方式进行订货作业和订货信息交换的系统。EOS 应用应具有以下前提条件：

①业务作业的标准化。这是有效利用 EOS 系统的前提条件。

②商品代码的设计。在零售行业的单品管理方式中，每一个商品品种对应一个独立的商品代码，商品代码一般采用国家统一规定的标准。对于统一标准中没有规定的商品则采用本企业自己规定的商品代码。商品代码的设计是应用 EOS 系统的基础条件。

③订货商品目录账册的做成和更新。订货商品目录账目账册的设计和运用是 EOS 系统成功的重要保证。

④计算机以及订货信息输入和输出终端设备的添置和 EOS 系统设计是应用 EOS 系统的基础条件。

⑤需要制订 EOS 系统应用手册并协调部门间、企业间的经营活动。

知识链接

配送中心的物流技术

1. 物流识别技术(条码技术)

条码在配送中心的应用非常广泛。可分为商品条码和物流条码:

商品条码:国际标准 13 码。一般印在商品上,供 EOS 和 POS 使用。

物流条码:一般将商品条码增加 1 码或 3 码变成 ITF14 码或 ITF16 码,印在纸箱上,方便扫描。应用于库存的盘点;拣货;自动分类机的识别等。

2. 电子订货系统(EOS)

电子订货系统:利用掌上型电脑与条码扫描机的结合,在零售店里将商品库存的资料扫描进来,然后再以电话或电脑向配送中心订货的系统。

订货方式有:业务员抄单,电话订货,传真订货,电子订货。

电子订货系统是华运通物流配送系统与各配送用户(连锁店或超市等)和供应商的信息高速通道,配送用户可以通过电脑网络进行订货,配送系统也可通过电脑网络直接向供应商发出进货要求。通过这种方式,配送系统可以及时了解客户的需求,并根据客户的需求向下属配送中心发布作业指令,同时根据配送中心的库存情况及时组织进货。

3. 销售点管理系统(POS)

利用电脑与扫描器的组合,装设在便利店、超市及批发店的门口的地方,通过扫描将用户购买的品种、数量、价钱等输入计算机。通过它,也可进行库存管理、自动下订单等功能操作。

另外还有下列技术:

电子数据交换(EDI);

无线电拣货技术;

数字显示拣货技术(电子标签拣货技术 CAPS 或 DPS);

C-RFID(射频识别);

D-GPS 技术;

F-POS 技术;

ERP 的接口技术。

本章小结

　　本章主要介绍配送中心信息系统的功能和作用、配送中心管理信息系统结构，以及配送中心管理信息系统技术应用。配送中心信息系统的作用主要是：业务管理、查询统计、盘点管理、库存结构分析、库存商品管理、保质期报警与查询、货位调整与查询、账目管理、条码打印。配送中心管理信息系统主要有销售出库管理系统、采购入库管理系统、财务会计管理系统、经营绩效管理系统构成。配送中心管理信息系统应用技术主要是自动识别技术、自动分拣技术、EDI 技术、GPS 技术、GIS 技术、EOS 技术。

案例　腾飞的华联

　　几年来，华联超市投资 8 000 多万元，开发和建设了庞大的计算机网络系统。公司总部的工作站已达 400 台，计算机中心与各分公司、配送中心通过专线实时联网，与800 家门店通过拨号联网，实现企业型联机事务处理。

　　1. 门店实现了计算机联网。公司的大量业务指令，如促销活动、调价信息、新品介绍、退调通知，都通过企业网及时传输到门店。

　　2. 降低商品的缺品率，提高门店销售额。计算机系统能根据门店的点菜记录和配货实绩，统计出门店验货的缺品情况；计算机系统还可以根据需要，按大类商品、按某小类商品或按采购员分别统计商品的周转期，从而有利于采购人员及时采购，做到既压缩商品周转期又降低商品的缺品率。

　　3. 使经营和促销更趋人性化。例如，在赠品的处理上，公司按照不同的赠品赠送方案，进行信息流、资金流的整合。

　　4. 配送中心全面采用计算机管理。华联超市在上海、南京和北京共建成了五座现代化管理的配送中心。特别是上海新建的占地 2.8 万 m^2 的桃浦配送中心全面采用了计算机管理，并应用先进的无线网技术，实现了无纸化收货验货、拣货理货、仓储保管盘点，成为上海乃至全国最先进的配送中心。

　　5. 科学辅助决策。为总经理室、部门经理、店长提供辅助决策依据和指导业务人员，计算机还提供了大量的业务分析界面。

　　尽管华联超市的计算机信息系统经上海市科委鉴定为"在国内处于领先地位"，但公司觉得，该信息系统的技术含量还不很高，电脑虽然代替人工完成了大量业务处理，但在有效地利用信息、为企业各级管理人员提供业务分析和决策方面，尚有大量的内容有待开发。公司的下一步工作是,建立数据仓库,开发顾客分析管理、门店自动补货、财务预决算和成本分析等子系统。

案例分析与讨论题

1. 上海华联的腾飞之翼是什么?
2. 上海华联的信息系统有什么作用?
3. 结合案例谈谈配送中心信息技术的应用前景。

复习思考题

1. 配送中心信息系统有哪些作用?
2. 配送中心信息系统主要由哪几部分构成?
3. 配送中心管理信息技术方法有哪些?
4. 自动识别技术在现代配送中主要应用于哪些方面?
5. 自动分拣技术在现代配送中主要应用于哪些方面?
6. GPS 在现代配送中主要应用于哪些方面?

第 3 篇 仓储作业管理与执行

第7章 仓储商品管理

学习目标

理解仓储作业管理的作业流程；

掌握仓储入库作业、存储作业、出库作业和装卸搬运作业的基本作业环节和操作方法。

知识点

入库作业的基本流程　在库储存保管作业的作业要求　出库作业的基本操作

案例导入

青年路储运经营公司仓储作业流程

青年路储运经营公司隶属于北京市机电设备总公司，占地面积 11 万 m^2，内有标准库房 17 栋（保温库 6 栋），库高 10 m，专门储运大型机电产品。单个库房面积从 1 080~2 480 m^2 不等，地面防潮处理较好，库内配备简单的立体货架 4 或 5 层，高约 3 m，并配有 5 t、10 t 桥式吊车，库房实行机械通风，场内有铁路专用线及其相关设备，并且有专业的消防队伍。

目前，青年路仓库作为集散型仓库，主要储存家用电器、食品、医药和装饰材料等商品。库房堆高 6~7 m。青年路仓库主要负责部分商品的储存、配送、运输作业，部分商品由商家自己负责储存、配送与运输。其主要流程包括入库验收、抽样检测、进库码垛、保管和出库等环节。

仓储作业管理是指以存储和保管活动为中心，从仓库接收商品入库开始，到按需要把商品全部完好地发送出去的全过程。

仓储作业过程主要由入库作业、保管作业及出库作业组成，按其作业顺序可详细分为接车、卸车、理货、检验、入库、储存、保管保养、装卸搬运、加工、包装和发运等作业环节。各个作业环节之间并不是孤立的，它们既相互联系，又相互制约。某一环节作业的开始要依赖于上一个环节的完成，上一个环节完成的效果也直接影响到后一环节的作业。由于仓储作业过程中，各个作业环节之间存在着内在的联系，并且需要耗费大量的人力、物力及财力,因此必须对作业流程进行细致的分析和合理有效的组织。

7.1　商品入库管理

入库作业是实现商品配送的前置工作,仓库一旦收下商品,将承担确保商品完好的全部责任。因此,入库作业管理至关重要。

7.1.1　入库作业流程

仓库入库作业也叫收货作业,是指从接到入库通知单后,经过提货、装卸搬运、检查验收、办理入库手续等一系列作业环节所构成的工作过程。通常入库作业的内容包括:从货车上将货物卸下,核对有关凭证,检验商品,办理商品入库手续等。作业流程如图7.1所示。

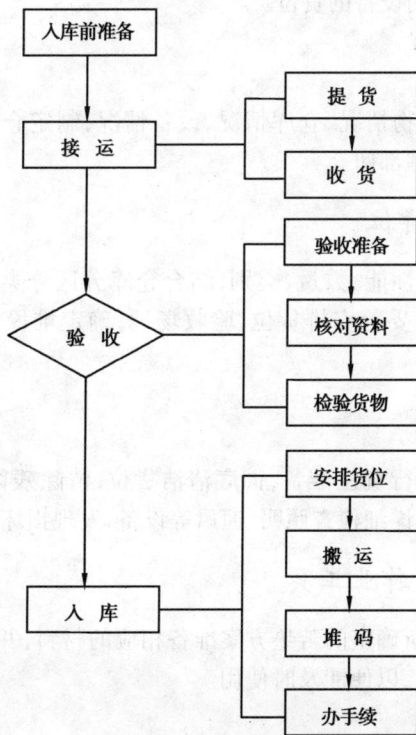

图7.1　入库作业流程图

7.1.2 入库前准备

仓库应根据仓储合同或者入库单、入库计划，及时地进行库场准备，以便货物能按时入库，保证入库过程顺利进行。仓库的入库准备需要由仓库的业务部门、仓库管理部门、设备作业部门分工合作，共同做好以下工作：

1)熟悉入库货物

仓库业务人员、管理人员应认真查阅入库货物资料，必要时向存货人询问，掌握入库货物的品种、规格、数量、包装状态、单体体积、到库确切时间、货物存期、货物的理化特性、保管的要求等，据以精确和妥善地进行库场安排和准备。

2)掌握仓库库场情况

了解在货物入库期间、保管期间仓库的仓容、设备、人员的变动情况，以便安排工作。必要时对仓库进行清查，清理归位，以便腾出仓容。对于必须使用重型设备操作的货物，一定要确保可使用设备的货位。

3)制定仓储计划

仓储业务部门根据货物情况、仓库情况、设备情况，制定仓储计划，并将任务下达到各相应的作业单位、管理部门。

4)仓库妥善安排货位

仓库部门根据货物的性能、数量、类别，结合仓库分区分类保管的要求，核算货位大小；根据货位使用原则，妥善安排货位，验收场地，确定堆垛方法、苫垫方案等准备工作。

5)作好货位准备

仓库保管员要及时进行货位准备，彻底清洁货位，清除残留物，清理排水管道，必要时安排消毒除虫、铺地；详细检查照明、通风等设备，发现损坏及时通知修理。

6)准备苫垫材料、作业工具

在货物入库前，根据所确定的苫垫方案准备相应的材料，并组织衬垫铺设作业，将作业所需的用具准备妥当，以便能及时使用。

7)验收准备

仓库理货人员根据货物情况和仓库管理制度，确定验收方法；准备验收所需的点数、称量、测试、开箱装箱、丈量、移动照明等工具。

8）文件单证准备

仓库保管员对货物入库所需的各种报表、单证、记录簿,如入库记录、理货检验单、料卡、残损卡等预填妥善,以备使用。

应注意的问题是:由于不同仓库、不同货物,业务性质不同,入库准备工作有所差别,需要根据具体情况和仓库制度作好充分准备。

7.1.3 **商品接运**

由于货物到达仓库的形式不同,除了一小部分由供货单位直接运到仓库交货外,大部分要经过铁路、公路、航运、空运和短途运输等运输工具转运。凡经过交通运输部门转运的商品,都必须经过仓库接运后,才能进行入库验收。因此,货物的接运是入库业务流程的第一道作业环节,也是仓库直接与外部发生的经济联系。它的主要任务是及时而准确地向交通运输部门提取入库货物,要求手续清楚,责任分明,为仓库验收工作创造有利条件。由于接运工作是仓库业务活动的开始,如果接收了损坏的或错误的商品,那将直接导致商品出库装运时出现差错。商品接运是商品入库和保管的前提,接运工作完成的质量直接影响商品的验收和入库后的保管保养。因此,在接运由交通运输部门(包括铁路)转运的商品时,必须认真检查,分清责任,取得必要的证件,避免将一些在运输过程中或运输前就已经损坏的商品带入仓库,造成验收中责任难分和在保管工作中的困难或损失。

做好商品接运业务管理的主要意义在于,防止把在运输过程中或运输之前已经发生的商品损害和各种差错带入仓库,减少或避免经济损失,为验收和保管保养创造良好的条件。

商品接运的主要方式有:

1）车站、码头提货

这是由外地托运单位委托铁路、水运、民航等运输部门或邮局代运或邮递货物到达本埠车站、码头、民航站、邮局后,仓库依据货物通知单派车提运货物的作业活动。此外,在接受货主的委托,代理完成提货、末端送货活动的情况下,也会发生到车站、码头提货的作业活动。这种到货提运形式大多是提取零担托运、到货批量较小的货物。

提货人员对所提取的商品应了解其品名、型号、特性和一般保管知识以及装卸搬运注意事项等,在提货前应做好接运货物的准备工作,例如装卸运输工具、存放商品的场地等。提货人员在到货前,应主动了解到货时间和交货情况,根据到货多少,组织装卸人员、机具和车辆,按时前往提货。

提货时应根据运单以及有关资料详细核对品名、规格、数量,并要注意商品外观,查看包装、封印是否完好,有无沾污、受潮、水渍、油渍等异状。若有疑点或不符,应当场要求运输部门检查。对短缺损坏情况,凡属铁路方面责任的,应作出商务记录;属于其他方面责任需要铁路部门证明的应作出普通记录,由铁路运输员签字。注意记录内容与实际情况要相符。

在短途运输中,要做到不混不乱,避免碰坏损失。危险品应按照危险品搬运规定办理。

商品到库后,提货员应与保管员密切配合,尽量做到提货、运输、验收、入库、堆码成一条龙作业,从而缩短入库验收时间,并办理内部交接手续。

2)到货主单位提取货物

这是仓库受托运方的委托,直接到供货单位提货的一种形式。其作业内容和程序主要是当货栈接到托运通知单后,作好一切提货准备,并将提货与物资的初步验收工作结合在一起进行。最好在供货人员在场的情况下,当场进行验收。因此,接运人员要按照验收注意事项提货,必要时可由验收人员参与提货。

3)铁路专用线到货接运

这是指仓库备有铁路专用线,大批整车或零担到货接运的形式。一般铁路专线都与公路干线联合。在这种联合运输形式下,铁路承担主干线长距离的货物运输,汽车承担直线部分的直接面向收货方的短距离的运输。

接到专用线到货通知后,应立即确定卸货货位,力求缩短场内搬运距离;组织好卸车所需要的机械、人员以及有关资料,作好卸车准备。

车皮到达后,引导对位,进行检查。看车皮封闭情况是否良好(即卡车、车窗、铅封、苫布等有无异状),根据运单和有关资料核对到货品名、规格、标志和清点件数,检查包装是否有损坏或有无散包,检查是否有进水、受潮或其他损坏现象。在检查中发现异常情况,应请铁路部门派员复查,作出普通或商务记录。记录内容应与实际情况相符,以便交涉。

卸车时要注意为商品验收和入库保管提供便利条件,分清车号、品名、规格,不混不乱;保证包装完好,不碰坏,不压伤,更不得自行打开包装。应根据商品的性质合理堆放,以免混淆。卸车后在商品上应标明车号和卸车日期。

编制卸车记录,记明卸车货位规格、数量,连同有关证件和资料,尽快向保管员交代清楚,办好内部交接手续。

4)托运单位送货到库接货

这种接货方式通常是托运单位与仓库在同一城市或相距附近,不需要长途运输时被采用。其作业内容和程序是:当托运方送货到货栈后,根据托运单(需要现场办理托运手续先办理托运手续)当场办理接货验收手续,检查外包装,清点数量,做好验收记录。如有质量和数量问题托运方应在验收记录上签证。

7.1.4 商品入库验收

凡商品进入仓库储存,必须经过检查验收,只有验收后的商品,方可入库保管。货物入库验收是仓库把好"三关"(入库、保管、出库)的第一道,抓好货物入库质量关,能防止劣质商品流入流通领域,划清仓库与生产部门、运输部门以及供销部门的责任界线,也为货物在库场中的保管提供第一手资料。

1)商品验收的作用

通过验收不仅可以防止仓库和货主遭受不必要的经济损失,同时也可以对供货单位的产品质量和承运部门的服务质量进行监督。具体表现为:

①入库验收可为商品保管和使用提供可靠依据。
②验收记录是货主退换货和索赔的依据。
③验收是避免商品积压、减少经济损失的重要手段。
④验收有利于维护国家利益。

2)商品验收的基本要求

(1)及时

到库商品必须在规定的期限内完成验收入库工作。这是因为商品虽然到库,但未经过验收没有入账,不算入库,不能供应给用料单位。只有及时验收,尽快提出检验报告,才能保证商品尽快入库入账,满足用料单位的需求,加快商品和资金的周转。同时商品的托收承付和索赔都有一定的期限,如果验收时发现商品不合规定要求,要提出退货、换货或赔偿等请求,均应在规定的期限内提出。否则,供方或责任方不再承担责任,银行也将办理拒付手续。

(2)准确

验收应以商品入库凭证为依据,准确地查验入库货物的实际数量和质量状况,并通过书面材料准确地反映出来。做到货、账、卡相符,提高账货相符率,降低收货差错率,提高企业的经济效益。

(3)严格

仓库的各方都要严肃认真地对待商品验收工作。验收工作的好坏直接关系到国家和企业的利益,也关系到以后各项仓储业务的顺利开展。因此,仓库领导应高度重视验收工作,直接参与验收的人员要以高度负责的精神来对待这项工作,明确每批商品验收的要求和方法,并严格按照仓库验收入库的业务操作程序办事。

(4)经济

商品在验收时,多数情况下,不但需要检验设备和验收人员,而且需要装卸搬运机具和设备以及相应工种工人配合。这就要求各工种密切协作,合理组织调配人员与设备,以节省作业费用。此外在验收工作中,尽可能保护原包装,减少或避免破坏性试验,也是提高作业经济性的有效手段。

3)商品验收的标准

商品要达到公司的验收要求才允许入库,因而验收即要求商品符合预定的标准。验收商品时,可根据以下几项标准进行检验:

①采购合约或订购单所规定的条件。

②采购合约中的规格或图解。

③以比价或议价时的合格样品为依据。

④各种产品的国家品质标准。

4)商品验收的方式

仓储的货品往往整批连续到库,而且花色、品种、规格又常常复杂多样,如果在短时间内全部件件细验有很大困难,而且没有必要。为了及时、准确地验收,在收货时,除了全面检查大件数及包装标志与入库凭证是否相符、外包装有无异常外,商品验收方式分为全验和抽验两种类型。

(1)验收方式

在进行数量和外观验收时一般要求全验。在质量验收时,当批量小、规格复杂、包装不整齐或者要求严格验收时可以采用全验。全验需要大量的人力、物力和时间,但是可以保证验收的质量。

在批量大、规格和包装整齐、存货单位的信誉较高或验收条件有限的情况下,通常采用抽验的方式。商品质量和储运管理水平的提高以及数量统计方法的发展,为抽验方式提供了物质条件和理论依据。

(2)合理确定验收比率

对于货品包装内的数量和质量,往往采用抽验的方法,规定一个合理的抽验比率。

目前仓库普遍采用的方法是按照感官取得的经验来确定验收比率。确定验收比率主要依据下列条件:

①商品的性质。各种商品都具有一定的特点,对容易破碎、易腐烂变质、易虫蛀鼠咬、易挥发减量的货物,验收比率应定得大一些;反之,验收比率可以定得小一些。

②商品的价值。贵重货物,如价值高的精密仪器、名贵中药材等,入库时验收比率应大一些,甚至要全验。一般价值较低、数量较大的货物可以少验。

③生产技术条件。对生产技术条件好、工艺水平高、产品质量稳定的可以少验;反之,则需多验。

④供货单位的信誉。对于历来重视产品质量、按标准严格检验产品质量,甚至采取了保修、包换、包退措施以及仓库在长期的入库验收中,没有发现其不符合质量标准及数量短少现象的供货单位,其货品入库时可少验,甚至免验;而对信誉较差的则应多验。

⑤包装情况。包装材料差,包装技术水平低,包装不牢固,都会直接影响商品质量。在运输、装卸搬运过程中容易造成散失、短少或损坏的商品应多验;而对外包装质量完好,内部衬垫密实的商品可适当少验。

⑥运输条件。商品在运输过程中,其运输过程中的长短、中转环节的多少、时间的长短以及使用运输工具的种类等,对商品质量都有不同程度的影响。因此,入库验收时,应分不同情况确定验收比率。

5)商品的验收程序

商品验收包括验收准备、核对凭证、确定验收比例、实物检验、完成验收报告以及对验收中发现的问题的处理。

(1)验收准备

验收准备是货物入库验收的第一道程序。仓库接到到货通知后,应根据商品的性质和批量提前做好验收的准备工作,包括以下内容:

①全面了解验收物资的性能、特点和数量,根据其需求确定存放地点、垛形和保管方法。

②准备堆码苫垫所需材料和装卸搬运机械、设备及人力,以便使验收后的货物能及时入库保管存放,减少货物停顿时间;若是危险品则需要准备防护设施。

③准备相应的检验工具,并作好事前检查,以保证验收数量准确和质量可靠。

④收集和熟悉验收凭证及有关资料。

⑤进口物资或上级业务主管部门指定需要检验质量的,应通知有关检验部门会同验收。

(2)核对凭证

入库商品须具备下列凭证:

①货主提供的入库通知单和订货合同副本,这是仓库接收商品的凭证;

②供货单位提供的验收凭证,包括材质证明书、装箱单、磅码单、发货明细表、说明书、保修卡及合格证等;

③承运单位提供的运输单证,包括提货通知单和登记货物残损情况的货运记录、普通记录以及公路运输交接单等,作为向责任方进行交涉的依据。

核对凭证,就是将上述凭证加以整理后全面核对。入库通知单、订货合同要与供货单位提供的所有凭证逐一核对,相符后,才可以进入下一步的实物检验;如果发现有证件不齐或不符等情况,要与存货、供货单位及承运单位和有关业务部门及时联系解决。

(3)检验货物

检验货物是仓储业务中的一个重要环节,包括检验数量、检验外观质量和检验包装三方面的内容,即复核货物数量是否与入库凭证相符,货物质量是否符合规定的要求,货物包装能否保证在储存和运输过程中的安全。

①数量检验。数量检验是保证物资数量准确不可缺少的措施。要求物资入库时一次进行完毕。一般在质量验收之前,由仓库保管职能机构组织进行。按商品性质和包装情况,数量检验分为三种形式,即计件、检斤、检尺求积。

A.计件法:是对按件数供货或以件数为计量单位的商品进行数量验收时清点件数的方法。计件商品应全部清查件数(带有附件和成套的机电设备须清查主件、部件、零件和工具等)。固定包装的小件商品,如包装完好,打开包装对保管不利,国内货物可采用抽验法,按一定比例开箱点件验收,可抽验内包装 5% ~ 15%。其他只检查外包装,不拆包检查。贵重商品应酌情提高检验比例或全部检验。进口商品则按合同或惯例办理。

B.检斤法:是对按重量供货或以重量为计量单位的商品进行数量验收时称重的方法。商品的重量一般有毛重、皮重、净重之分。毛重是指商品重量包括包装重量在内的实重;净重是指商品本身的重量,即毛重减去皮重。我们通常所说的商品重量多是指商品的净重。

金属材料、某些化工产品多半是检斤验收。按理论换算重量的商品,先要通过检尺,例如金属材料中的板材、型材等,然后按规定的换算方法换算成重量验收。对于进口商品,原则上应全部检斤,但如果订货合同规定按理论换算重量交货,则按合同规定办理。所有检斤的商品,都应填写磅码单。

C.检尺求积法:是对以体积为计量单位的商品,例如木材、竹材、沙石等,先检尺,后求体积的数量验收方法。

凡是经过数量检验的商品,都应该填写磅码单。在作数量验收之前,还应根据商品来源、包装好坏或有关部门规定,确定对到库商品是采取抽验还是全验方式。

知识链接

分批清点

分批清点是对包装规则、批量不大的货物进行验收入库时,将物品按行、列或层堆码,每行、每层或每列堆码的件数相同,清点完毕后,再统一计数。标记件数是在清点检验大批量货物入库时,对每一定件数的货物作出标记,待全部清点完毕,再按标记计算总的数量。定额装载的方法主要用来清点包装规则、批量大的商品,可以用托盘、平板车等装载工具实行定额装载,最后计算入库物品的件数。

②质量检验。质量检验包括外观检验、尺寸检验、机械物理性能检验和化学成分检验四种形式。仓库一般只作外观检验和尺寸精度检验,后两种检验如果有必要,则由仓库技术管理职能机构取样,委托专门检验机构检验。

下面以外观质量检验为例进行说明。

外观检验是指通过人的感觉器官检查商品外观质量的检查过程。主要检查货物的自然属性是否因物理及化学反应而造成负面的改变。是否受潮、沾污、腐蚀、霉烂等;检查商品包装的牢固程度;检查商品有无损伤,例如撞击、变形、破碎等。对外观检验有严重缺陷的商品,要单独存放,防止混杂,等待处理。凡经过外观检验的商品,都应该填写"检验记录单"。

外观检验的基本要求是:凡是通过人的感觉器官检验商品后,就可决定商品质量的,由仓储业务部门自行组织检验,检验后作好商品的检验记录;对于一些特殊商品,则由专门的检验部门进行化验和技术测定。验收完毕后,应尽快签返验收入库凭证,不能无故积压单据。

知识链接

商品重量检验

商品的重量一般有毛重、皮重、净重之分。毛重是指商品包括包装在内的实重,皮重主要指包装重量,净重是指商品本身的重量即毛重减去皮重的余数。通常所说的商品重量是指商品的净重。验收是否合格,是根据验收的磅差率进行比较,验收的磅差率未超出允许磅差范围,说明该批商品合格;若磅差率超出允许磅差率范围,则说明该批商品不合格。磅差是指由于地区的地心引力差异、磅秤精度差异以及运输装卸损耗等各种因素造成的。抄码重量是指商品的条码和标记等上面所标明的商品重量,一般在商品上已经标出,适合定量商品。

③包装检验。物资包装的好坏、干潮直接关系着物资的安全储存和运输,所以对物资的包装要进行严格验收。凡是产品合同对包装有具体规定的要严格按规定验收,如箱板的厚度,打包铁腰的层数,纸箱、麻包的质量等。对于包装的干潮程度,一般是用眼看、手摸的方法进行检查验收。

(4)验收中发现问题的处理

在物品验收过程中,如果发现物品数量或质量问题,应该严格按照有关制度进行处理。验收过程中发现的数量和质量问题可能发生在各个流通环节,可能是由于供货方或交通运输部门或收货方本身的工作造成的。按照有关规章制度对问题进行处理,有利于分清各方的责任,并促使有关责任部门吸取教训,改进今后的工作。所以对验收过程发现的问题进行处理时应该注意以下几个方面:

①在物品入库凭证未到齐之前不得正式验收。如果入库凭证不齐或不符,仓库有权拒收或暂时存放,待凭证到齐再验收入库。

②发现物品数量或质量不符合规定,要会同有关人员当场作出详细记录,交接双方应在记录上签字。如果是交货方的问题,仓库应该拒绝接收。如果是运输部门的问题就应该提出索赔。

③在数量验收中,计件物品应及时验收,发现问题要按规定的手续,在规定的期限内向有关部门提出索赔要求。否则超过索赔期限,责任部门对形成的损失将不予负责。

7.1.5　商品入库交接

入库物品经过点数、查验之后，可以安排卸货、入库堆码，表示仓库接受物品。在卸货、搬运、堆垛作业完毕后，与送货人办理交接手续，并建立仓库台账。

1）交接手续

交接手续是指仓库对收到的物品向送货人进行的确认，表示已接受物品。办理完交接手续，意味着划清运输、送货部门和仓库的责任。完整的交接手续包括：

①接受物品。仓库通过理货、查验物品，将不良物品剔出、退回或者编制残损单证等明确责任，确定收到物品的确切数量、物品表面状态良好。

②接受文件。接受送货人送交的物品资料、货运记录、普通记录等，以及随货的在运输单证上注明的相应文件，如图纸、准运证等。

③签署单证。仓库与送货人或承运人共同在送货人交来的送货单、交接清单（见表7.1）上签字。各方签署后留存相应单证。提供相应的入库、查验、理货、残损单证、事故报告由送货人或承运人签署。

表 7.1　到接货交接单

收货人	发站	发货人	品名	标记	单位	件数	重量	车号	运单号	货位	合同号
备注											

送货人　　　　　　　　　　　接收人　　　　　　　　　　　经办人

2）登账

物品入库，仓库应建立详细反映物品仓储的明细账，登记物品入库、出库、结存的详细情况，用以记录库存物品动态和入出库过程。

登账的主要内容有：物品名称、规格、数量、件数、累计数或结存数、存货人或提货人、批次、金额，注明货位号或运输工具、接（发）货经办人。

3）立卡

物品入库或上架后，将物品名称、规格、数量或出入状态等内容填在料卡上，称为立卡。料卡又称为货卡、货牌，插放在货架上物品下方的货架支架上或摆放在货垛正面明显位置。如表7.2所示。

表 7.2 进销存卡

货品名称：　　　　　规格：　　　　单位：　　　　单价：

年		送货(提货)单位	入库	出库	库存	经手人
月	日					

4) 建档

仓库应对所接收仓储的货物或者委托人建立存货档案或者客户档案,以便货物管理和与客户保持联系,同时有助于总结和积累仓库保管经验,研究仓储管理规律。

存货档案应该一货一档设置,将该货物入库、保管、交付的相应单证、报表、记录、作业安排等资料的原件或者复印件存档。存货档案应统一编号,妥善保管,长期保存。存货档案的内容如下：

①货物的各种技术资料、合格证、装箱单、质量标准、送货单、发货清单等。

②货物运输单据、货运记录、残损记录、装载图等。

③入库通知单、验收记录、磅码单、技术检验报告。

④保管期间的检查、保养作业、通风除湿、翻仓、事故等直接操作记录。

⑤存货期间的温度、湿度、特殊天气的记录等。

⑥交接签单、检查报告等。

⑦回收的仓单、货垛牌、仓储合同、存货计划、收费存根等。

⑧其他有关该货物的仓储保管的特别文件和报告记录。

7.2　商品在库管理

商品经过入库作业后进入在库存储作业环节。存储作业的主要任务是妥善保存商品,合理利用存储空间,有效利用劳动力和设备,安全经济地搬运商品,对存货进行科学管理。

知识链接

配合储存作业的处理方式

配合储存作业的处理方式是指仓储企业储存物品形式(有托盘、箱子和小包三种形式)与货车进货时的三种形式相配合。第一种情况是进货时托盘、箱子和小包都是以原封不动的形式转入储存区,进货输送机可以直接把物品运到储存区;第二种情况是储存要求将托盘和箱子拆装为小包的形式放在输送机上进入储存区;第三种情况是储存要求将进货时的小包或箱子堆放在托盘上再储存。

7.2.1 储位管理

1)分区分类规划

分区分类规划是指按照库存物品的性质划分出类别,根据各类物品存储量的计划任务,结合各种库房、货场、起重运输设备的具体条件,确定出各库房和货场的分类存储方案。

(1)分区分类规划的方法

①按库存物品理化性质不同进行规划。即按照库存物品的理化性质进行分类管理,如化工品区、纺织品区、金属材料区、冷藏品区等。在这种分类方式下,理化性质相同的物品集中堆放,便于仓库对库存物品采取相应的养护措施,同时还便于对同种库存物品进行清仓盘点。

②按库存物品的使用方向或按货主不同进行规划。即根据物品的所有权关系来进行分区分类管理,以便于仓库发货或货主提货。但这种方式非常容易造成货位的交叉占用,以及物品间相互产生影响。

③混合货位规划。即综合考虑按理化性质分类和按使用方向分类的优缺点,对通用物品按理化性质分类保管,对于专用物品则按使用方向分类保管。

(2)分区分类规划的原则

分区分类规划的基本原则是:存放在同一货区的物品必须具有互容性;保管条件不同的物品不应混存;作业手段不同的物品不应混存;灭火措施不同的物品决不能混存。

2)货位管理

进入仓库中储存的每一批物品在其理化性质、来源、去向、批号、保质期等各方面都有独特的特性,仓库要为这些物品确定一个合理的货位,既要保证保管的需要,更要便于仓库的作业和管理。仓库需要按照物品自身的理化性质和储存要求,根据分库、分区、分类的原则,将物品按固定区域与位置存放。此外还应进一步在定置区域内,以物品材质和型号规格等系列,按一定顺序依次存放。货位管理的基本步骤如图7.2所示。

3)货位的存货方式

货位存货方式主要分为固定型和流动型两种。

（1）固定型

固定型是一种利用信息系统事先将货架进行分类、编号,并贴付货架代码,对各货架内装置的物品事先加以确定的货位存货方式。

在固定型管理方式下,各货架内装载的物品是长期一致的,这样从事物品备货作业较为容易,同时信息管理系统的建立也较为方便。这是因为只要第一次将货架编号以及物品代码输入计算机,就能很容易地掌握物品出入库动态,从而省去了不断进行库存统计的繁琐业务。与此同时,在库存发出以后,利用信息系统能很方便地掌握账目以及实际的剩余在库量,及时补充库存。

（2）流动型

流动型指所有物品按顺序摆放在空的货架中,不事先确定各类物品专用的货架。

流动型管理方式由于各货架内装载的物品是不断变化的,在物品变更登录时出差错的可能性较高。

固定型场所管理方式尽管具有准确性和便利性等优点,但是,它也有某些局限性,也就是说,固定型管理和流动型管理各有一定的适用范围。一般来讲,固定型管理适用于非季节性物品,重点客户的物品,以及库存物品种类比较多且性质差异较大的情况;而季节性物品或物流量变化剧烈的物品,由于周转较快,出入库频繁,则流动型管理更为适用。

储存目标
储存策略
储存形式

```
┌──────────────┐
│  确定存储条件  │
└──────────────┘
     空间评估
     规划设计
┌──────────────┐
│  规划存储空间  │
└──────────────┘
     设备选型
     成本评估
┌──────────────────┐
│  确定位置和作业方式  │
└──────────────────┘
     分区编码
     分类编码
     地址确认
┌──────────────┐
│  进行货位编号  │
└──────────────┘
     电脑分配
     人工调整
┌──────────────────┐
│  确定货位分配方式  │
└──────────────────┘
     自动控制
     表单应用
┌──────────────────┐
│  货位管理与维护  │
└──────────────────┘
     定期检查
     随机检查
┌──────────────┐
│   检查改善    │
└──────────────┘
```

图 7.2　货位管理的基本步骤

7.2.2　仓库货区布局

仓库货区布局是指根据仓库场地条件、仓库业务性质和规模、物资储存要求以及技术设备的性能和使用特点等因素,对仓库各组成部分,如存货区、理货区、配送备货区、通道以及辅助作业区等,在规定的范围内进行平面和立体的合理安排和布置,最大限度地提高仓库的储存能力和作业能力,并降低各项仓储作业费用。仓库的货区布局和规划,是仓储业务和仓库管理的客观需要,其合理与否直接影响到各项工作的效率

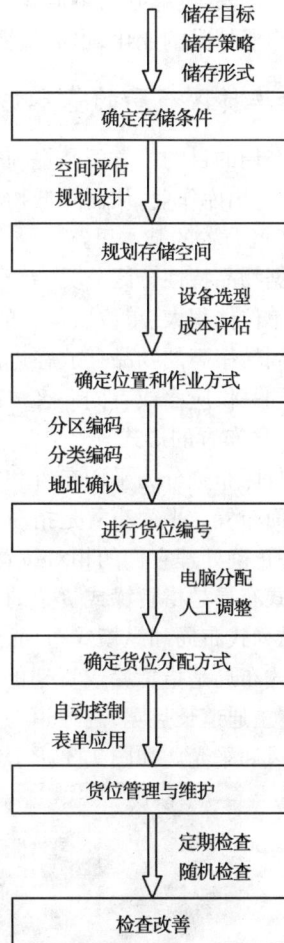

和储存物资的安全。因此,不但建设新仓库时要重视仓库货区的合理布置,随着技术的进步和作业情况的变化,也应重视对老仓库进行必要的改造。

1)仓库货区布局的基本形式

货区布局的目的一方面是提高仓库平面和空间利用率,另一方面是提高物品保管质量,方便进出库作业,从而降低物品的仓储处置成本。

（1）货区布置的基本思路

①根据物品特性分区分类储存,将特性相近的物品集中存放。

②将单位体积大、单位质量大的物品存放在货架底层,并且靠近出库区和通道。

③将周转率高的物品存放在进出库装卸搬运最便捷的位置。

④将同一供应商或者同一客户的物品集中存放,以便于进行分拣配货作业。

（2）货区布置的形式

仓库货区布置分为平面布置和空间布置。

①平面布置。平面布置是指对货区内的货垛、通道、垛间距、收发货区等进行合理的规划,并正确处理它们的相对位置。平面布置的形式可以概括为垂直式和倾斜式。

垂直式布局是指货垛或货架的排列与仓库的侧墙互相垂直或平行,具体包括横列式布局、纵列式布局和纵横式布局。

横列式布局是指货垛或货架的长度方向与仓库的侧墙互相垂直。这种布局的主要优点是:主通道长且宽,副通道短,整齐美观,便于存取查点,如果用于库房布局,还有利于通风和采光。如图7.3所示。

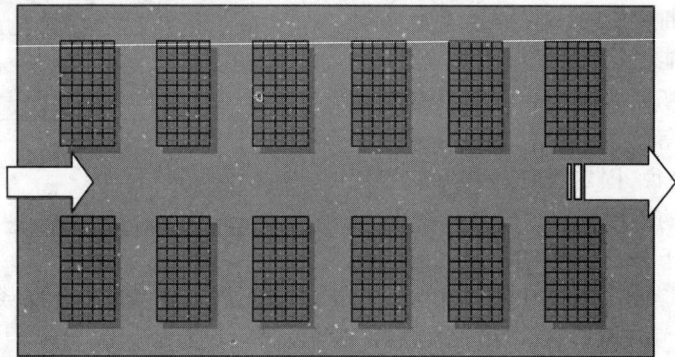

图7.3　仓库横列式布置

纵列式布置是指货垛或货架的长度方向与仓库侧墙平行。这种布局的优点主要是:可以根据库存物品在库时间的不同和进出频繁程度安排货位,在库时间短、进出频繁的物品放置在主通道两侧;在库时间长、进库不频繁的物品放置在里侧。如图7.4所示。

纵横式布局是指在同一保管场所内,横列式布局和纵列式布局兼而有之,可以综

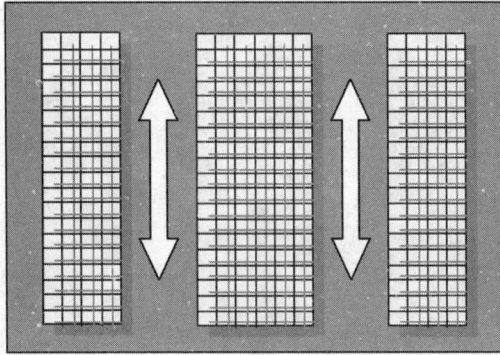

图7.4 仓库纵列式布局

合利用两种布局的优点。如图7.5所示。

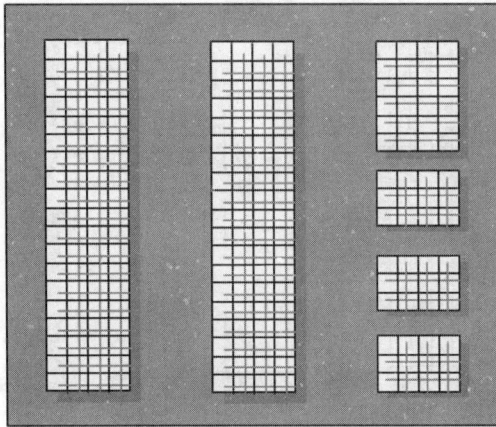

图7.5 纵横式布局

　　倾斜式布局是指货垛或货架与仓库侧墙或主通道成60°,45°或30°夹角。具体包括货垛倾斜式布局和通道倾斜式布局。

　　货垛倾斜式布局是横列式布局的变形,它是为了便于叉车作业、缩小叉车的回转角度、提高作业效率而采用的布局方式。如图7.6所示。

　　通道倾斜式布局是指仓库的通道斜穿保管区,把仓库划分为具有不同作业特点的保管区,如大量存储和少量存储的保管区等,以便进行综合利用。这种布局形式,仓库内形式复杂,货位和进出库路径较多。如图7.7所示。

　　②空间布局。空间布局是指库存物品在仓库立体空间上的布局,其目的在于充分有效地利用仓库空间。空间布局的主要形式有:就地堆码、上货架存放、加上平台、空中悬挂等。其中使用货架存放物品有很多优点,概括起来有以下几个方面:

　　A.便于充分利用仓库空间,提高库容利用率,扩大存储能力;

　　B.物品在货架里互补挤压,有利于保证物品本身和其包装完整无损;

图7.6 货垛倾斜式布局

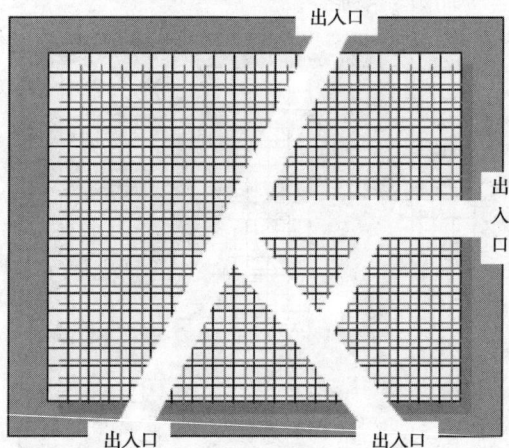

图7.7 通道倾斜式布局

C.货架各层中的物品,可随时自由存取,便于做到先进先出;

D.物品存入货架,可防潮、防尘,某些专用货架还能起到防损伤、防盗、防破坏的作用。

2)非保管场所布置

仓库库房内货架和货垛所占的面积为保管面积或使用面积,其他则为非保管面积。应尽量扩大保管面积,缩小非保管面积。非保管面积包括通道、墙间距、收发货区、仓库人员办公地点等。

(1)通道

库房内的通道分为运输通道(主通道)、作业通道(副通道)和检查通道。

运输通道供装卸搬运设备在库内行走,其宽度主要取决于装卸搬运设备的外形尺寸和单元装载的大小。运输通道的宽度一般为1.5~3 m。如果使用叉车作业,其通道

宽度可以通过计算求得。当单元装载的宽度不太大时,可利用下式计算:

$$A = P + D + L + C$$

式中　A——通道宽度;

　　　P——叉车外侧转向半径;

　　　D——货物至叉车驱动轴中心线的间距;

　　　L——货物长度;

　　　C——转向轮滑行的操作余量。

作业通道是供作业人员存取搬运物品的走行通道。其宽度取决于作业方式和货物的大小。当通道内只有一人作业时,其宽度可按下式计算:

$$a = b + l + 2c$$

式中　a——作业通道的宽度;

　　　b——作业人员身体的厚度;

　　　l——货物的最大长度;

　　　c——作业人员活动余量。

一般情况下,作业通道的宽度为 1 m 左右。

检查通道是供仓库管理人员检查库存物品的数量及质量走行的通道,其宽度只要能使检查人员自由通行即可,一般为 0.5 m 左右。

(2)墙间距

墙间距的作用一方面是使货物和货架与库墙保持一定的距离,避免物品受库外温湿度的影响,同时也可作为检查通道和作业通道。墙间距一般宽度为 0.5 m 左右,当兼作作业通道时,其宽度需增加一倍。

(3)收发货区

收发货区是供收货、发货时临时存放物品的作业用地。收发货区的位置应靠近库门和运输通道,可设在库房的两端或适中的位置,并要考虑到收货发货互不干扰。收发货区面积的大小,则应根据一次收发批量的大小、物品规格品种的多少、供货方和用户的数量、收发作业效率的高低、仓库的设备情况、收发货的均衡性、发货方式等情况确定。

(4)库内办公地点

仓库管理人员需要一定的办公地点,可设在库内也可设在库外。总的说来,管理人员的办公室设在库内特别是单独隔成房间是不合理的,既不经济又不安全。所以办公地点最好设在库外。

7.2.3　物品堆码

物品堆码是指根据物品的包装、外形、性质、特点、种类和数量,结合季节和气候情况,以及储存时间的长短,将物品按一定的规律码成各种形状的货垛。堆码的主要目的是便于对物品进行维护、查点等管理和提高仓库利用率。

1）堆码的基本原则和基本要求

（1）堆码的基本原则

①分类存放。分类存放是仓库储存规划的基本要求，是保证物品质量的重要手段，因此也是堆码需要遵循的基本原则。其具体要求如下：

不同类别的物品分类存放，甚至需要分区分库存放；

不同规格、不同批次的物品也要分位、分堆存放；

残损物品要与原货分开；

对于需要分拣的物品，在分拣之后，应分位存放，以免混串。

此外，分类存放还包括不同流向物品、不同经营方式物品的分类分存。

②选择适当的搬运活性。为了减少作业时间、次数，提高仓库物流速度，应该根据物品作业的要求，合理选择物品的搬运活性。对搬运活性高的入库存放物品，也应注意摆放整齐，以免堵塞通道，浪费仓容。

③面向通道，不围不堵。货垛以及存放物品的正面，尽可能面向通道，以便察看。另外，所有物品的货垛、货位都应有一面与通道相连，处在通道旁，以便能对物品进行直接作业。只有在所有的货位都与同道相同时，才能保证不围不堵。

（2）商品堆码操作要求

①牢固。操作工人必须严格遵守安全操作规程，防止建筑物超过安全负荷量。码垛必须不偏不斜，不歪不倒，牢固坚实，与屋顶、梁柱、墙壁保持一定的距离，确保堆垛的安全和牢固。

②合理。不同商品其性能、规格、尺寸不相同，应采用各种不同的垛形。不同品种、产地、等级、批次、单价的商品，应分开堆码，以便收发、保管。货垛的高度要适度，不能压坏底层商品和地坪，并与屋顶、照明灯保持一定距离为宜；货垛的间距、走道的宽度、货垛与墙面、梁柱的距离等，都要合理、适度。垛距一般为 0.5 ~ 0.8 m，主要通道为 2.5 ~ 4 m。

③整齐。货垛应按一定的规格、尺寸叠放，排列整齐、规范。商品包装标识应一律向外，便于查找。

④定量。商品储存量不应超过仓储定额，即应储存在仓库的有效面积、地坪承压能力和可用高度允许的范围内。同时，应尽量采用"五五化"堆码方法，便于记数和盘点。

⑤节约。堆垛时应注意节省空间位置，适当、合理地安排货位的使用，提高仓容利用率。

2）堆垛设计的内容

（1）货垛"五距"要求

货垛"五距"应符合安全规范要求。货垛的"五距"指的是垛距、墙距、柱距、顶距和灯距。堆垛货垛时,不能依墙、靠柱、碰顶、贴灯;不能紧挨旁边的货垛,必须留有一定的间距。无论采用哪一种垛型,房内必须留出相应的走道,方便商品的进出和消防作业。

①垛距。货垛与货垛之间的必要距离,称为垛距。常以支道作为垛距。垛距能方便存取作业,起通风、散热的作用,方便消防工作。库房垛距一般为 0.3~0.5 m,货场垛距一般不少于 0.5 m。

②墙距。为了防止库房墙壁和货场围墙上的潮气对商品产生影响,也为了散热通风、消防工作、建筑安全、收发作业,货垛必须留有墙距。墙距可分为库房墙距和货场墙距,其中,库房墙距又分为内墙距和外墙距。内墙距是指货物离没有窗户墙体的距离,此处潮气相对少些,一般距离为 0.1~0.3 m;外墙距是指货物离有窗户墙体的距离,这里湿度相对大些,一般距离为 0.1~0.5 m。

③柱距。为了防止库房柱子的潮气影响货物,也为了保护仓库建筑物的安全,必须留有柱距。柱距一般为 0.1~0.3 m。

④顶距。货垛堆放的最大高度与库房、货棚屋顶横梁间的距离,称为顶距。顶距能便于装卸搬运作业,能通风散热,有利于消防工作,有利于收发、查点。顶距一般为 0.5~0.9 m,具体视情况而定。

⑤灯距。货垛与照明灯之间的必要距离,称为灯距。为了确保储存商品的安全,防止照明灯发出的热量引起靠近的商品燃烧而发生火灾,货垛必须留有足够的安全灯距。灯距按规定应有不少于 0.5 m 的安全距离。

(2)堆码设计

为了达到堆码的基本要求,必须根据保管场所的实际情况、物品本身的特点、装卸搬运条件和技术作业过程的要求,对物品堆垛进行总体设计。设计的内容包括垛基、垛形、货垛参数、堆码方式、货垛苫盖、货垛加固等。

①垛基。垛基是货垛的基础,其主要作用是:承受整个货垛的重量,将物品的垂直压力传递给地基;将物品与地面隔开,起防水、防潮和通风的作用;垛基空间为搬运作业提供方便条件。因此,对垛基的基本要求是:将整垛货物的重量均匀地传递给地坪,保证良好的防潮和通风,保证垛基上存放的物品不发生变形。

②垛形。垛形是指货垛的外部轮廓形状。按垛底的平面形状可以分为矩形、正方形、三角形、圆形、环形等;按货垛立面的形状可以分为矩形、正方形、三角形、梯形、半圆形。另外,还可组成矩形-三角形、矩形-梯形、矩形-半圆形等复合形状。如图 7.8 所示。

不同立面的货垛都有各自的特点。矩形、正方形垛易于堆码,便于盘点计数,库容整齐,但随着堆码高度的增加货垛稳定性就会下降。梯形、三角形和半圆形垛的稳定性好,便于苫盖,但是不便于盘点计数,也不利于仓库空间的利用。矩形-三角形等复合货垛恰好可以整合它们的优势,尤其是在露天存放的情况下更须加以考虑。

③货垛参数。货垛参数是指货垛的长、宽、高,即货垛的外形尺寸。

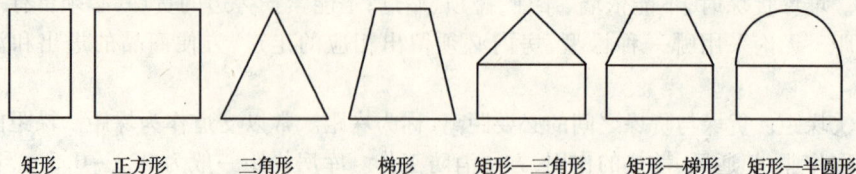

矩形　　正方形　　三角形　　梯形　　矩形—三角形　　矩形—梯形　　矩形—半圆形

图7.8　货垛立面示意图

通常情况下,需要首先确定货垛的长度,例如,长形材料的尺寸长度就是其货垛的长度,包装成件物品的垛长应为包装长度或宽度的整数倍。货垛的宽度应根据库存物品的性质、要求的保管条件、搬运方式、数量多少以及收发制度等确定,一般多以两个或五个单位包装为货垛宽度。货垛高度主要根据库房高度、地坪承载能力、物品本身和包装物的耐压能力、装卸搬运设备的类型和技术性能,以及物品的理化性质等来确定。在条件允许的情况下应尽量提高货垛的高度,以提高仓库的空间利用率。

3)物品堆码存放的基本方法

(1)散堆法

散堆法适用于露天存放的没有包装的大宗物品,如煤炭、矿石等,也可适用于库内少量存放的谷物、碎料等散装物品。

散堆法是直接用堆扬机或者铲车在确定的货位后端起,直接将物品堆高,在达到预定的货垛高度时,逐步后推堆货,后端先形成立体梯形,最后成垛。由于散货具有流动、散落性,堆货时不能太靠近垛位四边,以免使物品散落超出预定的货位。

(2)堆垛法

对于有包装(如箱、桶)的物品,包括裸装的计件物品,采取堆垛的方式储存。堆垛方式储存能够充分利用仓容,做到仓库内整齐,方便作业和保管。物品的堆码方式主要取决于物品本身的性质、形状、体积、包装等。一般情况下多采取平放,使重心最低,最大接触面向下,易于堆码,稳定牢固。

常见的堆码方式包括重叠式、纵横交错式、仰伏相间式、压缝式、通风式、栽柱式、衬垫式等。

①重叠式。重叠式也称直堆法,是逐件、逐层向上重叠堆码,一件压一件的堆码方式。为了保证货垛稳定性,在一定层数后改变方向继续向上,或者长宽各减少一件继续向上堆放。该方法方便作业、计数,但稳定性较差。适用于袋装、箱装、箩筐装物品,以及平板、片式物品等。如图7.9所示。

②纵横交错式。纵横交错式是指每层物品都改变方向向上堆放。适用于管材、捆装、长箱装物品等。该方法较为稳定,但操作不便。如图7.10所示。

③仰伏相间式。对上下两面有大小差别或凹凸的物品,如槽钢、钢轨等,将物品仰放一层,在反一面伏放一层,仰伏相向相扣。该垛极为稳定,但操作不便。如图7.11所示。

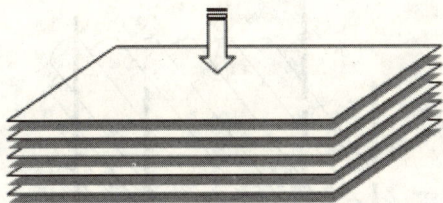

图 7.9　重叠式堆码

图 7.10　交错式堆码

图 7.11　仰伏相间式

④压缝式。将底层并排摆放,上层放在下层的两件物品之间。如图 7.12 所示。

⑤通风式。物品在堆码时,任意两件相邻的物品之间都留有空隙,以便通风。层与层之间采用压缝式或者纵横交错式。通风式堆码可以用于所有箱装、桶装以及裸装物品堆码,起到通风防潮、散湿散热的作用。如图 7.13 所示。

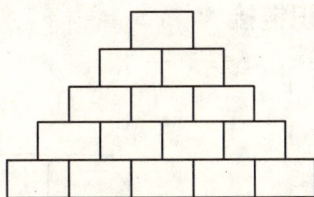

图 7.12　压缝式

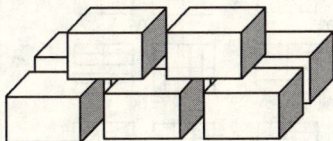 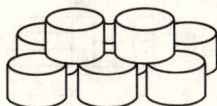

图 7.13　通风式

⑥栽柱式。码放物品前先在堆垛两侧栽上木桩或者铁棒,然后将物品平码在桩柱之间,几层后用铁丝将相对两边的柱拴连,再往上摆放物品。此法适用于棒材、管材等长条状物品。如图 7.14 所示。

⑦衬垫式。码垛时,隔层或隔几层铺放衬垫物,衬垫物平整牢靠后,再往上码。适用于不规则且较重的物品,如无包装电机、水泵等。

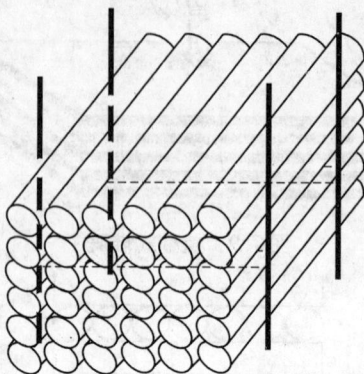

图 7.14　栽柱式

（3）托盘上存放物品

由于托盘在物流系统中的运用得到认同,因此就形成了物品在托盘上的堆码方式。托盘是具有标准规格尺寸的集装工具,因此,在托盘上堆码物品可以参照典型堆码图谱来进行。如硬质直方体物品可参照中华人民共和国国家标准 GB/T 4892—1996《硬质直方体运输包装尺寸系列》硬质直方体在 1 140 mm×1 140 mm 托盘上的堆码图谱进行。圆柱体物品可参照中华人民共和国国家标准 GB/T 13201—1997《圆柱体运输包装尺寸系列》圆柱体在 1 200 mm×1 000 mm、1 200 mm×800 mm、1 140 mm×1 140 mm托盘上的堆码图谱进行。

知识链接

堆码图谱

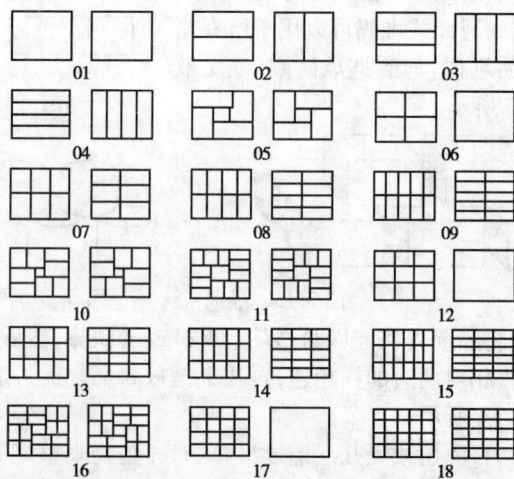

硬质直方体在 1 140 mm×1 140 mm 托盘上的堆码图谱

A1　A　1 200 mm × 1 200 mm

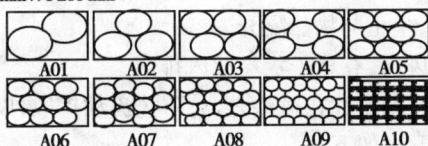

A01　　A02　　A03　　A04　　A05

A06　　A07　　A08　　A09　　A10

A2　B　1 200 mm × 800 mm

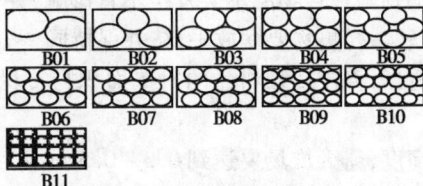

B01　　B02　　B03　　B04　　B05

B06　　B07　　B08　　B09　　B10

B11

A3　C　1 140 mm × 1 140 mm

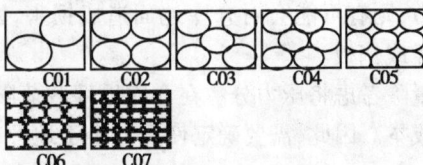

C01　　C02　　C03　　C04　　C05

C06　　C07

圆柱体在托盘上的堆码图谱

（4）"五五化"堆垛

"五五化"堆垛就是以五为基本计算单位,堆码成各种总数为五的倍数的货垛,以五或五的倍数在固定区域内堆放,使货物"五五成行、五五成方、五五成包、五五成堆、五五成层",堆放整齐,上下垂直,过目知数。便于货物的数量控制、清点盘存。如图7.15所示。

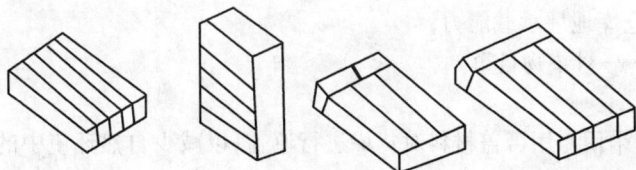

图 7.15　"五五化"示意图

4）垫垛和苫盖

（1）垫垛

垫垛是指在物品码垛前,在预定的货位地面位置,使用衬垫材料进行铺垫。常见的衬垫物有:枕木、废钢轨、货架板、木板、钢板等。

①垫垛的目的有以下几点:

A.使地面平整。

B.使堆垛物品与地面隔开,防止地面潮气和积水浸湿物品。

C.通过强度较大的衬垫物使重物的压力分散,避免损害地坪。

D.使地面杂物、尘土与物品隔开。

E.形成垛底通风层,有利于货垛通风排湿。

F.使物品的泄漏物留存在衬垫之内,防止流动扩散,以便于收集和处理。

②垫垛的基本要求如下:

A.所使用的衬垫物与拟存物品不会发生不良影响,并具有足够的抗压强度。

B.地面要平整坚实,衬垫物要摆放平整,并保持同一方向。

C.衬垫物间距适当,直接接触物品的衬垫面积与货垛底面积相同,衬垫物不伸出货垛外。

D.要有足够的高度,露天堆场要达到0.3~0.5 m,库房内0.2 m即可。

③垫垛物数量的确定。一些单位质量大的物品在仓库中存放时,如果不能有效分散物品对地面的压力,则有可能会对仓库地面造成损害,因此要考虑在物品底部和仓库地面之间衬垫木板或钢板。

衬垫物的使用量除考虑将压力分散在仓库地坪载荷限度之内外,还需要考虑这些库用耗材所产生的成本。因此,需要确定使压力小于地坪载荷的最少衬垫物数量。计算公式为:

$$n = \frac{Q_\mathrm{m}}{l \times w \times q - Q_\text{自}}$$

式中　n——衬垫物数量;

　　　Q_m——物品重量;

　　　l——衬垫物长度;

　　　w——衬垫物宽度;

　　　q——仓库地坪承载能力;

　　　$Q_\text{自}$——衬垫物自重。

(2)苫盖

苫盖是指采用专用苫盖材料对货垛进行遮盖,以减少自然环境中的阳光、雨雪、刮风、尘土等对物品的侵蚀、损害,并使物品由于自身理化性质所造成的自然损耗尽可能地减少,以保护物品存储期内的质量。

常用的苫盖材料有:帆布、芦席、竹席、塑料膜、铁皮铁瓦、玻璃钢瓦、塑料瓦等。

①苫盖的基本要求。苫盖的目的是给物品遮阳、避雨、挡风、防尘。苫盖的要求如下:

A.选择合适的苫盖材料。选用防火、无害的安全苫盖材料;苫盖材料不会对物品发生不良影响;成本低廉,不易损坏,能重复使用,没有破损和霉变。

B.苫盖牢固。每张苫盖材料都需要牢固固定,必要时在苫盖物外用绳索、绳网绑扎或者用重物镇压。

C.苫盖的接口要有一定深度的互相叠盖,不能迎风叠口或留空隙。苫盖必须拉挺、平整,不得有折叠和凹陷,防止积水。

D.苫盖的底部与垫垛齐平,不腾空或拖地,并牢固地绑扎在垫垛外侧或地面的绳桩上,衬垫材料不露出垛外,以防雨水顺延渗入垛内。

E.使用旧的苫盖物或在雨水丰沛季节,垛顶或者风口需要加层苫盖,确保雨淋不透。

②苫盖方法。苫盖的基本方法有以下三种:

A.就地苫盖法。直接将大面积苫盖材料覆盖在货垛上遮盖,一般采用大面积的帆布、油布、塑料膜等。就地苫盖法操作便利,但基本不具备通风条件。

B.鱼鳞式苫盖法。将苫盖材料从货垛的底部开始,自下而上呈鱼鳞式逐层交叠围盖。该法一般采用面积较小的瓦、席等材料苫盖。鱼鳞式苫盖法具有较好的通风条件,但每件苫盖材料都需要固定,操作比较烦琐复杂。

C.活动棚苫盖法。将苫盖物料制作成一定形状的棚架,在物品堆垛完毕后,移动棚架到货垛加以遮盖;或者采用即时安装活动棚架的方式苫盖。该法较为快捷,具有良好的通风条件,但活动棚本身需要占用仓库空间,也需要较高的购置成本。

7.2.4 在库商品保管作业

1)保管的意义

在库商品的保管是指仓库针对商品的特性,结合仓库的具体条件,采取各种科学手段对商品进行养护,防止和延缓商品质量变化的行为。商品保管的目的在于保持库存商品的使用价值,最大限度地减少商品自然损耗,杜绝保管不善而造成的商品损害,防止造成商品损失,从而更好地实现仓储保管的意义。

仓库应高度重视货物保管工作,以制度、规范确定保管工作的责任。针对各种商品的特性制订保管方法和程序,充分利用现有的技术手段开展有针对性的保管、维护。

仓库商品保管的手段主要有:经常对商品进行检查测试,及时发现异常情况;合理对商品通风;控制阳光照射;防止雨雪水浸湿商品,及时排水除湿;除虫灭鼠,消除虫鼠害;妥善进行湿度控制、温度控制;防止货垛倒塌;除霉防霉,清除变质商品;对特殊商品采取有针对性的保管措施等。

2)通风

通风是根据大气自然流动的规律,有计划、有目的地组织库内外空气的对流与交换的重要手段,是调节库内温湿度、净化库内空气的有效措施。

仓库通风的方式有:

①利用库内外温度差使库内热空气上升排出的自然通风方式。

②利用通风机将库内空气排出的机械自然通风。

③利用通风机在库内将空气搅动的机械循环通风。

④将库内空气抽出制冷、除湿后再排入仓库的制冷通风方式。

普通仓库只采用前两种通风方式。

3）温度控制

除了冷库外,仓库的温度直接受天气温度的影响,库存商品的温度也就随天气温度同步变化。商品温度高时,会融化、膨胀、软化,容易发生腐烂变质、挥发、老化、自燃,甚至物理爆炸等现象。温度太低时,商品会因为变脆、冻裂、液体冻结膨胀等而产生损害。一般来说,绝大多数商品在常温下都能保持正常的状态。

普通仓库的温度控制主要是避免阳光直接照射商品,由于在阳光直射时的地表温度要比气温高很多,午间甚至高一倍。仓库建筑遮阳和苫盖遮阳,由于建筑材料的不同遮阳效果自然不同,混凝土结构遮阳效果最佳。对怕热商品应放在仓库内阳光不能直接照射到的货位。

对温度较敏感的商品,在气温高时可以洒水降温。对怕水的商品可以对苫盖、仓库屋顶洒水降温。在日晒降低的傍晚或者夜间,将堆场货物的苫盖适当揭开通风,这也是对露天堆场货物降温保管的有效方法。

商品自热是商品升温损坏的一个重要原因。对容易自燃的商品,应经常检查其温度,当发现升温时,可以采取加大通风、洒水等方式降温,翻动商品散热降温。必要时可以采用在货垛内存放冰块、释放干冰等措施降温。

此外仓库内的热源也会造成温度升高,应避开或者在高温天气避免使用仓库内的热源。

在严寒季节,气温极低时,可以用加温设备对商品加温防冻。在寒潮突然到来前对货物进行苫盖保暖,也具有短期保暖效果。

4）湿度控制

湿度分为货物湿度、空气湿度。笼统来说,湿度表示含水量的多少,但在不同场合又有不同的表达方式。货物含水量用百分比来表示,空气湿度则用绝对湿度和相对湿度来表示,空气中的水汽结露成水珠用露点来表示。

（1）货物湿度

货物湿度指货物的含水量。货物的含水量对货物有直接影响,含水量高则容易发生霉变、锈蚀、溶解、发热甚至化学反应等;含水量过低则会发生干裂、干涸、挥发、燃烧等危害。控制货物的含水量是货物保管的重要工作。大多数货物要求较低的含水量,具体可根据货物资料确定合适的含水量标准(见表7.3)。

表7.3 几种货物的温湿度要求

种 类	温度/℃	相对湿度/%	种 类	温度/℃	相对湿度/%
金属及其制品	5～30	≤75	重质油、润滑油	5～35	≤75
碎末合金	0～30	≤75	轮胎	5～35	45～65
塑料制品	5～30	50～70	布电线	0～30	45～60
压层纤维塑料	0～35	45～75	工具	10～25	50～60
树脂、油漆	0～30	≤75	仪器、电器	10～30	70
汽油、煤油、轻油	≤30	≤75	轴承、钢珠、滚针	5～35	60

(2)空气湿度

湿度是表示大气干湿程度的物理量,常用绝对湿度、饱和湿度、相对湿度等方法表示。

①绝对湿度。绝对湿度(e)指单位体积空气中所含水蒸气的质量,一般用1立方米空气中所含水蒸气克数(g/m³)表示。实际工作中通常用空气中水气压力(P)表示,即毫米汞柱(mmHg)。气象工作中则统一用毫巴(mb)表示。

②饱和湿度。饱和湿度(E)指在一定的温度下,与液态水相平衡时空气中水蒸气的含量,单位为g/m³,或mmHg,或mb。有常压下《饱和水汽压表》可查。

③相对湿度。相对湿度(r)指绝对湿度e与其同温度下饱和湿度E的百分比。通常用干湿球温度计测量,以百分数计算,即

$$r = e/E \times 100\%$$

式中　r——相对湿度(%);

　　　e——绝对湿度(即水汽压力);

　　　E——饱和湿度(即饱和水汽压力)。

相对湿度表示的是空气的潮湿程度,是仓库湿度管理中的常用标度。相对湿度越接近100%,说明绝对湿度越接近饱和湿度,空气越潮湿;反之,空气越干燥。在气温和气压一定的情况下,绝对湿度越大,相对湿度也越大。

露点是指保持空气的水汽含量不变而使其冷却,直至水蒸气达到饱和状态而将结出露水时的温度。当库内温度低于露点温度时,空气中的水汽会结露使物品受潮,因此在采用通风方式调节库内温湿度时,应避免露点温度出现。

测定湿度可使用干湿球温度计。干湿球温度计是把两支同样的温度计平行固定在一块板上,其中一支温度计的球用纱布包裹,纱布的一端浸泡在一个水盂里,利用水分蒸发时吸热的原理,两个温度计显示一定的温度差。在测得两支温度计温度的同时,可以查对"温湿对照表",获得此时库内或大气的相对湿度值。

（3）湿度控制

①湿度监测。仓库应经常进行湿度监测，包括空气湿度和仓内湿度监测。一般每天早、晚各监测一次，并做好记录。如表7.4所示。

表7.4　仓库温湿度记录表

序号：　　　　　主要物资：　　　　　仓号：　　　　年　　月

检查时间			检查情况				气候	检查人
日	时	分	干表温度	湿表温度	绝对湿度	相对湿度		
1								
2								
30								
31								

月温度最高　　　　℃，最低　　　　℃，平均　　　　℃。
相对湿度最高　　　　%，最低　　　　%。
气候：晴天"○"，雨天"川"，阴天"●"，风天"≈"，雪天"△"。

②空气湿度太低时的处理措施。空气湿度太低意味着空气太干燥，应减少仓内空气流通，采取洒水、喷水雾等方式增加仓内空气湿度，或者对货物采取加湿处理，直接在货物表面洒水。

③空气湿度太高时的处理措施。封闭仓库或者密封货垛，避免空气流入仓库或者货垛；在有条件的仓库采用干燥式通风、制冷除湿；在仓库或货垛内摆放吸湿材料，如生石灰、氯化钙、木炭、硅胶等；及时擦干、排除出现的汗水；特殊货仓可采取升温措施。

5）特殊情况下的保管

为了保证保管质量，除了温度、湿度、通风控制外，仓库应根据货物的特性采取相应的保管措施。如对货物进行油漆（涂刷保护涂料）、除锈、加固、封包、密封等，发现虫害及时杀虫，施放防霉药剂等针对性保护措施。必要时进行转仓处理，将货物转入具有特殊保管条件的仓库，如冷藏库。

7.3　商品出库管理

出库过程管理是指仓库按照货主的调拨出库凭证或发货凭证（提货单、调拨单）所注明的货物名称、型号、规格、数量、收货单位、接货方式等，进行的核对凭证、备料、复核、点交、发放等一系列作业和业务管理活动。

出库业务是保管工作的结束，既涉及到仓库同货主或收货企业以及承运部门的经济联系，也涉及到仓库各有关业务部门的作业活动。为了能以合理的物流成本保证出库物品按质、按量、及时、安全地发给用户，满足其生产经营的需要，仓库应主动向货主联系，由货主提供出库计划，这是仓库出库作业的依据，特别是供应异地的和大批量出库的物品更应提前发出通知，以便仓库及时办理流量和流向的运输计划，完成出库任务。

仓库必须建立严格的出库和发运程序，严格遵循"先进先出，推陈储新"的原则，尽量一次完成，防止差错。需托运物品的包装还要符合运输部门的要求。

货主的出库通知或出库请求的格式不尽相同，不论采用何种形式，都必须是符合财务制度要求的有法律效力的凭证，要坚决杜绝凭信誉或无正式手续的发货。

7.3.1　物品出库的要求

物品出库要求做到"三不、三核、五检查"。"三不"，即未接单据不翻账，未经审单不备库，未经复核不出库；"三核"，即在发货时，要核实凭证、核对账卡、核对实物："五检查"，即对单据和实物要进行品名检查、规格检查、包装检查、件数检查、重量检查。商品出库要求严格执行各项规章制度，提高服务质量，使用户满意，积极与货主联系，为用户提货创造各种方便条件，杜绝差错事故。

7.3.2　物品出库方式

出库方式是指仓库用什么样的方式将货物交付用户。选用哪种方式出库，要根据具体条件，由供需双方事先商定。

1）送货

仓库根据货主单位的出库通知或出库请求，通过发货作业把应发物品交由运输部门送达收货单位，或使用仓库自有车辆把物品运送到收货地点的发货形式，就是通常所称的送货制。

仓库实行送货具有多方面的好处：仓库可预先安排作业，缩短发货时间；收货单位可避免因人力、车辆等不便而发生的取货困难；在运输上，可合理使用运输工具，减少运费。

2)收货人自提

这种发货形式是由收货人或其代理持取货凭证直接到库取货,仓库凭单发货。仓库发货人与提货人可以在仓库现场划清交接责任,当面交接并办理签收手续。

3)过户

过户是一种就地划拨的形式,物品实物并未出库,但是所有权已从原货主转移到新货主的账户中。仓库必须根据原货主开出的正式过户凭证,才予办理过户手续。

4)取样

货主由于商检或样品陈列等需要,到仓库提取货样(通常要开箱拆包、分割抽取样本)。仓库必须根据正式取样凭证发出样品,并做好账务记载。

5)转仓

转仓是指货主为了业务方便或改变储存条件,将某批库存自甲库转移到乙库。仓库也必须根据货主单位开出的正式转仓单办理转仓手续。

7.3.3 出库业务程序

1)出库前的准备工作

可分为两个方面:一方面是计划工作,即根据货主提出的出库计划或出库请求,预先做好物品出库的各项安排,包括货位、机械设备、工具和工作人员,提高人、财、物的利用率;另一方面是要作好出库物品的包装和标志标记。发往异地的货物,需经过长途运输,包装必须符合运输部门的规定,如捆扎包装、容器包装等,成套机械、器材发往异地,事先必须做好货物的清理、装箱和编号工作。在包装上挂签(贴签)、书写编号和发运标记(去向),以免错发和混发。

2)出库程序

出库程序包括核单备货、复核、包装、点交、登账、清理等过程。出库必须遵循"先进先出,推陈储新"的原则,使仓储活动的管理实现良性循环。

不论是哪一种出库方式,都应按以下程序做好管理工作:

(1)核单备货

如属自提物品,首先要审核提货凭证的合法性和真实性;其次核对品名、型号、规格、单价、数量、收货单位、有效期等。

出库物品应附有质量证明书或副本、磅码单、装箱单等,机电设备、电子产品等物品,其说明书及合格证应随货同付。备料时应本着"先进先出,推陈储新"的原则,易霉易坏的先出,接近失效期的先出。

备货过程中,凡计重货物,一般以入库验收时标明的重量为准,不再重新计重。需分割或拆捆的应根据情况进行。

知识链接

备货的主要工作

1. 包装整理、标志重刷;
2. 零星货物组装;
3. 根据要求装托盘或重组;
4. 转到备货区备运。

(2)复核

为了保证出库物品不出差错,备货后应进行复核。出库的复核形式主要有专职复核、交叉复核和环环复核三种。除此之外,在发货作业的各道环节上,都贯穿着复核工作。例如,理货员核对货单,守护员(门卫)凭票放行,账务员(保管会计)核对账单(票)等。这些分散的复核形式,起到分头把关的作用,都十分有助于提高仓库发货业务的工作质量。

复核的内容包括:品名、型号、规格、数量是否同出库单一致,配套是否齐全,技术证件是否齐全,外观质量和包装是否完好。只有加强出库的复核工作,才能防止错发、漏发和重发等事故的发生。

(3)包装

出库物品的包装必须完整、牢固,标记必须正确清楚,如有破损、潮湿、捆扎松散等不能保障运输中安全的,应加固整理,破包破箱不得出库。各类包装容器上若有水渍、油迹、污损,也均不能出库。

出库物品如需托运,包装必须符合运输部门的要求,选用适宜包装材料,其重量和尺寸便于装卸和搬运,以保证货物在途的安全。

包装是仓库生产过程的一个组成部分。包装时,严禁将互相影响或性能互相抵融的物品混合包装。包装后,要写明收货单位、到站、发货号、本批总件数、发货单位等。

(4)点交

出库物品经过复核和包装后,需要托运和送货的,应由仓库保管机构移交调运机构;属于用户自提的,则由保管机构按出库凭证向提货人当面交清。

(5)登账

点交后,保管员应在出库单上填写实发数、发货日期等内容,并签名。然后将出库单连同有关证件资料,及时交货主,以便货主办理货款结算。

（6）现场和档案的清理

经过出库的一系列工作程序之后,实物、账目和库存档案等都发生了变化。应按下列几项工作要求进行彻底清理,使保管工作重新趋于账、物、资金相符的状态。

①按出库单,核对结存数。

②如果该批货物全部出库,应查实损耗数量,在规定损耗范围内的进行核销,超过损耗范围的查明原因,进行处理。

③一批货物全部出库后,可根据该批货物入出库的情况,采用的保管方法和损耗数量,总结保管经验。

④清理现场,收集苫垫材料,妥善保管以待再用。

⑤代运货物发出后,收货单位提出数量不符时,属于重量短少而包装完好且件数不缺的,应由仓库保管机构负责处理;属于件数短少的,应由运输机构负责处理。若发出的货物品种、规格、型号不符,由保管机构负责处理。若发出的货物产生损坏,应根据承运人出具的证明,分别由保管及运输机构处理。

在整个出库业务程序过程中,复核和点交是两个最为关键的环节。复核是防止差错的重要和必不可少的措施,而点交则是划清仓库和提货方两者责任的必要手段。

⑥由于提货单位任务变更或其他原因要求退货时,可经有关方同意,办理退货。退回的货物必须符合原发的数量和质量,要严格验收,重新办理入库手续。当然,未移交的货物则不必检验。

7.3.4　出库中发生问题的处理

出库过程中出现的问题是多方面的,应分别对待处理。

1）出库凭证（提货单）的问题

①凡出库凭证超过提货期限,用户前来提货,必须先办理手续,按规定缴足逾期仓储保管费后方可发货。任何非正式凭证都不能作为发货凭证。提货时,用户发现规格开错,保管员不得自行调换规格发货。

②凡发现出库凭证有疑点,以及发现出库凭证有假冒、复制、涂改等情况时,应及时与仓库保卫部门以及出具出库单的单位或部门联系,妥善处理。

③商品进库未验收,或者逾期货未进库的出库凭证,一般暂缓发货,并通知货主,待货到并验收后再发货,提货期顺延。

④如客户因各种原因将出库凭证遗失,客户应及时与仓库发货员和账务人员联系挂失。如果挂失时货已被提走,保管人员不承担责任,但要协助货主单位找回商品;如果货还没有提走,经保管人员和账务人员查实后,作好挂失登记,将原凭证作废,缓期发货。

2）提货数与实存数不符

若出现提货数量与商品实存数不符的情况，一般是实存数小于提货数。造成这种情况的原因主要有：

①商品入库时，由于验收问题，增大了实收商品的签收数量，从而造成账面数大于实存数。

②仓库保管人员和发货人员在以前的发货过程中因错发、串发等差错而形成实际商品库存量小于账面数。

③货主单位没有及时核减开出的提货数，造成库存账面数大于实际储存数，从而开出的提货单提货数量过大。

④仓储过程中造成了货物的毁损。

当遇到提货数量大于实际商品库存数量时，无论是何种原因造成的，都需要和仓库主管部门以及货主单位及时取得联系后再作处理。

3）串发货和错发货

所谓串发和错发货，主要是指发货人员由于对物品种类规格不很熟悉，或者由于工作中的疏漏把错误规格、数量的物品发出库的情况。

如果物品尚未离库，应立即组织人员重新发货。如果物品已经离开仓库，保管人员应及时向主管部门和货主通报串发和错发货的品名、规格、数量、提货单位等情况，会同货主单位和运输单位共同协商解决。一般在无直接经济损失的情况下由货主单位重新按实际发货数冲单（票）解决。如果形成直接经济损失，应按赔偿损失单据冲转调整保管账。

4）包装破漏

包装破漏是指在发货过程中，因物品外包装破损引起的渗漏等问题。这类问题主要是在储存过程中因堆垛挤压、发货装卸操作不慎等情况引起的，发货时都应经过整理或更换包装方可出库，否则造成的损失应由仓储部门承担。

5）漏记和错记账

漏记账是指在出库作业中，由于没有及时核销明细账而造成账面数量大于或少于实存数的现象。错记账是指在商品出库后核销明细账时没有按实际发货出库的商品名称、数量等登记，从而造成账实不相符的情况。

无论是漏记账还是错记账，一经发现，除及时向有关领导如实汇报情况外，同时还应根据原出库凭证查明原因，调整保管账，使之与实际库存保持一致。如果由于漏记和错记账给货主单位、运输单位和仓储部门造成了损失，应予赔偿，同时应追究相关人员的责任。

本章小结

　　本章是仓储管理的重要内容,重点阐述了入库作业的基本流程;在库储存作业的储存区域的具体规划,在库物品的堆码、保管等;出库作业的流出库作业的基本方式、出库发生问题的处理方法;装卸搬运合理化、提高装卸搬运效率的方法等内容。

　　货品入库作业一般包括入库前准备、货品接运、货品验收、入库交接四个环节,每一环节在操作时都有一定的要求。对库存商品应进行货区货位管理、堆码管理。货品在仓储过程中可能会产生一定的物理化学变化,这就需要采取一定的养护措施。货品出库需要遵循一定的程序,对出库中发生的问题应妥善处理。

案例　高效合理的联华便利配送中心

　　随着新形势的发展,上海连锁商业的竞争蔓延到了便利店。联华便利店发展势头迅猛,以每月新开 60 家门店的速度急剧扩张。但是规模的不断扩大也带来了新的问题——传统的物流已经不能为公司庞大的便利店销售网络提供顺畅的商品流通保障。建立现代化物流系统、降低物流成本成为联华便利店在竞争中掌握先机的关键。然而,由于便利店商品价格低、物流中心投资有限,如何兼顾需求和投资合理性是项目成功的决定因素。

　　联华便利店在选择物流硬件设备和软件设计的整体方案时,最终选定了冈村制作所。冈村制作所充分考虑了上述实际情况,为联华便利店"量体裁衣",设计了一套完整的解决方案,即利用现有的建筑物改建成物流中心,采用 WMS(仓库管理系统)实现整个配送中心的全电脑控制和管理,而在具体操作中实现半自动化,以上海先达条码技术有限公司提供的无线数据终端进行实时物流操作,以货架形式来保管货品,以自动化流水线来输送,以数字拣选系统(DPS)来拣选。另外,在设备的选择方面也采取进口设备与国产设备合理搭配的方式。这个方案既导入了先进的物流理念,提升了物流管理水平,又兼顾了联华便利店配送商品价值低、物流中心投资额有限的实际情况。在整个方案的设计里,设计方没有一味追求一步到位的先进性,而是力求使合理的投入得到较高的回报。

　　在细节方面,合作双方也考虑得非常周到。联华便利配送中心总面积 8 000 m²,建筑物共有四层楼。由于是多层结构,因此设计方对各层平台间的搬送自动化作了特别的考虑,采用了托盘垂直升降机和笼车垂直升降机。其中两台托盘垂直升降机能对以托盘为单位的进货物品进行各层平台自动分拣,并将空托盘自动回收至一层的进货区域。空笼车另有专用电梯送往各层平台。

为了提高拣选效率,配送中心被分成了 17 个分拣区域,利用笼车良好的流动性设计了区域拣选方式。在各个区域的起始位置装有商店号码显示器,拣选时将显示出库单上的商店号码,因此可多人进行拣选作业,即使逢年过节工作量增加也能大量出货、应对自如。物流中心采用托盘货架与流动式货架为主的布局设计。托盘货架保管整箱为单位的货物,流动式货架保管非整箱货物。为了提高分拣作业效率和正确率,托盘货架的最下端和流动式货架的外侧都装有数码拣选显示器。

1. 联华便利配送中心作业流程

(1) 进货入库

进货后,立即由 WMS 进行登记处理,生成入库指示单,同时发出是否能入库的询问信号。如果仓库容量已满而无法入库时,系统将发出向附近仓库入库的指示。接到系统发出的入库指示后,工作人员将货物堆放在空托盘上,并用手持终端对该托盘的号码及进货品种、数量、保质期等数据进行进货登记输入。在入库登记处理后,工作人员用叉车将货物搬运至入库品运载装置处,按下入库开始按钮,入库运载装置开始上升,将货物送上入库输送带。在货物传输过程中,系统将对货物进行称重和检测,如不符合要求(例如超重、超长、超宽等),系统将指示其退出;符合要求的货物,方可输送至运载升降机。

输送带侧面安装的条码阅读器对托盘条码进行确认,计算机将对托盘货物的保管和输送目的地发出指示。接到向第一层搬送指示的托盘在经过升降机平台时,不再需要上下搬运,将直接从当前位置经过一层的入库输送带自动分配到一层入库区等待入库。接到向二层至四层搬送指示的托盘,将由托盘升降机自动传输到所需楼层。当升降机到达指定楼层后,由各层的入库输送带自动搬运货物到入库区。货物在下平台前,工作人员根据入库输送带侧面设置的条码阅读器,将托盘号码输入计算机,并根据该托盘情况,对照货位情况发出入库指示,然后由叉车从输送带上取下托盘。叉车作业者根据手持终端指示的货位号将托盘入库。经确认后,在库货位数将进行更新。

(2) 笼车出库

当全部区域拣选结束后,装有商品的笼车由笼车升降机送至一层。工作人员将不同商店分散在多台笼车上的商品归总分类,附上交货单,依照送货平台上显示的商店号码将笼车送到等待中的对应运输车辆上。电脑配车系统将根据门店远近,合理安排配车路线。

(3) 托盘回收

出货完成后,工作人员将空托盘堆放在各层的空托盘平台上,并返回输送带上,然后由垂直升降机将空托盘传送至第一层,并由第一层进货区域的空托盘自动收集机收集起来,随后送到进货区域的平台上堆放整齐。

2. 实际运作效果

联华便利店与冈村制作所共同设计建造的物流中心,在实际运作中收到了良好的经济效益和社会效益。原来为联华便利门店配送的江杨配送中心,每天的拆零商品配送能力在1万箱左右,单店商品拆零配置时间约需4 min,由于场地狭小、科技含量低、人力资源浪费,人工分拣的拆零差错率达千分之六,而且每天只能配送200多家门店。

联华便利配送中心建成后,以其高效率、低差错率和人性化设计受到各界的好评。物流中心所有操作均由计算机中心的WMS管理,并将在库信息与公司ERP系统连接,使采购、发货有据可依。新物流中心库存商品可达10万箱,每天拆零商品可达3万箱,商品周转期从原来的14天缩短到3.5天,库存积压资金大大降低。采用DPS方式取代人工拣选,使差错率减少到万分之一,配送时间从4 min/店压缩到1.5 min/店,每天可配送400多家门店。配送准确率、门店满意度等都有了大幅提升,同时降低了物流成本在整个销售额中所占的比例,从而为联华便利店业态的良好稳定发展奠定了坚实基础。

案例分析与思考题

1.联华配送中心的入库作业流程是怎样的?
2.比较沃尔玛和联华配送中心的作业流程。

复习思考题

1.仓储作业流程包括哪些环节?
2.物品入库验收的基本要求有哪些?
3.堆垛有哪些要求? 堆码的方法有哪些?
4.货品出库的程序是怎样的? 如何处理其中发生的问题?
5.如何实现装卸搬运合理化?

实操项目三
"优速"配送中心商品出入库流程操作

项目 3-1　商品入库操作

一、实训目的

1. 使学生了解各种入库验收方法,掌握入库验收流程,培养学生的实际操作能力;
2. 学生掌握各种托盘码盘(即组托)的方法,并能熟练操作;
3. 使学生了解整个入库作业的流程,提高学生对仓储入库作业的整体认识。

二、实训条件

物流实训室。

三、实训操作时间

4 课时。

四、相关知识

1. 入库前准备工作:见本章7.1.2。
2. 验收作业:验收的基本流程如图1所示,具体方法见本章7.1.4。

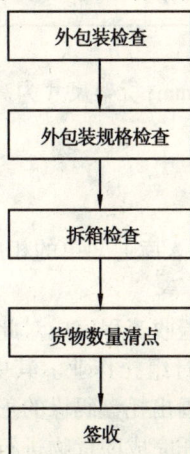

图 1

3. 入库交接:见本章 7.1.5。

4. 上架作业:见本章 7.2。

五、实操任务

客户甲送了一批生活日用品到"优速"配送中心二号库储存,该批商品的数量、规格等情况如表1所示。请为该批商品办理入库手续并实施上架操作。

表1

序号	货品编号	商品名称	规格型号	单位	单价/元	数量	外包装尺寸
1	D001	王老吉	355 mL×24	箱	48.00	22	0.8×0.6×0.4
2	F001	方便面	105 g×12	箱	36.00	173	0.6×0.4×0.4
3	D002	葡萄酒	560 mL×6	箱	54.00	52	0.4×0.4×0.2
4	F002	巧克力	220 g×6	箱	120.00	29	0.2×0.2×0.2
5	F003	色拉油	2.5 mL×6	箱	120.00	20	0.8×0.6×0.4
6	W001	洗发水	400 mL×12	箱	360.00	22	0.4×0.4×0.4
7	W002	沐浴露	355 mL×12	箱	144.00	15	0.4×0.4×0.4
8	W003	花露水	255 mL×12	箱	56.00	37	0.4×0.2×0.2
9	W004	香皂	105 g×24	箱	47.00	26	0.2×0.2×0.2
10	W005	漱口水	250 mL×12	箱	240.00	16	0.4×0.2×0.2

托盘规格为 1 200 mm×1 000 mm;货架尺寸为高×长×宽 3 000 mm×4 000 mm×1 000 mm。

六、实训操作指导

第一步:接到入库通知后,按照入库通知单的相应内容了解即将入库的商品,准备必要的设施设备,如货架、验收工具等。

第二步:商品验收。按照商品验收流程完成对此批货物的验收工作。

第三步:对验收完毕的货物进行组托作业。其中主要考虑货物外包装的尺寸、托盘规格以及货架尺寸等因素,要求画出托盘码垛的正视图和俯视图。

第四步:上架作业。即对已组托完成的货物进行上架操作。由叉车司机或者是由液压托盘搬运车搬运至事先安排的储位上,并进行确认。

七、实操考核评价标准

表2

考核内容	考核标准	分值	实际得分
入库流程操作	验收方法正确、流程完整	20	
	交接手续齐全	20	
	组托方法牢固、节省仓容,示意图准确	30	
	上架操作规范、储位安排准确	30	
合　计		100	

项目 3-2　商品出库操作

一、实训目的

1. 加深学生对仓储相关知识的理解;
2. 使学生进一步了解备货作业和复核作业的工作流程,掌握基本打包技能;
3. 学生掌握商品的一般出库程序。

二、实训条件

物流实训室。

三、实训操作时间

4 课时。

四、相关知识

1. 备货拣选作业

如属自提物品,首先要审核提货凭证的合法性和真实性,其次核对品名、型号、规格、单价、数量、收货单位、有效期等。

出库物品应附有质量证明书或副本、磅码单、装箱单等,机电设备、电子产品等物品,其说明书及合格证应随货同附。备料时应本着"先进先出,推陈储新"的原则,易霉易坏的先出,接近失效期的先出。

备货过程中,凡计重货物,一般以入库验收时标明的重量为准,不再重新计重。需分割或拆捆的应根据情况进行。

2. 复核作业

复核是配送中心仓库内商品出库前的最后一关,其主要工作是按照拣货单清点货物数量与质量,保证出库货物的正确性。

复核作业包括把所拣取的货物按客户、车次对象等作数量的核对和产品状态及品质的检验。人工复核和 RF 复核是配送中心采取的两种最主要的复核形式。

3. 打包作业

出库物品的包装必须完整、牢固,标记必须正确清楚。如有破损、潮湿、捆扎松散等不能保障运输中安全的,应加固整理,破包破箱不得出库。各类包装容器上若有水渍、油迹、污损,也均不能出库。

出库物品如需托运,包装必须符合运输部门的要求,选用适宜包装材料,其重量和尺寸便于装卸和搬运,以保证货物在途的安全。

包装是仓库生产过程的一个组成部分。包装时,严禁将互相影响或性能互相抵融的物品混合包装。包装后,要写明收货单位、到站、发货号、本批总件数、发货单位等。

五、实操任务

"优速"配送中心二号库收到客户 A 的出库请求,要从该中心提取存储的 40 台电脑(具体品名和数量如表 3 所示),这些电脑分别要送往五个外地客户(客户的需求情况如表 4 所示),出库方式为送货上门。试完成该订单的货品出库作业。

表3　出库商品信息表

序号	商品名称	规格型号	数　量	包　装
1	Acer	2420-200512C	12	纸箱装
2	宏基商务机	4520-401G12CI	15	纸箱装
3	东芝	PSLA0-01Q004	18	纸箱装
4	IBM	R61	16	纸箱装

表4　客户电脑需求情况一览表

客户名称	需求品种及数量			
	Acer	宏基商务机	东芝	IBM
甲	3	2	3	1
乙	2	3	3	3
丙	1	4	4	5
丁	3	3	4	4
戊	3	3	4	3

六、实训操作指导

第一步:将学生分成若干小组,每组 5 人,1 人充当出库业务受理员,1 人充当保管员,1 人充当复核员,1 人充当理货员,1 人充当司机,以小组为单位完成该项实训任务。

第二步:出库业务受理员做好出库前的各项准备工作。

(1)检查包装

查一查这批货物经装卸、堆码等工作后,有没有包装受损不适宜运输的,如有,需进行整理、加固乃至改换包装。

(2)准备好相关作业用品

如需要更换的包装箱或加固材料、打包机、标签等。

(3)准备好装卸搬运设备

如托盘、小推车。

(4)调配好作业人员

本项出库任务,由于量小,且每台电脑都是一个单独包装,只需 3~4 名作业人员就够了。

第三步:正式开始出库。

(1)备货

保管员对货物出库凭证复核无误后,按其所列项目内容和凭证上的批注,与编号的货位对货,核实后进行配货。备完货后要先销卡然后才能付货。

(2)理货

由于该批电脑实行送货制,因此要将电脑搬到备货区,再进行核对,主要核对 5 批电脑的流向是否和出库单上一致。然后制唛,在电脑外包装箱的两头粘贴印有收货单位名称的标签。

(3)复核

复核员以单对卡,以卡对货,进行单、卡、货现场三核对,核对凭证号、实发数量、规格型号、储存货位、存货数量等,确保所出库的电脑名称、规格、数量等与出库凭证上所列的内容一致。确认无误后签字,将所有单证退交保管员。

保管员在复核后的发货单上加盖发货专用章,将发货单的第二联(出门证)、发货清单第二联交送货人作为出库凭证,发货单第一联、发货清单第一联及档案转交业务受理员存档。

业务受理员对保管员和收费员返回的发货单第一联和发货清单第一联审核无误后,发货单第一联归档留存;根据实发数量填写仓单分割单,发货清单第一联经签字、盖章后返给送货人交存货人。

(4)清点交接和装车

出库电脑经复核及包装后,理货员要向送货人当面点交,点交完之后,保管员要在出库凭证上签名和批注结存数。之后就可以装车发运了。

（5）出库异常情况的处理

如果出库过程中出现了诸如超过提货期限、出库凭证有疑点、出库凭证规格开错等异常情况时,还要填写异常情况处理报告。

至此,出库工作结束。

七、实操考核评价标准

表5

考核内容	考核标准	分值	实际得分
出库流程操作	出库前的准备工作充分	20	
	认真审核出库单证	20	
	包装、制唛正确	10	
	交接清楚	10	
	作业程序准确	20	
	操作规范、熟练	10	
	异常情况处理得当	10	
合　计		100	

第8章　仓储库存管理

学习目标

理解库存和库存管理的含义；

掌握 ABC 分析法的具体应用；

了解 JIT 和零库存管理思想的基本概念及其在库存管理中的作用。

知识点

库存管理的相关概念　ABC 分类法的基本原理及其应用　JIT 与库存控制　零库存管理思想

案例导入

一汽大众的库存管理特点

从 1997 年到 2000 年末，一汽大众汽车有限公司捷达车的销售量从 43 947 辆一路跃升至 94 150 辆，市场兑现率已高达 95% ~97%。而与这些令人心跳的数字形成鲜明对比的是，目前生产每辆捷达车都有 2 000 多种零部件需要外购，加上款式多，公司零部件供应任务非常重。按常理，公司应该有数量庞大的零部件库存。但令人称奇的是该公司居然基本处于"零库存"状态。而造成这一巨大反差的就是一整套较为完善的物流控制系统。

一个占地 9 万多 m²，可同时生产 3 种不同品种品牌的亚洲最大的整车车间，它的仓库也一定非常壮观。但实际上那里没有仓库，只有入口。

一汽大众的零部件送货形式有 3 种：第一种是电子看板，即公司每月把生产信息用扫描的方式通过计算机网络送到各用货厂，对方根据这一信息组织安排自己的生产，然后公司按照生产情况发出供货信息，对方则马上用自备车辆将零部件送到各车间的入口处，再由入口处分配到车间的工位上。第二种叫做"准时化"（JIT），即公司按装车顺序，把配货单直接传送到工位上，从而取消了中间仓库环节。第三种是"批量进货"，即供货厂每月对于那些不影响大局、又没有变化的小零件分批量地运送一到两次。

8.1 库存管理概述

物料的存储现象由来已久。早在 1915 年哈里斯就提出了"经济批量"问题,从根本上改变了人们对库存问题的传统认识,是对库存理论研究的一个重大突破,可以说是现代库存理论的奠基石。"二战"以后,由于运筹学、数理统计等理论与方法的广泛应用,特别是 20 世纪 50 年代以来,人们开始应用系统工程理论来研究和解决库存问题,从而逐步形成了系统的库存理论。电子计算机的问世,又进一步提高了库存控制的工作效率,促使库存理论成为一门比较成熟的学科。

加强库存控制,搞好存货的科学管理,目的就是为了在保证企业生产或经营活动能够正常进行的前提下,使库存量维持在合理的水平上,降低库存成本,提高企业的经济效益。库存控制理论研究在什么时间、以什么数量、从什么来源补充库存,使得保持库存和补充采购的总成本最低。

8.1.1 库存管理的基本概念

1) 库存的概念

库存是指处于储存状态的货品。广义的库存还包括处于制造加工状态和运输状态的货品。通俗地说,库存是指企业在生产经营活动中为现在和将来的耗用或者销售而储备的资源。当某些库存承担起国家的安全使命时,这些库存通常被称为国家储备。

库存具有二重性。一方面它是生产和流通的前提,没有库存,正常的生产和流通不能维持;另一方面,库存又是生产和流通的负担,库存要占用一定的资金,企业还要负担库存物质的保管费用,承担库存损失和库存风险。因此,库存不能没有,但也不能过多,而且是越少越好。

2) 库存管理的概念

库存管理就是对库存物质的管理。它包括库存业务管理、库存物质品种数量管理、库存成本管理和库存量的控制管理。重点是库存控制管理。

由库存的二重性可知,库存管理的目标主要有两个:一是保障供应,二是成本低。对于企业来说,这两个目标是互相矛盾的。库存管理的任务,就是通过科学的决策,使库存既满足生产或流通的需要,又使总库存成本最低。

8.1.2 影响库存管理的因素

1）需求的性质

由于货品的需求性质不同,库存控制方法也不同。

如需求是确定而已知的,则可知在需求发生时准备库存,库存的数量根据给定的计划确定;若需求是不确定的,则需要保持经常储备量,以供应随时发生的需求。

需求虽有变动,但其变动存在着规律性。如季节性变动,则有计划地根据变动规律,在旺季到来之前准备较多的库存储备以备销售增长的需要。若需求变动没有一定的规律,呈现为随机性变化,就需要设置经常性库存,甚至准备一定的保险储备量来预防突然发生的需求。

独立需求是企业所不能控制的,它们随机发生,只能用预测的方法而无法精确计算。在确定供货数量和时间上主要考虑成本的经济性。相关需求库存控制的发展方向是供应链库存管理模式。

有些货品可由其他货品替代,它们的库存量可以定得少些,万一发生缺货也能用替代品来满足需求。而对于没有替代品的货品,则需要保持比较多的库存才能保证预期的供应需求。

知识链接

独立需求与相关需求的区别

1. 掌握需求的数量和时间的方式不同

独立需求是随机的,只能靠预测来掌握。相关需求是确定的,随时间变化的,特征是已知的,所以不需预测,只需根据生产计划来确定。

2. 满足两种需求的库存性质不同

满足独立需求的库存需要设立安全库存,满足相关需求的库存不需要设立安全存货,而且在理想情况下,所有的生产存货应该是在制品。

2）提前期

提前期是指从订购或下达生产指令开始,到货品入库为止的时间周期。提前期是确定订购的时间或下达生产指令时间的主要考虑因素。在库存控制中,都是根据库存量将要消耗完的时间,确定一个提前期提出订货,以避免在订货到达之前发生缺货,这与订单处理时间、货品在途时间以及该货品的日常用量有关。

3）自制或外购

所需要的货品是自制还是外购,也影响对库存的决策。若从外部采购,应着重从经济性,即节约成本的角度来确定它们的供货数量和供货次数。若属于本厂自制,则不但要考虑成本的经济性,还需要考虑生产能力的约束、生产各阶段的节奏性等因素来确定供货的数量和时间。

4)服务水平

服务水平指的是库存满足客户需求的程度。如果库存能够满足全部客户的全部订货需要,则其服务水平为优秀。若100次订货只能满足90次,则服务水平为良好。服务水平一般是由企业领导部门根据经营的目标和战略而规定的。服务水平的高低影响到库存水平的选择。服务水平要求高,就需要较多的储备来保证。

8.2 库存控制的基本方法

不管是独立需求库存控制还是相关需求库存控制,都要回答下列问题:如何优化库存成本? 怎样平衡生产与销售计划来满足一定的交货要求? 怎样避免浪费,避免不必要的库存? 怎样避免需求损失和利润损失? 因此,库存控制是根据用户需求量的大小,指定一个订货策略,来控制订货进货过程,达到既满足用户需要又控制了库存水平,使得库存总费用最低的目的的活动。库存控制方法实际上又可以叫作订货策略,主要解决与订货有关的三个问题:什么时候订货(即订货点、订货时机),订多少(即订货批量),如何实施(即如何操作)。

8.2.1 库存控制的基本方法

对于库存控制的第一个问题,在独立需求的情况下有两种基本的订货策略。

1)连续检查订货策略

该策略是指每次取货后对库存水平进行检查,看其是否低于事先设定的订货点,一旦低于订货点就发出订货单。

2)定期检查订货策略

该策略是指每隔一段固定的时间对库存水平进行检查,然后发出订单将存货补充到预先设定的目标库存水平。

对于库存控制的第二个问题,在独立需求的情况下是根据经济订货批量(EOQ)来确定每次订货的数量。在相关需求情况下,有多种可供选择的批量确定方法,如动态规划法、启发式方法和部分期间平衡法。

适用于独立需求的库存控制系统称为库存补充系统,它是以经常性地维持一定的库存水平并不断补充为特征,连续检查和定期检查是这种系统的两个控制策略。适用于相关需求的库存控制系统有物料需求计划(MRP)和 JIT 系统等。ABC 分析方法主要用于库存品种的数量管理。

知识链接

MRP 基本介绍

MRP 英文全称为 Materials Requirment Planning,译为物料需求计划。它是一种工业制造企业内的物资管理模式,根据产品结构层次、物品的从属和数量关系,以每个物品为计划对象,以完工日期为时间基准倒排计划,按提前期长短区别各个物品下达计划时间的先后顺序。通俗地说,MRP 是一种保证既不出现短缺,也不积压库存的计划方法。

8.2.2 库存补给策略

独立需求的物质采用的是订货点控制策略。订货点法库存管理的策略很多,最基本的策略有四种:连续性检查的固定订货量、固定订货点策略,即(Q,R)策略;连续性检查的固定订货点、最大库存策略,即(R,S)策略;周期性检查策略,即(t,S)策略;总和库存策略,即(t,R,S)策略。

1)(Q,R)策略

该策略的基本思想是,对库存进行连续性检查,当库存降低到订货点水平 R 时,即发出一个订货,每次的订货量保持不变,都为固定值 Q。该策略适用于需求量大、缺货费用较高、需求波动性很大的情形。

2)(R,S)策略

该策略也需随时检查库存。当发现库存降低到订货点水平 R 时开始订货,订货后使最大库存保持不变,即为常量 S。若发出订单时的库存量为 I,则其订货量为(S-I)。此策略的订货量是可变的。

3)(t,S)策略

该策略是每隔一定时期检查一次库存,并发出一次订货,把现有库存补充到最大库存水平 S。如果检查时库存量为 I,则订货量为(S-I)。经过固定的检查期 t,发出订货,若此时的库存量为 I1,则订货量为(S-I1)。经过一定的时间,库存补充 S-I1,达到 A 点。再经过一个固定的检查周期 t,又发出一次订货,若此时的库存量为 I2,则订货量为(S-I2)。经过一段时间,库存再达到新的高点 B。如此周期性检查库存,不断补给。不设订货点,只设固定检查周期和最大库存量。它适用于一些不很重要的或使用量不大的物资。

4)(t,R,S)策略

该策略是(t,S)和(R,S)的综合。这种补给策略分别有一个固定的检查周期 t、最大库存量 S、固定订货点 R。当经过一定的检查周期 t 后,若库存低于订货点,则发出订货;否则,不订货。订货量的大小等于最大库存量减去当时的库存量。当经过固定的检查周期到达 A 点时,此时库存已经下降到订货点水平线 R 以下,因而需发出一次订货,订货量等于最大库存量 S 与当时的库存量 I1 的差(S-I1)。当经过一定的订货提前期在 B 点订货到达时,库存补充到 C 点。如此周期进行下去,实现周期性库存补给。

本章下面的内容将重点介绍库存管理常用的技术。

8.3　ABC 分类法与库存管理

8.3.1　ABC 分类管理法的基本原理

ABC 库存管理法又称为 ABC 分析法、重点管理法,它是"关键的少数和次要的多数"的帕累托原理在仓储管理中的应用。ABC 库存管理法就是强调对物资进行分类管理,根据库存物资的不同价值而采取不同的管理方法。

ABC 库存分类法的基本原理是:由于各种库存品的需求量和单价各不相同,其年耗用金额也各不相同。那些年耗用金额大的库存品,由于其占压企业的资金较大,对企业经营的影响也较大,因此需要进行特别的重视和管理。ABC 库存分类法就是根据库存品的年耗用金额的大小,把库存品划分为 A、、B,C 三类。A 类库存品:其年耗用金额占总库存金额的 75%～80%,其品种数却只占总库存数的 5%～10%;B 类库存品:其年耗用金额占总库存金额的 20%～25%,其品种数占库存品种数的 15%～20%;C 类库存品:其年耗用金额占总库存金额的 5%～10%,其品种数却占总库存品种数的 70%～80%。

8.3.2　ABC 分类法的实施步骤

ABC 分析的一般步骤如下:

1)搜集数据

按分析对象和分析内容,搜集有关数据。例如,打算分析产品成本,则应搜集产品成本因素、产品成本构成等方面的数据;打算分析某一系统搞价值工程,则应搜集系统中各局部功能、各局部成本等数据。

2）处理数据

利用搜集到的年需求量、单价,计算出各种库存品的年耗用金额。

3）编制 ABC 分析表

根据已计算出的各种库存品的年耗用金额,把库存品按照年耗用金额从大到小进行排列,并计算累计百分比。如表8.1所示。

表8.1　ABC 分析表

产品序号	数　量	单价/元	占用资金	占用资金百分比/%	累计百分比/%	占产品项的百分比/%	分类
1	10	680	6 800	68.0	68.0	10	A
2	12	100	1 200	12.0	80.0	20	A
3	25	20	500	5.0	85.0	30	B
4	20	20	400	4.0	89.0	40	B
5	20	10	200	2.0	91.0	50	C
6	20	10	200	2.0	93.0	60	C
7	10	20	200	2.0	95.0	70	C
8	20	10	200	2.0	97.0	80	C
9	15	10	150	1.5	98.5	90	C
10	30	5	150	1.5	100	100	C
合　计			10 000	100			

4）根据 ABC 分析表确定分类

根据已计算的年耗用金额的累计百分比,按照 ABC 分类的基本原理,对库存品进行分类。

5）绘制 ABC 分析图

以库存品种数百分比为横坐标,以累计耗用金额百分比为纵坐标,在坐标图上取点,并联结各点,则绘成如图 7.16 所示的 ABC 曲线。按 ABC 分析曲线对应的数据,以 ABC 分析表确定 A,B,C 三个类别的方法,在图上标明 A,B,C 三类,则制成 ABC 分析图如图 8.1 所示。

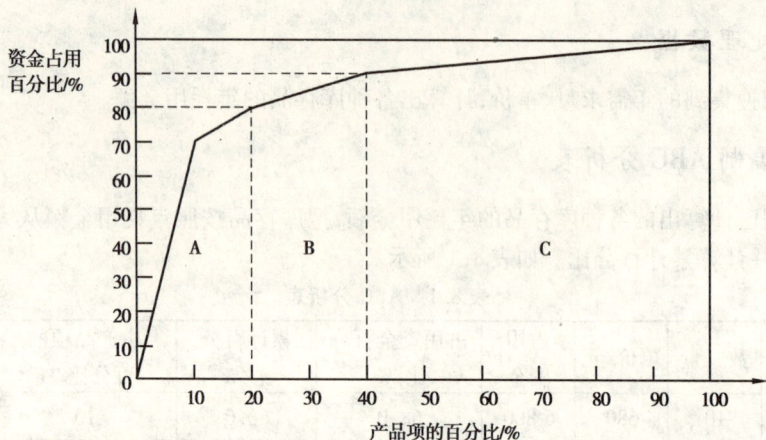

图 8.1 ABC 分析图

知识链接

多重与多标准 ABC 分析

1. 多重 ABC 分析

多重 ABC 分析是在第一次 ABC 分析的基础上,再进行一次 ABC 分析。即在原 A 类中又划分出 A,B,C 三类,分别冠以 A—A,A—B,A—C,以使管理者了解 A—A 为重中之重,在管理中确定对应的有效管理方法。如果 B 类也需要进行分析的话,可按同样道理,划分出 B—A,B—B,B—C 三类。C 类在管理上往往不需要细化,所以一般而言,C 类不再进行二重分析。

2. 多标准 ABC 分类

在实际工作中,管理目标往往不是一个。例如,一般管理往往看重物品价值,按价值进行分类,但是,单价高的商品,可能数量并不大,因此按总价值的目标分类就会有不同分类结果。还有更复杂的情况,在一个企业中,有的人关心价值,有的人关心各种物品的供货保证程度,物品价值可能不高,但一旦出现供应的中断会造成巨大损失,他们希望按这种供应保证程度进行 ABC 分析,以正确地确定不同的管理方法。企业中的管理人员还可能关注保管的难易程度或物品在仓库中可能损坏的程度,希望以此为目标进行分类,以分别确定管理方法。

8.3.3　ABC 分类法在库存控制中的作用

ABC 分析的结果,只是理顺了复杂事物,搞清了各局部的地位,明确了重点。但是,ABC 分析主要目的在于解决困难,它是一种解决困难的技巧,因此,在分析的基础上必须提出解决的办法,才真正达到 ABC 分析的目的。对三类库存物品可按以下方法进行区别管理。

1）A 类商品

①每件商品皆做编号。

②尽可能慎重、正确地预测需求量。

③少量采购,尽可能在不影响需求的情况下减少库存量。

④请供货单位配合,力求出货量平稳化,以降低需求变动,减少库存量。

⑤采用定期订货方式,对其存货进行定期检查。

⑥必须严格执行盘点,每天或每周盘点一次,以提高库存精确度。

⑦对交货期限必须严格控制,在制品及发货也必须从严控制。

⑧货品放至易于出入库的位置。

⑨实施货品包装外形标准化,增加出入库单位。

⑩A 类商品的采购需经高层主管审核。

2）B 类商品

①采用定量订货方式,但对前置时间较长,或需求量有季节性变动趋势的货品宜采用定期订货方式。

②每二三周盘点一次。

③中量采购。

④采购需经中级管理人员审核。

3）C 类商品

①采用复合制或定量订货方式以减少手续。

②大量采购,以利在价格上取得优惠。

③简化库存管理手段。

④安全库存量可以大些,以免发生库存短缺。

⑤每月盘点一次。

⑥采购仅需基层主管核准。

此外,以流通速度而言,A 类商品常被列为快速流动商品,需要有较多的库存,因此需置于所有的配送中心或零售店;B 类商品被列为正常流动商品,应存放于区域性仓库或配销仓库;C 类商品可列为流动缓慢商品,常存放于中央仓库或工厂仓库。

ABC 分类的结果并不是唯一的,分类的目标是把重要的物品和不重要的物品区分开来。尽管库存量和价值是最常用的评价指标,但是其他指标也可以用来对存货进行分类。

缺货后果:如果某些存货的供应中断将给其他运作带来严重干扰甚至延误的话,它们应该获得较高的优先级别。

供应的不确定性:某些存货虽然价值低,但是其供应缺乏规律性或非常不确定性,因此也应该得到更多的重视。

过期或变质的风险:如果存货很容易因为过期或者变质而失去价值,那么就必须给予更多的关注和监控。

有些复杂的存货分类系统则同时使用这些指标,并分别按照这些指标给存货进行A,B,C 类的划分。例如,一个零件可能被划分为 A/B/A 类,即按照价值划分,它属于 A类;按照缺货后果划分,它属于 B 类;按照过期风险划分,它属于 A 类。

8.4　JIT 与库存控制

8.4.1　JIT 简介

JIT 是 Just in Time 的缩写,直译是"正好准时"。如将其与库存管理和生产管理联系起来,则为"准时到货"之意。JIT 由日本的丰田汽车公司在 20 世纪 60 年代后期成功地应用并因此成为闻名于世的先进管理体系。在准时制生产方式倡导以前,世界汽车生产企业包括丰田公司均采取福特式的"总动员生产方式",即一半时间人员和设备、流水线等待零件,另一半时间等零件一运到,全体人员总动员,紧急生产产品。这种方式造成了生产过程中的物流不合理现象,尤以库存积压和短缺为特征,生产线或者不开机,或者开机后就大量生产,从而导致了严重的资源浪费。丰田公司的准时制采取的是多品种、少批量、短周期的生产方式,实现了消除库存、优化生产物流、减少浪费的目的。

8.4.2　JIT 的基本原理

JIT 的基本思想是"只有在需要的时候,按需要的量,生产所需的产品"。核心是追求一种无库存生产系统,或使库存量达到最小。

JIT 实行生产同步化,使工序间在制品库存接近于零,工序间不设置仓库,前一工序加工结束后,使其立即转移到下一工序,使装配线与机械加工几乎同时进行,产品被一件件连续地生产出来。在制品库存的减少可使设备发生故障、次品及人员过剩等问题充分暴露,并针对问题提出解决方法,从而带来生产率的提高。

在原材料库存控制方面,若仅考虑价格与成本之间的关系,依照传统的库存控制策略,就可能为赢得一定的价格折扣而大量地购入物品。JIT 采购时不仅考虑价格与费用之间的关系,还考虑了许多非价格的因素,如与供应商建立良好的关系,利润分享且相互依赖,以减少由于价格的波动对企业带来的不利影响,选择能按质按时提供货物的供应商,保证 JIT 生产有效运行。这样,JIT 就有效地控制了原材料库存,从根本上降低了库存。

8.4.3　JIT 的目标及特点

1）JIT 的目标

（1）零废品

传统的生产管理中，一般企业只提出允许的不合格品的百分比和可接收的质量水平。而 JIT 的目标是消除各种引起不合格品的因素，在加工过程中，每一工序力求达到最好水平。

（2）零库存

传统的生产系统中，在制品库存和产成品库存被视为资产，体现生产系统中已累计的增值。而 JIT 则认为，任何库存都是浪费。库存是生产系统设计不合理、生产过程不协调、生产操作不规范的产物，必须予以清除。

（3）准结时间最少

准结时间长短与批量选择相关。如果准结时间接近于零就意味着批量生产的优越性不复存在。确定经济批量的目的是使库存总费用最小，而库存总费用是由仓储保管费与准结（订货）费所决定的，批量大意味着库存量高，仓储费用高；而批量小则库存量低，仓储保管费低。但批量小必然增加准结次数，一般情况下准结费用也随之增加。如果准结时间趋于零，则准结成本也趋于零，就有可能采用极小批量。

2）JIT 的特点

（1）JIT 技术具有普遍意义

它既可以适用任何类型的制造业，也可应用于服务业中的各种组织。JIT 能够以有效、可靠的方式消除生产经营过程中的浪费，改善质量，提高用户需求的满意度。

（2）JIT 的核心是消除无效劳动和浪费

在市场竞争环境下，获取更多利润的途径是降低成本，而降低成本的关键就在于杜绝浪费。JIT 技术对所有对于产品不起增值作用，或不增加产品附加值但增加成本的劳动加以控制。例如，多余的库存，多余的搬运和操作，造成返修品、次品和废品的作业，停工待料，没有销路的超产等都是 JIT 技术控制的对象。

（3）JIT 非常重视人的因素，强调全员授权参与管理

JIT 把企业员工看成是主动创新的主力，认为最了解管理中存在的问题的是企业的一线员工，因而应当首先由他们提出解决问题的方法。为此，一般由上级提出目标和处理问题的原则，提供信息和培训，并对员工进行授权，各级员工在自己的权限内处理工作范围中的各种问题。

（4）JIT 重视员工多种技能的培训

员工必须是多面手，能在不同设备上进行操作与维护，因而减少因人员缺勤造成

的停工,同时增加工人对职业的荣誉感。在JIT的实施过程中,要成立合理化小组和质量控制小组,提供合理化建议,将体力劳动和脑力劳动相互结合起来。

(5)JIT追求尽善尽美

JIT认为,不懈进取与一个组织的整体效果的提高有着密切的关系,必须被组织内的每一个员工所接受,遇到问题,就一定要找出问题发生的根源,并运用工业工程和其他方法,将问题彻底解决,使之不再发生,以便有效、连续地改进生产操作和为用户服务。

(6)JIT着重于对物流的控制

JIT管理采用组成单元,U形机床布置;改进工装设计,压缩准备时间,减少批量;组织标准化生产,采用拉式作业,保持各生产单元之间的物流平衡。

(7)JIT强调全面质量管理

JIT认为仅靠检验只能发现而不能防止和消除缺陷,即使补救,也已造成浪费。因此,必须建立质量保证体系,从根本上保证产品质量。同时,坚持预防性设备维护制度,一旦出现设备故障就全线停工,群策群力查明事故根源,一次性彻底解决问题。

(8)JIT追求最优的质量成本比

JIT致力于开发旨在实现零缺陷的制造流程。表面上看起来,这似乎是个不切现实的目标。但是,从长远的角度看,由于消除了一些多余的功能,可使企业大大降低成本费用,实现最优的质量成本比。

8.4.4 JIT生产方式消除库存、改善物流的关键做法

1)生产准备耗费与储存成本控制

传统观念认为生产准备耗费或订购成本与储存成本是必然存在的,因而控制的方法是找到一个理想的储量,其成本之和为最低。与此相反,JIT认为这两类成本并不是既定的,可以寻求方法和采取措施使之下降,或者趋于零。它的实现是通过以下三种途径:

引进先进的机器设备。计算机化的控制与操作已使得生产准备阶段所耗时间变得很短,从而使准备耗费大幅度下降。

仅选择几个可靠的供应商,且与他们建立起长期的订购关系,业务仅采取电话或是传真的方式进行,由此采购费用大幅度下降。

选定的供应商可按时、按量、按质将材料运到,因此企业的库存可以压低到极限,储存成本也可降低到最低水平。

2)保证交货期

能否按期交货是衡量企业是否有能力满足顾客需求的关键标准之一。传统处理方式是通过储存一定量的产成品来达到。然而,JIT采用改善企业内部机制,大幅度缩

短提前期的方式来实现。这里的提前期是指顾客从提出要货到拿到货物所需要的时间。提前期缩短,企业应对市场需求变化的能力也提高。JIT 在这方面的改革包括以下四点:

①降低生产准备时间以缩短提前期。

②提高材料、零部件和产成品的质量,消除生产废品及事后检验的时间耗费。

③改革生产过程的布局方式,由部门型或职能型转化为以产品为中心的生产布局方式,因此缩短了由原材料到零部件、到产品专业过程的路途。

④库存方式由集中型转化为小而分散式,减少了库存空间和资金的占用。

3)避免事故,避免损失

JIT 认为,正是由于允许存货的存在而掩盖了急需管理的问题。JIT 解决此类问题的方法有以下三种:

①追求设备失灵为零的目标,强调全员参与设备的日常保养与维护。

②从采购到内部生产进行全面的质量控制。

③利用"看板管理法"保证生产过程物流畅通。

8.5　零库存与配送

8.5.1　零库存的定义与认识

零库存是一种特殊的库存概念。对工业企业和商业企业来讲,它是个重要的分类概念。零库存的含义是,以仓库储存形式的某种或某些种物品的储存数量很低,甚至为"零",即不保持库存。不以库存形式存在就可以免去仓库存货的一系列问题,如仓库建设、管理费用,存货维护、保管、装卸、搬运等费用,存货占用流动资金及库存物的老化、损失、变质等问题。

零库存(Zero Inventory)可追溯到 20 世纪六七十年代,当时的日本丰田汽车实行准时制(JIT:Just in Time)生产,在管理手段上采用了看板管理,以单元化生产等技术实行拉式生产(pull Manufacturing),以实现在生产过程中基本没有积压的原材料和半成品。这种前者按后者需求生产的制造流程,不但大大地降低了生产过程中库存和资金的积压,而且在实现 jit 的这个过程中,也相应地提高了生产活动的管理效率。而生产零库存在操作层面上的意义,则是指物料(包括原材料、半成品和产成品)在采购、生产、销售等一个或几个经营环节中,不以仓库储存的形式存在,而均是处于周转的状态。也就是说,零库存的关键不在于适当不适当,这和有否拥有库存没有关系,问题的关键在于产品是处于存储还是周转的状态。

8.5.2 零库存的形式

1)委托保管方式

委托保管方式,是指接受用户的委托,由受托方代存代管所有权属于用户的物资,从而使用户不再保有库存,甚至可不再保有保险储备库存,从而实现零库存。受托方收取一定数量的代管费用。

这种零库存形式的优势在于:受委托方利用其专业的优势,可以实现较高水平和较低费用的库存管理,用户不再设库,同时减去了仓库及库存管理的大量事务,集中力量于生产经营。但是,这种零库存方式主要是靠库存转移实现的,并不能使库存总量降低。

2)协作分包方式

协作分包方式,即美国的"SUB—CON"方式和日本的"下请"方式。主要是制造企业的一种产业结构形式,这种结构形式可以以若干企业的柔性生产准时供应,使主企业的供应库存为零;同时主企业的集中销售库存使若干分包劳务及销售企业的销售库存为零。

在许多发达国家,制造企业都是以一家规模很大的主企业和数以千百计的小型分包企业组成一个金字塔形结构。主企业主要负责装配和产品开拓市场的指导,分包企业各自分包劳务、分包零部件制造、分包供应和分包销售。例如分包零部件制造的企业,可采取各种生产形式和库存调节形式,以保证按主企业的生产速率,按指定时间送货到主企业,从而使主企业不再设一级库存,达到推销人或商店销售,可通过配额、随供等形式,以主企业集中的产品库存满足各分包者的销售,使分包者实现零库存。

3)轮动方式

轮动方式也称同步方式,是在对系统进行周密设计前提下,使各个环节速率完全协调,从而根本消除各个环节甚至工位之间暂时停滞的一种零库存、零储备形式。这种方式是在传送带式生产基础上,进行更大规模延伸形成的一种使生产与材料供应同步进行,通过传送系统供应从而实现零库存的形式。

4)准时供应系统

在生产工位之间或在供应与生产之间完全做到轮动,这不仅是一件难度很大的系统工程,而且需要很大的投资。同时,有一些产业也不适合采用轮动方式。因而,广泛采用比轮动方式有更多灵活性、较易实现的准时方式。准时方式不是采用类似传送带的轮动系统,而是依靠有效的衔接和计划达到工位之间、供应与生产之间的协调,从而实现零库存。如果说轮动方式主要靠"硬件"的话,那么准时供应系统则在很大程度上依靠"软件"。

5）看板方式

看板方式是准时方式中一种简单有效的方式，也称"传票卡制度"或"卡片"制度，是日本丰田公司首先采用的。在企业的各工序之间，或在企业之间，或在生产企业与供应者之间，采用固定格式的卡片为凭证，由下一环节根据自己的节奏，逆生产流程方向，向上一环节指定供应，从而协调关系，做到准时同步。采用看板方式，有可能使供应库存实现零库存。

6）水龙头方式

水龙头方式是一种像拧开自来水管的水龙头就可以取水而无需自己保有库存的零库存形式。这是日本索尼公司首先采用的。这种方式经过一定时间的演进，已发展成即时供应制度，用户可以随时提出购入要求，采取需要多少就购入多少的方式，供货者以自己的库存和有效供应系统承担即时供应的责任，从而使用户实现零库存。适合以这种供应形式实现零库存的物资，主要是工具及标准件。

7）无库存储备

国家战略储备的物资，往往是重要物资。战略储备在关键时刻可以发挥巨大作用，几乎所有国家都要有各种名义的战略储备。由于战备储备的重要性，一般这种储备都保存在条件良好的仓库中，以防止其损失，延长其保存年限。因而，实现零库存几乎是不可想象的事。无库存的储备，是仍然保持储备，但不采取库存形式，以此达到零库存。有些国家将不易损失的铝这种战备物资作为隔音墙、路障等储备起来以备万一，在仓库中不再保有库存就是一例。

8）配送方式

配送方式是指综合运用上述若干方式，采取配送制度保证供应，从而使用户实现零库存。

8.5.3 零库存的实现途径

1）无库存储备

无库存储备事实上是仍然保有储备，但不采用库存形式，以此达到零库存。有些国家将不易损失的铝这种战备物资做为隔音墙、路障等储备起来以备万一，在仓库中不再保有库存就是一例。

2）委托营业仓库存储和保管货物

营业仓库是一种专业化、社会化程度比较高的仓库。委托这样的仓库或物流组织储存货物，从现象上看，就是把所有权属于用户的货物存放在专业化程度比较高的仓库中，由后者代替用户保管和发送货物，用户则按照一定的标准向受托方支付服务费。采用这种方式存放和储备货物，在一般情况下，用户自己不必再过多地储备物资，甚至不必再单独设立仓库从事货物的维护、保管等活动，便可以在一定范围内实现零库存和进行无库存式生产。

3）协作分包方式

协作分包方式主要是制造企业的一种产业结构形式。这种形式可以以若干企业的柔性生产准时供应，使主企业的供应库存为零，同时主企业的集中销售库存使若干分包劳务及销售企业的销售库存为零。

4）采用适时适量生产方式

适时适量（JIT）生产方式，即"在需要的时候，按需要的量生产所需的产品"。这是在日本丰田公司生产方式的基础上发展起来的一种先进的管理模式，是一种旨在消除一切无效劳动，实现企业资源优化配置，全面提高企业经济效益的管理模式。看板方式是适时适量生产方式中一种简单有效的方式，也称传票卡制度或卡片制度。采用看板方式，要求企业各工序之间或企业之间或生产企业与供应者之间采用固定格式的卡片为凭证，由下一环节根据自己的节奏，逆生产流程方向，向上一环节指定供应，其主要目的是在同步化供应链计划的协调下，使制造计划、采购计划、供应计划能够同步进行。在具体操作过程中，可以通过增减看板数量的方式来控制库存量。

5）按订单生产方式

在拉动（PULL）生产方式下，企业只有在接到客户订单后才开始生产，企业的一切生产活动（采购、制造、配送等）都是按订单来进行的，仓库不再是传统意义上的储存物资的仓库，而是物资流通过程中的一个"枢纽"，是物流作业中的一个站点。物是按订单信息的要求而流动的，因此从根本上消除了呆滞物资，从而也就消除了库存。

6）实行合理配送方式

一般来说，在没有缓冲存货情况下，生产和配送作业对送货是否及时更敏感。无论是生产资料，还是成品、物流配送都在一定程度上影响其库存量。因此，通过建立完善的物流体系，实行合理的配送方式，企业及时地将按照订单生产出来的物品配送到用户手中。在此过程中通过物品的在途运输和流通加工，减少库存。企业可以通过采用标准的零库存供应运作模式和合理的配送制度，使物品在运输中实现储存，从而实现零库存。

(1)采用"多批次、少批量"的方式向用户配送货物

企业集中各个用户的需求,统筹安排,实施整车运输,增加送货的次数,降低每个用户、每个批次的送货量,提高运输效率。配送企业也可以直接将货物运送到车间和生产线,从而使生产企业呈现出零库存状态。

(2)采用集中库存的方法向用户配送货物

通过集中库存的方法向用户配送货物,增加库存的商品和数量,形成规模优势,降低单位产品成本。同时,在这种有保障的配送服务体系支持下,用户的库存也自然会日趋弱化。

(3)采用"即时配送"和"准时配送"的方法向用户配送货物

为了满足客户的特殊要求,在配送方式上,企业采用"即时配送"和"准时配送"的方法向用户配送货物。"即时配送"和"准时配送"具有供货时间灵活、稳定、供货弹性系数大等特点,因此作为生产者和经营者,采用这种方式,库存压力能够大大减轻,甚至企业会选择取消库存,实现零库存。

本章小结

本章阐述了库存和库存管理的含义,重点介绍了库存管理的一些基本方法。

库存管理就是对库存物资的管理。它包括库存业务管理、库存物质品种数量管理、库存成本管理和库存量的控制管理。影响库存控制的主要因素有:需求的性质、提前期、自制或外购以及服务水平等。ABC分类库存管理法主要原理是,按照各类库存货品的年度货币占用量将库存分为A、B、C三类,然后对不同类别的货品采取不同的管理方法,以降低库存成本。JIT库存控制方法的基本思想是,在恰当的时间、恰当的地点,以恰当的数量、恰当的质量提供恰当的货品。

案例 别拿别人的库存不当钱

我们看到,很多从事流通的经销或零售企业并没有在库存上动太多的脑筋。是这个问题不重要吗?不是。有人认为库存管理是零售企业的三大核心能力之一(另两个是商品管理和顾客行为分析)。那为什么分销企业却对此"漠然"呢?原因也很简单:他们不知道同样做到了800万元的销售额,但A企业是用600万元库存做到的,而B企业是用1 000万元库存做到的。B企业可能到资金链断裂而倒闭的那一天都不知道

是库存出了问题。具体如何实现降低库存,不同类型的企业有着不同的库存政策,像上述库存问题就可以利用好的商品管理方法来改善。但这样做得再好也只是"各家自扫门前雪"。更重要的是,当你为转移了自己的库存风险而得意时,你的上下游正通过其他"卑鄙"的手法把库存损失再转回来——供应链上没有"一枝独秀"的美事。因此,我们提倡的是,分销企业应该鼓励或联合供应商一起来降低库存,提高周转率——"别拿别人的库存不当钱"。

让我们看看上海通用是如何解决这个问题的。

上海通用三种车型的零部件总量有 5 400 多种,相当于一个中型超市的单品数。通用的这些零部件来自 180 家供应商,这也和一个大型卖场的供应商数量相近。我们来看看通用怎么提高供应链效率、帮助整个供应链降低库存。通用的部分零件是本地供应商所生产的,这些供应商会根据通用的生产要求,在指定的时间直接送到生产线上。这样,因为不进入原材料库,所以保持了很低或接近于"零"的库存,省去大量的资金占用。但供应商并不愿意送那些用量很少的零部件,于是,以前的传统汽车制造商要么有自己的运输队,要么找运输公司把零件送到公司。这种方式的缺点是:

1. 有的零件由于体积或数量的不同,并不一定能正好装满一卡车。但为了节省物流成本,他们经常是装满一卡车才给你送货;如果装不满,就要等待。这样不仅造成了库存高、占地面积大,而且也影响了对客户的服务速度。

2. 不同供应商的送货环节缺乏统一的标准化的管理,在信息交流、运输安全等方面,都会带来各种各样的问题。如果想管好它,必须花费很多的时间和大量的人力资源。

所以通用就改变了这种做法,使用了叫做"循环取货"的小技巧:他们聘请一家第三方物流供应商,由他们来设计配送路线,然后每天早晨依次到不同的供应商处取货,直到装上所有的材料,再直接送到上海通用。这样,通过循环取货,通用的零部件运输成本可以下降 30% 以上。这种做法省去了所有供应商空车返回的浪费,充分节约运输成本,而且体现了这样的基本理念:把所有增值空间不大的业务外包给第三方,他们会比通用更懂得怎样节省费用。

如果一个大卖场有 300 个供应商,他们是否有必要每一家都包一辆车,把货物送到收货处呢?你认为供应商会白白地替你送货吗?而且你用考核指标要求他们不能断货,要及时送到,那么这就是在逼迫供应商在当地为你保有一定的库存量。这部分库存成本,供应商会白白为你付出吗?如果没有厂家愿意出,他们会把费用打到商品价格中。

我们建议,区域性的零售大户如果没有建立配送中心的实力,就应该考虑请一家物流公司用"牛奶取货"法来为你供货,然后可以和供应商一同协商支付物流费用。这是痴心妄想吗?不是。日本 7-11 在刚开始快速发展的时候,是让众多供应商非常头疼的一个客户。为什么?因为当时 7-11 的确发展很快,已经达到 100 家以上了,供应商不肯放弃或得罪这样一个有潜力的零售客户。但问题是,在 7-11 要求厂家直供门店时,供应商们发现,7-11 都是便利店,由于定位针对年轻顾客,即食商品多,因此要求门店存货少。这样,供应商送货时要面对频繁的送货次数,复杂的送货路线,小批量的订单,大量的上下搬运作业——没有几个供应商愿意承担这样的成本。但如果采取大批量小频率送货,7-11就要承担大量库存的风险。于是,7-11建议自己的供应商联合起来送货。最初响应的人很少,但最终供应商们发现这样的确可以降低大量的成本。

但另外的问题又出来了。为了保证7-11的低库存,为了能在7-11要货时就能备足各种货品,就要求供应商准备很多库存。怎么办? 实际上上海通用也遇到了这种情况。上海通用采取的是"柔性化生产",即一条生产流水线可以生产不同平台多个型号的产品。这种生产方式对供应商的要求极高,即供应商必须时常处于"时刻供货"的状态,这样就会给供应商带来很高的存货成本。但是,供应商一般不愿意独自承担这些成本,会把部分成本打在给通用供货的价格中。同时,他们还会把另一部分成本"赶"到了其上游的供应商那里,于是上游就准备了更大的库存。

为了克服这个问题,上海通用与供应商时刻保持着信息沟通。"我们有一年的生产预测,也有半年的生产预测,我们的生产计划是滚动式的,基本上每个星期都有一次滚动。在滚动生产方式的前提下,我们的产量在作不断的调整。这个运行机制的核心是要让供应商也看到我们的计划,让其能根据通用的生产计划安排自己的存货和生产计划,减少对存货资金的占用。"通用的人如是说。实际上零售商一样可以做到这一点。问题是,零售商是否还守着以往的旧观念,而不愿意把销售数据和促销计划提前通知供应商呢? 而对于供应商来说,至少在三个降低库存的方面非常需要零售商的POS数据:销售预测,这决定了供应商的日常库存;补货运作,这里的终端数据决定了供应商的存货量和补货速度;促销计划:这决定了供应商的促销库存,以及清理以往快过季的库存。但糟糕的是,我们所见的大多数中国零售商还没有"贡献"出他们的POS数据。当然供应商可以采取贿赂采购或运营人员和偷窃的方法,但这不能保证数据的及时和持续供应。

案例分析与思考题

1. 上海通用是如何有效降低库存的?
2. 零售商可以借鉴通用的哪些经验来降低库存?

复习思考题

1. 影响库存控制的因素有哪些?
2. ABC管理法的基本原理是什么? 是如何管理的?
3. 简述JIT库存控制的基本原理。
4. 你是如何理解零库存的?

实操项目四
"优速"配送中心商品库存管理实施操作

项目 4-1　ABC 分类管理法在库存控制中的应用

一、实训目的

ABC 分类管理法是库存控制中常用的分析方法。通过本项目的实训,让学生掌握 ABC 分类管理法的一般实施步骤以及不同种类物品相应的库存管理手段。

二、实训条件

教室或物流实训室。

三、实训操作时间

4 课时。

四、相关知识

1. ABC 分类法的基本原理:见本章 8.3.1。

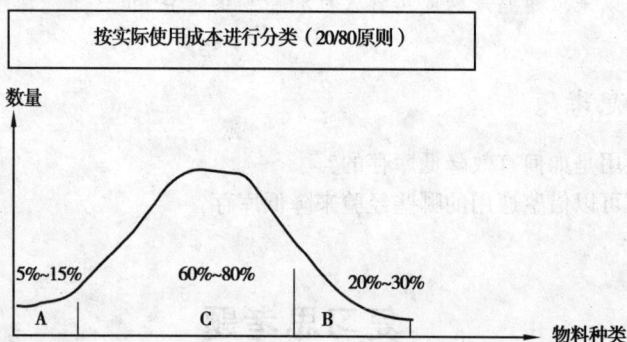

图 1

2. ABC 分类管理法的实施步骤:见本章 8.3.2。举例如下:
①搜集数据。
②处理数据。
③编制 ABC 分析表(如表1)。

表1

产品 序号	数量	单价 /元	占用资金	占用资金 百分比	累计 百分比	占产品项的 百分比	分类
1	10	680	6 800	68.0	68.0	10	A
2	12	100	1 200	12.0	80.0	20	A
3	25	20	500	5.0	85.0	30	B
4	20	20	400	4.0	89.0	40	B
5	20	10	200	2.0	91.0	50	C
6	20	10	200	2.0	93.0	60	C
7	10	20	200	2.0	95.0	70	C
8	20	10	200	2.0	97.0	80	C
9	15	10	150	1.5	99.5	90	C
10	30	5	150	1.5	100	100	C
合计			10 000	100			

④分类。根据 ABC 分类表中品目累计百分比(%)和平均资金占用额累计百分比(%),进行 A,B,C 三类商品的分类。

A 类:品目累计百分比为 5% ~ 15%,平均资金占用额累计百分比为 60% ~ 80%;

B 类:品目累计百分比为 20% ~ 30%,平均资金占用额累计百分比为 20% ~ 30%;

C 类:品目累计百分比为 60% ~ 80%,平均资金占用额累计百分比为 5% ~ 15%。

⑤绘制 ABC 分析图。

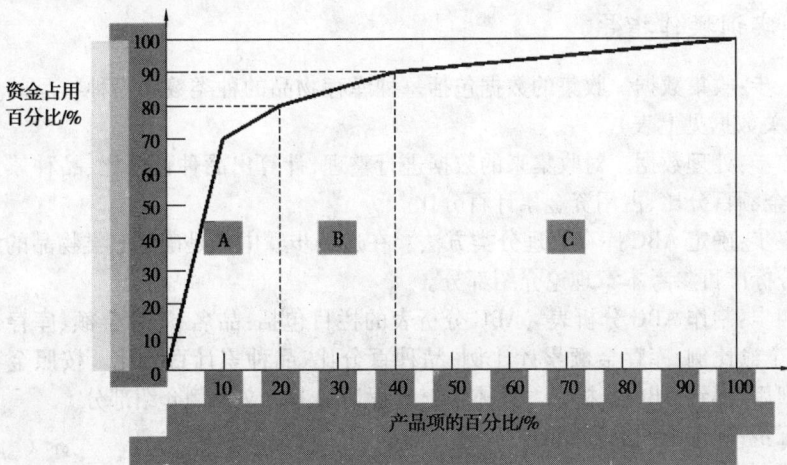

图2

五、实操任务

"优速"配送中心面临库存控制的问题,公司没有足够的时间对所有物质进行平均管理。表2是有关物质情况。

表2

物质号	年用量/元	物质号	年用量/元
A	7 000	K	80 000
B	1 000	L	400
C	14 000	M	1 100
D	2 000	N	30 000
E	24 000	O	1 900
F	68 000	P	800
G	17 000	Q	90 000
H	900	R	12 000
I	1 700	S	3 000
J	2 300	T	32 000

请根据表2完成下列实操任务:
(1)提出合适的物质管理方案。
(2)对表2中每种物质进行分类。

六、实训操作指导

第一步:收集数据。收集的数据包括每种库存物品的种类数和每种物品的资金占用量(相关数据见上表)。

第二步:处理数据。对收集来的数据进行整理,计算出品种百分比、品种累计百分比、占用金额百分比、占用资金累计百分比。

第三步:确定 ABC 库存管理分类方法。在这一步骤中只是确定三类物品的划分标准。划分标准可参考本章理论介绍部分。

第四步:制作 ABC 分析表。ABC 分析表的栏目包括:品名、库存金额、库存金额累计、库存金额比例、库存金额累计比例、品种百分比、品种累计百分比。按照金额大小进行排列后,得到 ABC 分析表。具体实施过程请参考上文案例介绍部分。

第五步:确定不同类别物品的管理方法。

对 A 类货物的管理:

①根据历史资料和市场供求的变化规律,认真预测未来货物的需求变化,并依此

组织入库货源。

②多方了解货物供应市场的变化,尽可能地缩短采购时间。

③控制货物的消耗规律,尽量减少出库量的波动,使仓库的安全储备量降低。

④合理增加采购次数,降低采购批量。

⑤加强货物安全、完整的管理,保证账实相符。

⑥提高货物的机动性,尽可能地把货物放在易于搬运的地方。

⑦货物包装尽可能标准化,以提高仓库利用率。

对 B、C 类货物的管理:

①将那些很少使用的货物可以规定最少出库的数量,以减少处理次数。

②依据具体情况确定必要的储备数量。

③对于数量大价值低的货物,可以不列入日常管理的范围,减少这类货物的盘点次数和管理工作。

详见本章理论介绍部分。

七、实操考核评价标准

表3

考核内容	考核标准	分值	实际得分
ABC 分类管理法在库存控制中的应用	ABC 分类法的基本实施步骤正确	20	
	按要求处理数据,计算准确	50	
	有针对性地对 ABC 类物品进行管理和控制	30	
合　计		100	

项目 4-2　ABC 分类法在货区货位布置中的应用

一、实训目的

通过本项目的实训,使学生掌握 ABC 分类法在货区货位布置中的应用。

二、实训条件

教室或物流实训室。

三、实训操作时间

4 课时。

四、相关知识

1. ABC 分类法的基本原理(详见本章 8.3.1)

ABC 分类原理是"关键的少数,次要的多数"。徽商物流公司通过 ABC 分类,以货物的周转量为指标,把入库的货物分为 ABC 三类,通过周转量的确定,从而确定货物所在的货位,降低搬运次数,优化搬运路径。

2. ABC 分类管理法的实施步骤(详见本章 8.3.2)

举例如下:

①搜集数据;

②处理数据;

③编制 ABC 分析表;

④分类。

根据 ABC 分类表中周转量的累计百分比(%),进行物动量的 A,B,C 分类。

A 类:高物动量,周转量累计百分比为 70%;

B 类:中物动量,周转量累计百分比为 70% ~90%;

C 类:低物动量,周转量累计百分比为 90% ~1 000%。

五、实操任务

"优速"配送中心二号库有一批货物即将入库。此批货物在配送中心一段时间的周转量如表 4 所示:

表 4

序号	货品名称	编　号	周转量/箱	排　序
1	王老吉	D001	250	
2	方便面	F001	200	
3	葡萄酒	D002	10	
4	巧克力	F002	1 000	
5	色拉油	F003	160	
6	洗发水	W001	100	
7	沐浴露	W002	5	
8	花露水	W003	80	
9	香皂	W004	50	
10	漱口水	W005	20	

表 4 为商品周转量统计表,从表中可看出十种商品半年来的周转量。周转量的大

小直接反映出商品的出入库频率,因此在商品在库储存规划的过程中,出入库频率高的商品应该尽量布置在距离通道近或货架的下层等位置。

根据表4给出的信息进行ABC分类,以确定商品存储的位置,并标注在图3中。

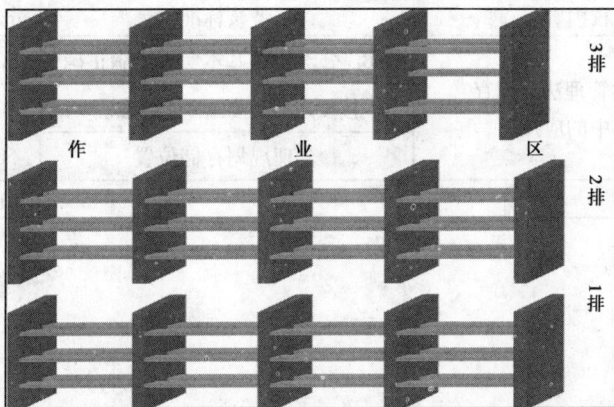

图3

六、实训操作指导

第一步:收集数据。收集的数据包括每种库存物品的周转量(相关数据见表4)。

第二步:处理数据。对收集来的数据进行整理,计算出周转量累计百分比。

第三步:确定ABC库存管理分类方法。在这一步骤中只是确定三类物品的划分标准,划分标准如下。

A类:高物动量,周转量累计百分比为70%;

B类:中物动量,周转量累计百分比为70%～90%;

C类:低物动量,周转量累计百分比为90%～1 000%。

第四步:确定货位优化方法,如表5所示。

表5

商品等级	特　点	原　则
A	物动量高,出库频繁	货架底层,靠近通道
B	物动量较高,出库较频繁	货架中间层次,较靠近通道
C	物动量低	较B类次之

第五步:确定ABC类物动量商品的存储位置。

七、实操考核评价标准

表6

考核内容	考核标准	分值	实际得分
ABC 分类管理法在库存控制中的应用	ABC 分类法的基本实施步骤正确	20	
	按要求处理数据,计算准确	30	
	合理规划存储位置	50	
合　计		100	

第4篇　配送与仓储成本管理及绩效评估

第9章　配送与仓储成本管理

学习目标

掌握配送与仓储成本构成及控制；

理解配送与仓储成本预测与决策；

了解物流成本管理原则。

知识点

物流成本分类　物流成本管理原则　配送成本　仓储成本　成本控制程序与策略　成本预测方法　成本决策的主要影响因素

案例导入

自建和外包相结合助海尔快速成长

中国家电巨头海尔集团是国家经贸委确定的 34 家"现代物流工作重点联系单位"之一,也是进入其中的唯一一家家电企业。海尔物流推进本部项目处处长周行将海尔物流特色总结为:借助物流专业公司力量,在自建的基础上小外包,总体实现采购 JIT、原材料配送 JIT 和成品配送 JIT 的同步流程。

周行说,这一同步模式的实现得益于海尔的现代集成化信息平台。海尔用 CRM 与 BBP 电子商务平台架起了与全球用户的资源网、全球供应链资源网沟通的桥梁,从而实现了与用户的零距离,提高了海尔对订单的响应速度。海尔的 BBP 采购平台由网上订单管理平台、网上支付平台、网上招标竞价平台和网上信息交流平台所构成。网上订单管理平台使海尔 100% 的采购订单由网上直接下达,同步的采购计划和订单,提高了海尔订单的准确性与可执行性,使海尔采购周期由原来的 10 天减少到了 3 天。同时供应商可以在网上查询库存,根据订单和库存情况及时补货。网上支付平台则有效提高了销售环节的工作效率,支付准确率和及时率达到 100% ,为海尔节约了上千万元的差旅费,同时降低了供应链管理成本,目前网上支付已达到总支付额的近 40% 。网上招标竞价平台通过网上招标,不仅使竞价、价格信息管理准确化,而且还可防止暗箱操作,降低了供应商的管理成本。网上信息交流平台使海尔与供应商在网上就可以进行信息互动交流,实现信息共享,提高了信息交流的准确性和交流速度,降低了交流费用。

除此以外,海尔的 ERP 系统还建立了其内部的信息高速公路,实现了将用户信息同步转化为企业内部的信息,以及以信息代替库存,接近零资金的占用。

正是由于有了快速高效的信息流,海尔物流过程中的每一个环节都可以做到成本尽可能的低。

物流配送的小外包,海尔十分看好。由于物流配送中仓储、运输环节的先期投资较大,而且需要投入较大的管理成本,这对企业自建物流配送体系来说不划算。前几年,海尔把两个环节从海尔自建的物流配送体系中分包给了专业物流公司,但要由海尔统一进行协调管理。这对海尔来说是十分有利的。而有些公司现在采用的是大外包,即把整个物流配送体系外包给第三方物流公司,使这一环节受制于人,不利于企业自己对物流配送系统的统筹管理,而且现在很多专业物流配送公司所提供的物流配送服务难尽如人意。这对企业的持续发展是不利的。

(资料来源:陈平.物流配送管理实务[M].武汉:武汉理工大学出版社,2007)

9.1 物流成本构成及其管理原则

9.1.1 物流成本的内涵

物流成本是整个物流活动过程中发生的、以货币计算的各种费用总和,是指物品在空间位移或储存的整个过程中,所消耗的物化劳动和活化劳动的货币表现。具体来说,它包括从原材料供应开始一直到将商品送达到消费者为止所发生的全部物流费用,即商品包装、装卸搬运、运输、流通加工、配送、信息处理等各个环节中所支出的人力、物力和财力的总和。

9.1.2 物流成本的分类

物流成本可从不同的角度进行分类。

1)按物流成本是否具有可控性分类

按物流成本是否具有可控性,可把物流成本分为可控成本与不可控成本。

(1)可控成本

可控成本是指被考核的责任中心对成本的发生能够控制的成本。企业考核各单位或部门的成本,要重点考核该单位或部门的可控成本。

（2）不可控成本

不可控成本是指被考核的责任中心对成本的发生不能予以控制的成本,因而也就不对该项成本的高低负责。

可控成本与不可控成本都是相对的,而不是绝对的。对于一个部门来说是可控的,对另一部门来说则可能是不可控的。对各单位的成本进行管理时,要分清每个单位的可控成本,把可控成本作为成本指标下达给各单位,这样就能调动各单位的积极性。

2）按物流费用的支付形态分类

按物流费用支出形式分类,可分为直接物流成本和间接物流成本。直接物流成本由企业直接支付,间接物流成本是由企业把物流活动委托其他组织或个人而支付的物流费用。这两大项又可以细分为:材料费、人工费、燃料动力费、经营管理费、一般经费、委托物流费用等。

3）按物流功能类别分类

按物流活动发生的功能类别分类,可以分为物流环节成本、物流管理成本、信息管理成本等。

物流成本还可按物流活动发生的范围分类,分为采购物流费用、工厂内部物流费用、销售物流费用、退货物流费用、废弃物流费用。按物流成本与业务量之间的关系分类,可把物流成本划分为变动成本和固定成本。

9.1.3　物流成本管理的基本原则

1）讲求经济效益原则

物流成本管理同其他的销售、生产、财务活动一样,都应该讲求经济效果。建立物流成本控制需要有相应的人力、财力的投入,但这个投入不应超过建立这项控制所能节约的成本。

2）全员参加成本控制的原则

物流成本的发生贯穿在企业整个经营活动的各个方面,成本控制涉及每位职工。因此,应该培养起全体职工的物流成本意识,使每个职工都应该意识到物流成本控制是全体职工的共同任务,只有通过全体职工的协调一致的努力才能完成。

3）领导推动的原则

各级人员对于成本控制是否严格执行,很大程度上取决于高层领导是否重视。

4)因地制宜原则

因地制宜原则,是指物流成本控制系统必须个别设计,适合特定企业、部门、岗位和成本项目的实际情况,不可简单照搬别人的做法。

5)物流成本的综合控制原则

物流成本综合控制包括事前、事中、事后对物流成本进行预测,以及计划、计算、分析、反馈、决策等全过程的系统控制,从整个企业的角度来综合控制物流成本,使局部目标与整体目标相一致,促进企业整体物流成本趋向最小化。

知识链接

物流成本冰山理论

这一理论是由早稻田大学的西泽修教授提出的。西泽教授指出,盈亏计算书中的"销售费和一般管理费",栏中记载的外付运费和"外付保管费"的现金金额,不过是冰山之一角。

由于在公司内部占压倒多数的物流成本被混入其他费用之中,如不把这些费用核算清楚,很难看出物流费用的全貌。物流成本的计算范围,各公司均不相同,因此无法与其他公司比较,也不存在行业的平均物流成本。因为外付物流成本是与公司向外委托的多少有关,因些不能进行比较,即使比较也没有什么意义。

物流成本中,有不少是物流部门无法控制的。如保管费中就包括了由于过多进货或过多生产而造成积压的库存费用,以及紧急运输等例外发货的费用。

从销售方面看,物流成本并没有区分多余的服务和标准服务的不同。如物流成本中,多包含促销费用。

物流成本之间存在效益背反规律。在物流功能之间,一种功能成本的削减会使另一种功能的成本增多。因为各种费用互相关联,必须考虑整体的最佳成本。

9.2 配送与仓储成本构成

9.2.1 配送成本的构成

配送活动不仅能增加产品的价值,它还有助于提高企业的竞争力。但完成配送活动是需要付出代价的,即需要配送成本。配送成本是配送过程中所支付费用的总和。

根据配送流程及配送环节,配送成本实际上包含配送运输费用、储存保管费用、分拣费用、配装费用、流通加工费用等。

1)配送运输费用

（1）配送运输费用的构成

①车辆费用。车辆费用指从事配送运输生产而发生的各项费用,包括驾驶员及助手等的工资及福利费、燃料费、轮胎费、修理费、折旧费、养路费、车船使用税等项目。

②营运间接费用。营运间接费用是指营运过程中发生的不能直接计入各成本计算对象的站、队经费,包括站、队人员的工资及福利费、办公费、水电费、折旧费等内容,但不包括管理费用。

（2）配送运输费用的分类

由于运输采用的运输工具、运输范围、运输距离、货物品种等因素的不同,货物的运输费用有下列几种形式。

按适用的范围划分:①普通运价。②特定运价。③地方运价。④国际联运运价。

按货物发送批量、使用的容器划分:①整车(批)运价。②零担运价。③集装箱运价。

按计算方式的不同划分:①分段里程运价。②单一里程运价。③航线里程运价。

2)储存保管费用

储存保管费用是指货物存放在配送中心的储存、保管过程中所发生的费用。包括:

①储运业务费用。

②仓储费。

③进出库费。

④服务费用。

3)分拣费用

分拣作业过程中所消耗的费用就是分拣费用。具体包括以下几个方面:

①分拣人工费用。

②分拣设备费用。

4)配装费用

配送成本中的配装费用主要就是包装费用。主要包括:

①配装材料费用。

②配装机械费用。

③配装技术费用。

④配装辅助费用。

⑤配装人工费用。

5) 流通加工费用

为了提高配送效率,便于销售,在物资进入配送中心后,必须按照用户的要求进行一定的加工活动,这便是流通加工。由此而支付的费用称为流通加工费用。包括:

①流通加工材料费用。

②通流加工设备费用。

③流通加工劳务费用。

④流通加工其他费用。

在实际应用中,应该根据配送的具体流程归集成本。不同的配送模式,其成本构成差异较大。在相同的配送模式下,由于配送物品的性质不同,其成本构成差异也很大。

9.2.2 仓储成本的构成

仓储成本是指一定时期内,企业为完成货物储存业务而发生的全部费用,包括仓储业务人员费用及仓储设施的折旧费、维修保养费、水电费、燃料与动力消耗费用等。仓储成本是因一段时期内储存或持有商品而导致的,与所持有的平均库存量大致成正比。

仓储成本的构成可分为以下几类:

1) 储存空间成本

储存空间成本包括把产品运进和运出仓库所发生的搬运成本。这些费用因具体情况不同而各异,变化相当大。如果是自由仓库或合同仓库,则储存空间成本取决于分担的固定成本和运营成本。运营成本包括与储存相关的及与存储量相关的固定成本。与储存相关的固定成本如供暖和照明等,与存储量相关的成本如建筑和存储设施成本。如果是租借的空间,储存费用一般按一定时间内储存产品的重量来计算。

2) 资金成本

资金成本有时也叫利息成本或机会成本。该项成本可占到总库存成本的80%,同时也是各项库存持有成本中最具不稳定因素的一项。这主要是因为:首先,库存是短期资产和长期资产的混合,有些存货仅为满足季节性需求服务,而另一些则为迎合长期需求而持有;其次,从优惠利率到资金的机会成本,资金成本差异巨大。

3) 库存服务成本

库存服务成本是指为库存商品提供各项服务的成本,包括信息服务、配件服务等。库存服务成本也包括保险和税收带来的成本。

4) 存货风险成本

库存风险成本是指与产品变质、短少、损害或报废相关的费用构成的库存成本。它反映了存货的现金价值下降的可能性。例如,库存的商品存放了一段时间就可能过时,因此价值要贬值。同样,一旦到了销售季节的中期或过季,价值也要贬值。仓库未履行合同所造成的违约金、赔偿金也构成风险成本。

此外,缺货成本与在途存货成本则是在物流整体成本观念下,进行仓储成本决策时需加以考察的相关平衡因素。

知识链接

8 部曲关键管理模式

仓储管理可以简单概括为 8 部曲关键管理模式:

第一部曲:追。仓储管理应具备资讯追溯能力,前伸至物流运输与供应商生产出货状况,与供应商生产排配与实际出货状况相衔接。

第二部曲:收。仓库在收货时应采用条码或更先进的 RFID 扫描来确认进料状况,包括确认货物是否今日此时该收进;开箱清点,确认无误,方可收进。

第三部曲:查。仓库应具备货物的查验能力。

第四部曲:储。物料进仓做到不落地,或至少做到储放在栈板上,可随时移动。

第五部曲:拣。拣料依据工令消耗顺序来做,做到及时变更库存信息与补货。

第六部曲:发。仓库发料依据工令备拣单发料。工令、备料单与拣料单应三合一为佳,做到现场工令耗用一目了然,使用自动扫描系统配合信息传递运作。

第七部曲:盘。整理打盘始终遵循散板散箱散数原则。

第八部曲:退。以整包装退换为处理原则。

9.3 配送与仓储成本控制

9.3.1 配送成本控制

1) 配送成本控制的原因

配送企业所取得的收入是通过降低配送过程中的成本费用,并和客户一起共同分享这一节约的利润而取得的。配送成本控制不仅是客户考虑的内容,也是配送企业考虑的内容。因此,进行配送成本控制显得尤为重要。由于配送是一个多环节物流活动

的集成,在实际运行中会有一些不合理的情况出现。不合理配送的表现形式主要有以下几种:

(1)库存决策不合理

配送应实现集中库存总量低于各客户分散库存总量,从而大大节约社会财富,同时降低客户实际平均分摊库存负担。

(2)资源筹措不合理

配送是通过筹措资源的规模效益来降低资源筹措成本,使配送资源筹措成本低于客户自己筹措资源的成本,从而取得优势。仅仅是为某一两个用户代购代筹,对客户来讲,不但不能降低资源筹措费用,相反却要多支付一笔配送企业的代办费,这显然是不合理的。

(3)配送中心布局不合理

近年来,物流企业上马很快,部分企业缺乏总体规划和充分的市场调查,导致配送中心布局不合理,重复建设,成本较高。

(4)送货运输不合理

配送与客户自提相比较,尤其对于多个小客户来讲,可以集中配装一车送几家,这比一家一户自提可大大节省运力和运费。如果不能利用这一优势,仍然是一户一送,而车辆达不到满载,则属于不合理配送。

(5)配送价格不合理

总的来讲,配送的价格应低于客户自己完成物流活动的价格总和,这样才会使客户有利可图。

(6)经营观念不合理

在配送实践中,有许多是经营观念不合理,使配送优势无从发挥,相反却损害了配送的形象。这是在开展配送时尤其需要注意克服的不合理现象。例如,配送企业利用配送手段,向客户转嫁资金、库存困难;在库存过大时,强迫客户接货,以缓解自己的库存压力等。

2)配送成本控制的基本程序

(1)制订控制标准

成本控制标准包括配送作业的成本控制标准和业务数量标准,是控制成本费用的重要依据。

(2)揭示成本差异

成本的控制标准制订后要与实际费用进行比较,及时揭示成本差异。成本差异的计算与分析也要与所制订的成本项目进行比较。

(3)反馈成本差异

在成本控制中,成本差异的情况要及时反馈到有关部门,以便及时控制与纠正。

3）配送成本控制的策略

配送成本控制的策略主要有以下几点：

（1）优化配送作业

优化配送作业的手段主要有实行合并配送、差异化配送、混合配送、标准化配送及延迟配送等。

①合并策略。合并策略包含两个层次：一个是配送方法上的合并，另一个则是共同配送。

②差异化策略。差异化策略的指导思想是：产品特征不同，顾客服务水平也不同。忽视产品的差异性会增加不必要的配送成本。

③混合策略。混合策略是指配送业务一部分由企业自身完成，而另一部分外包给第三方物流企业完成。

④标准化策略。标准化策略就是尽量减少因品种多变而导致的附加配送成本，尽可能多地采用标准零部件、模块化产品。

⑤延迟策略。在传统的配送计划安排中，大多数的库存是按照对未来市场需求的预测量设置的，这样就存在着预测风险。延迟策略的基本思想就是对产品的外观、形状及其生产、组装、配送应尽可能推迟到接到顾客订单后再确定。采用延迟策略的一个基本前提是信息传递要非常快。

（2）提高配送作业效率

①商品入库、出库的效率化。

②保管、装卸作业的效率化。

③备货作业的效率化。

④分拣作业的效率化。

（3）建立顺畅的信息系统

利用信息系统事先将货架进行分类、编号，并贴附货架代码，各货架内装置的商品事先加以确定，各货架内装载的商品长期是一致的。这样从事商品备货作业较为容易，同时信息管理系统的建立也较为方便，这是因为只要第一次将货架编号及商品代码输入计算机，就能够很容易地掌握商品出入库动态，从而省去了不断进行在库商品统计的繁琐业务。与此同时，在商品发货以后，利用信息系统能够很方便地掌握账目及实际商品的残余在库量，及时补充安全在库量。

（4）引入目标成本管理

导入目标成本管理，设定一些具体指标，如成本、现金流量、净投资回报率、库存、净利润等分目标来进行具体的控制。

（5）利用作业成本法进行核算

在作业成本法下，以客户作为成本对象进行成本计算，能分析出企业向特定客户销售的获利能力。这种分析有助于企业选择合适的客户类型。

(6)实行责任中心管理

随着企业规模的扩大,企业应把配送中心作为一个责任中心来对待,并考虑划分出若干责任区域并指派下属经理——配送经理进行管理。责任中心是指企业中具有一定权力并承担相应的工作责任的各级组织和各个管理层次。

9.3.2　仓储成本控制

1)仓储成本控制的原则

(1)企业道德原则

在企业进行仓储成本控制时要处理好质量和成本的关系,不能片面追术降低储存成本,而忽视物资储存过程中的保管要求和质量,更不能因单纯追求降低成本而损害国家、公众、消费者的利益。这是一项最基本的工作原则。

(2)物流总费用最低原则

库存成本控制是一个系统的工程,它涉及订货、进货、储存保管、销售出库四个环节的费用,这些费用还涉及企业中不同的部门。而要使得订货费用与保管费用平衡,就要制定适当的订货策略,也就是要进行科学的物流管理。物流总费用最低直接使库存成本最低。

(3)库存成本定期统计分析原则

在物流管理会计的基础上,应当建立库存成本定期统计分析制度,定期对库存成本进行细致精确的统计分析,一般一个月一次。到了月末,把本月发生的各项成本统计出来,求出总成本,然后进行分析。包括成本时间比较分析、成本空间比较分析。

(4)零库存原则

树立零库存思想是一个企业最大地降低库存成本的最有效的办法。"零库存"是指以仓库储存形式的某种或多种物品的储存为零,即不保持库存。它是一种"拉动",首先由供应链最终端的需求"拉动"产品进入市场,然后由这些产品的需求决定零部件的需求和生产流程,从而达到库存为零。

(5)全面性原则

仓储成本涉及企业管理的方方面面,因此仓储成本控制是一个全员、全过程和全方位的控制。

(6)重要性原则

仓储成本控制过程本身也应体现成本效益原则,即需在进行成本控制时考虑控制系统自身的资源消耗和投入产出,将精力集中在非正常的、金额较大的例外事项上,解决好仓储成本控制中的重点问题和关键问题,体现成本管理本身的效益。

2)仓储成本控制的措施

仓储成本的控制不是要一味地减少开支,而是要在平衡成本水平与服务水平、仓储成本与物流总成本、物资储备与生产销售需求关系的基础上,针对仓储管理物资资金占用分布实际,采取综合措施,以期获得企业最大经济效益。

(1)区分成本重要程度,实施分类控制

企业的首要任务是正确确定库存和非库存的货物。除了根据企业的产品特性,确定正确的库存管理模式外,更重要的是对所确定的库存产品不能一视同仁,而是要区别对待,分类管理。

①ABC分类法。ABC分类法是一种从名目众多、错综复杂的客观事物或经济现象中,通过分析,找出主次,分类排队,并根据其不同情况分别加以管理的方法。该方法通常是将手头的库存按年度货币占用量分为三类。A类是年度货币量最高的库存,这些品种可能只占库存总数的15%,但用于它们的库存成本却占到总数的70%~80%。B类是年度货币量中等的库存,这些品种占全部库存的30%,占总价值的15%~25%。那些年度货币量较低的为C类库存品种,它们只占全部年度货币量的5%,但却占库存总数的55%。除货币量指标外,企业还可以按照销售量、销售额、订货提前期、缺货成本等指标将库存进行分类。通过分类,管理者就能为每一类库存品种制定不同的管理策略,实施不同的控制。

②CVA管理法。ABC分类法虽然适用性较强,但其不足之处也比较突出。其不足之处主要表现为,C类物资往往得不到应有的重视,而C类物资往往也会导致整个装配线的停工。为了弥补这一不足,有些企业在库存管理中引入了关键因素分析法(CVA)。

CVA管理法的基本思想是把存货按照关键性进行分级管理。具体分级如下:

最高优先级。这是经营的关键性物资,不允许缺货。

较高优先级。这是指经营活动中的基础性物资,允许偶尔缺货。

中等优先级。这多属于比较重要的物资,允许合理范围内的缺货。

较低优先级。经营中需用这些物质,可替代性高,允许缺货。

CVA管理法和ABC分类法结合使用,可以达到分清主次、抓住关键环节的目的。

(2)通过精细管理,有效降低库存水平

合理的库存是企业维持生产与流通的保障。但并不是所有的库存都能随时发挥其作用来满足生产或交货的需要,或者说这些库存在一定的时间内是不能用的,这些不可用库存的量直接影响着库存成本。对于一个企业来说,在途库存、淤滞(滞销)库存、预留库存(可交货的订单因其他方面的原因而不能交货)、在制品或者是待检品都是不可用的库存。库存管理的目标之一就是要提高可用库存占库存总量的比例,降低不可用库存的量,从而降低库存成本。

(3)科学补货,控制好物流总成本

库存补货主要解决何时补货及每次补多少货的问题。正确的库存补货方式可以大大降低安全库存量,对整体库存水平的控制是非常重要的。通常,对不同的物料可以通过以下两种方法去考虑何时补货的问题。

①定量补货法。就是当某种物料的库存量达到预先设定的水平时进行补货。这种方式操作比较简单，可以通过系统自动进行，适合于对交货要求不高、长期的需求比较稳定、供应商交货较好并且产品的单价适中的产品。但是它最大的缺点就是对安全库存的量要求比较高。

②动态补货法。就是通过对现有库存量及未来一定时期内的需求预测数量的平衡，来决定当前是否要生成采购单补货。这种补货方式主要适合于产品的需求不稳定，只有依靠不定期的预测来提高需求数据的可靠性，而且是价格较高的产品。它最大的缺点就是管理工作的复杂性，需要有一套完善的 ERP 系统支持。

企业可以根据库存物料的重要性决定不同的补货方式。通常 C 类库存物料采用定量补货法，而 A 类物料采用动态补货法。这样的管理方式使得企业将大部分的时间和精力放在重要物资的管理上，从而提高订单的交货率及降低库存量。

（4）从实际出发，减少各环节的浪费

①仓储费用的管理。物资在储存过程中所消耗的衬垫材料在仓储费用中占很大比重。因此，降低仓储费用的最大潜力在于节约衬垫与苫盖材料及有关人工费用的支出。企业要寻找既能节省这部分费用的开支，又能保证物资保管质量的物资保管方法，开展技术革新和技术改造，充分挖掘仓储设备的潜力。同时，在仓储费用管理上也要实行分类管理，加强班组经济核算，促使仓储费用不断降低。

②装卸搬运费用的管理。物资进出库主要依靠装卸搬运作业来完成，装卸搬运机械的设备折旧费用在进出库费用中占的比例较大。因此，仓储部门应首先注意选择使用机械设备时的经济性和实用性，应禁止那种不顾实际需要、无端增大仓储设备折旧的做法。

③仓储人工费用的管理。仓储人工费用的支出主要包括仓储管理人员及仓储生产人员的工资、奖金。仓储人工费用的管理应着眼于尽量减少非生产人员的工资支出，因为这部分费用支出与仓储作业量没有直接关系。同时，应不断提高劳动生产率，不断降低储运成本中的劳动消耗部分。此外，选择合理的劳动组织形式、工资形式，对于降低人工费用也有重要的影响。

④仓储其他费用的管理。在仓储中，还有诸如油料、燃料、电力、低值易耗品等比较微小的费用。这部分费用在整个物流费用成本中所占的比例比较小，但是不能忽视这部分的管理费用，应注意不断地降低这部分的费用。

知识链接

降低配送成本的五种"武器"

1. 混合策略

纯策略即配送活动要么全部由企业自身完成，要么完全外包给第三方物流完成，易形成一定的规模经济，并使管理简化，但由于产品品种多变、规格不一、销量不定等，不仅不能取得规模效益,反而会造成规模不经济。混合策略是指配送业务一部分由企业自身完成。

2.差异化策略

产品特征不同,顾客服务水平也不同。

3.合并策略

合并策略包含两个层次。一是配送方法上有合并。企业在安排车辆完成配送任务时,充分利用车辆的饱和载重量,做到满载满装,是降低成本的重要途径。另一个层次则是共同配送,即集中协作配送。同一地区的中小型零售企业进行联合配送,不仅可以减少企业的配送费用,还可以使配送能力得到互补。

4.延迟策略

传统的配送计划安排中,大多数的库存是按照对未来市场需求的预测量设置的。当预测量与实际需求量不符时,就出现库存过多或过少的情况而增加配送成本。延迟策略的基本思路就是对产品的外观、形状及其生产、组装、配送,尽可能地推迟到接到顾客订单后再确定。

具体操作时,常常发生在诸如贴标签(形成延迟)、包装(形成延迟)、装配(形成延迟)和发送(时间延迟)等领域。

5.标准化策略

标准化策略就是尽是减少因品种多变而导致附加配送,尽可能多地采用标准零部件,模块化产品。如服装制造商按统一规格生产服装,等到顾客购买时才按顾客的自身调整尺寸大小。采用标准化策略要求厂家从产品设计开始,就要站在消费者的立场去考虑怎样节省配送成本,而不要等到产品定型生产出来了才考虑采用什么技巧降低配送成本。

9.4　配送与仓储成本预测与决策

9.4.1　配送成本的预测与决策

1)配送成本的预测

配送成本预测是企业物流配送成本管理的重要组成部分,是根据企业物流配送活动的历史资料,考虑预测期的要求和条件变化,对企业未来的物流配送活动进行分析和判断,对配送成本所发生的金额和配送成本水平及变化趋势作出科学的预计和测算。配送成本预测是配送成本管理的基础工作,也是配送成本决策的前提。通过对配送成本进行预测,可以掌握未来配送成本的发生水平及其变动趋势,为企业配送成本决策和利润预测创造条件。

2）配送成本预测的程序

科学准确地预测物流配送成本,必须有一套组织严密、步骤完整,并经实践检验可行的预测程序。物流配送成本预测的程序为:

①根据企业预测期的经营目标,如营业收入或利润目标明确配送成本的预测目标。

②围绕企业预测期的经营情况,搜集影响企业预测期营业收入、配送成本、营业利润的各种有关资料。

③建立进行配送成本预测的预测模型。

④根据预测模型的预测值,结合企业预测期的有利和不利的内外部因素,再根据企业目标成本管理的要求,确定预测期的配送成本数额和配送成本发展水平及变动趋势。

3）配送成本预测的方法

物流配送成本的预测方法可以根据是否利用模型计算分为定性预测分析法和定量预测分析法两类。

(1)定性预测分析法

定性预测分析法不需要通过一定的数学、统计等模型经过计算得出结论。它是由物流配送成本预测者通过对市场及其他有关方面的调查而掌握比较全面的资料后,凭借其工作经验和对业务的熟悉情况,应用综合判断能力对未来企业的物流配送成本的发生情况及变动趋势所作的一种客观判断。这种方法多数是在缺乏系统、完整的历史资料,或影响事物发展变化的有关因素难以量化的情况下进行的。其优点是预测时间短,预测费用少,不需要拥有详尽的资料和较高的计算水平。但缺点也较突出,主观性强,而客观性较差,有一定的随意性。

(2)定量预测分析法

定量预测分析法是要通过一定的数据,利用数学、统计等模型,经过计算得出结论。常见的定量预测分析法包括:简单算术平均法,加权算术平均法,指数平滑法和一元线性回归分析法等。

①简单算术平均法。简单算术平均法是将过去若干报告期间的物流配送成本按时间顺序进行加总,然后再除以报告期的期数,所得到的商数就是预测期的物流配送成本的预测值。

简单算术平均法的特点是计算简单,容易理解。但缺点是预测值不准确,比较适合各期配送成本变动较小的情况下使用。

②加权算术平均法。加权算术平均法是将过去若干报告期间的物流配送成本按时间顺序进行排列,然后根据其与预测期时间的远近不同,赋予其不同的权数,离预测

期越近,所赋予的权数越高,反之,所赋予的权数越低。

加权算术平均法的特点是计算较简单,容易理解,预测值较简单算术平均法准确,因为它考虑了过去不同时期的成本对预测期的成本影响是不同的现实,离预测期越近的期间的成本对预测期的影响越大,离预测期越远的年度成本对预测期的成本影响越小,故给予了不同期成本的不同权数。

③指数平滑法。指数平滑法也称指数移动平均法,它是利用加权因子即平滑系数对过去不同期间的实际物流配送成本进行加权计算,以显示远期和近期实际物流配送成本对未来期间的物流配送成本预测值的不同影响作用的一种成本预测方法。

采用指数平滑法预测时,首先由远而近地按照一定的平滑系数计算各期的平滑值,然后直接以最后一期的平滑值作为下一期的预测值,或在进行趋势修正的基础上确定预测值。

在采用指数平滑法预测物流配送成本时,平滑系数通常由预测者根据过去的成本实际值与预测值之间的大小而定,一般在 0 与 1 之间,即 $0 \leqslant a \leqslant 1$。平滑系数 a 值的大小,体现了不同时期的实际配送成本与配送成本预测值的差异的大小。

在运用指数平滑法预测物流配送成本时,若预测值与实际值之间的差异较大,可适当增大平滑系数 a 的值,以相应提高近期实际值对预测值的影响。反之,则应适当缩小平滑系数 a 的值。

④一元线性回归分析法。一元线性回归分析法也叫直线趋势法,是根据过去若干期间物流配送成本的实际资料,确定可以反映物流配送成本增减变动趋势的一条直线。一元线性回归分析法是将企业的营业收入视为自变量,利用预测对象随营业收入的变化而变化的数量关系建立直线趋势方程 $y = a + bx$,并以此计算物流配送成本的预测值。

4)物流配送成本的决策

(1)配送成本决策目标

决策作为一个提出问题、分析问题和解决问题的复杂过程,通常包括确定决策目标、取得决策信息、提出备选方案、选定最优方案等若干基本步骤。

物流配送成本决策的目标是为了实现成本最优化,使企业的经营活动在未来一定期间里的各种耗费达到最低,实现成本最小化。在实际工作中,为了通过配送成本决策实现成本最优化,企业管理者必须全面且正确地把握其物流配送服务所面临的市场环境、竞争环境、燃料能源供应环境,必须把握本企业的经营目标、经营策略、经营管理现状,必须把握企业实际拥有的人力、物力、财力以及各种经济资源在可预见的未来的增减变动情况。

(2)配送成本决策过程中涉及的成本概念

①差别成本。差别成本是指若干备选方案预期成本之间的差额。它是配送成本决策分析中广泛使用的一个成本概念。差别成本通常是由于配送活动中的运输方式

或储存商品的种类发生改变所导致的有关方案预期成本在数量上的差异。

差别成本同差别收入是紧密相联系的。所谓差别收入是指若干备选方案预期收入之间的差额。

差别成本和差别收入是进行差别分析的主要方面。它们之间的比较形成了差别利润,通过差别利润可以衡量各个方案的优劣。在利用差别成本、差别收入和差别利润进行决策时的原理通常是:当差别收入大于差别成本时,选择后一个方案;当差别收入小于差别成本时,选择前一个方案;差别收入等于差别成本时,选择哪个方案都可以。

②机会成本。机会成本是指企业在若干备选方案中,选定某一方案而放弃另一方案时所丧失的潜在收益,它是因决定选择某一行动方案而付出的一种代价。一般情况下,决策者总是在至少两个以上的可行性方案中选取最优行动方案而放弃"次优"方案。这样,被放弃的方案的预期收益,就构成被选取的最优方案的全部成本的一部分,即把已淘汰的次优方案可能获得的收益,作为已选定的最优方案的机会成本。

之所以要将被淘汰的有关方案的潜在收益作为被选取的某一方案的机会成本,是因为企业实际拥有的经济资源是有限的,用在这方面,就不可能同时用在另一方面。在分析、评价有关备选方案的可行性时,只有把已失去的机会可获得的收益也考虑进去,才能真正对所选定的方案的优劣作出科学的、全面的、客观的评价。

③边际成本。边际成本是指因业务量变动一个单位所引起的配送成本的变动数额。它是由于多(或少)提供一个单位的业务量而相应增加(或减少)的成本额。因储存业务量增加一个单位而导致的总成本的增加额,即为储存业务量增加一个单位而发生的边际成本。边际成本可以用来判断增加或减少某种业务量的数量在经济上是否合算。在现有经营能力没有得到充分利用的情况下,任何新增加的业务量,只要收费价格高于边际成本,就会增加企业的利润或减少企业的亏损。

边际成本同边际收入是密切相联系的。所谓边际收入是指因提供的业务量变动一个单位所引起的营业收入的变动数额。它是由于多(或少)提供一个单位的业务量而增加(或减少)的营业收入额。

边际成本和边际收入是进行边际分析的主要因素。这种分析方法可以在劳务提供量、劳务定价等决策中发挥重要作用。这是因为,当企业的边际成本和边际收入相等或相近时,企业所从事的经营活动所获得的利润为最大额,此时企业所完成的业务量也是最佳业务量。

④沉落成本。沉落成本是指一经发生即无法收回或不能得到补偿的成本,是现实决策所不能改变的。企业在分析、评价有关方案的经济性时无须考虑。

⑤可避免成本与不可避免成本。可避免成本是指同某特定备选方案直接相联系的成本。其发生与否,完全取决于与之相联系的备选方案是否被选定。这就是说,如果某备选方案不被采纳,某项成本就不会随之发生,而如果某备选方案被采纳,某项成本就会随之发生,此时,该项成本就是可避免成本。

不可避免成本是指不同某一特定备选方案直接相联系的成本。其发生与否,并不取决于有关方案是否被选定。也就是说,不论决策者最终选定哪个方案,也不论某个方案是否被选中,该项成本依旧会发生。

可避免成本与不可避免成本在企业成本决策中的作用是完全不同的。在选择备选方案时,只需考虑可避免成本,而对于不可避免成本是不需要考虑的。

⑥特定成本与共同成本。特定成本是指专门同某种业务直接相联系的有关固定成本。它是有具体而明确的归属对象的。

共同成本,是指同时和若干种配送业务都有联系的固定成本。它没有具体的、明确的归属对象,通常应由几种业务共同分担。

⑦相关成本与非相关成本。相关成本是指同备选方案有密切关系,在决策分析时必须加以考虑的有关成本。如以上的差别成本、机会成本、边际成本、可避免成本、特定成本等都是相关成本。

非相关成本是指同备选方案没有直接联系,在决策分析时可以不必考虑的有关成本。如以上的沉没成本、不可避免成本和共同成本等,都属于非相关成本。

(3)物流配送成本决策分析方法

在物流配送成本的决策中,常用的决策分析方法主要有以下几种:

①差量成本决策法。差量成本决策法是通过对若干可行性方案预测的总成本或变动成本的计算和比较,以其所求得的成本差额的性质和大小来衡量有关方案优劣程度的一种成本决策分析方法。

②临界成本决策分析法。临界成本决策分析法是通过对两个或两个以上可行性方案的固定成本和变动成本的计算与比较,确定各方案预期总成本临界时(即总成本相等时)的业务量,并以此临界业务量为标准,来衡量有关方案优劣程度的一种决策分析方法。

③经济批量决策分析法。经济批量决策分析法常常使用在存货的采购决策和流通加工的投产批量的决策上。在物流配送活动中存货的采购量的确定常使用经济批量法进行决策。

④边际贡献决策分析法。边际贡献决策法的前提条件是将企业的所有成本按与业务量的关系分为固定成本和变动成本两部分,再在此基础上进行分析。利用边际贡献决策分析法往往可以解决企业的剩余经营能力的利用问题。

9.4.2 仓储成本的预测与决策

根据有关研究,仓储与仓储中的物料搬运成本占物流总成本30%左右。因此,仓储成本的预测与决策对降低物流系统成本、提高物流效益意义重大。

企业是否真的需要将仓储作为物流系统的一个组成部分?如果产品的需求确定、已知,而且产品又能即刻供给以满足这种需求的话,那么从理论上讲,既然不会有库存,也就不需要仓储。然而,因为需求无法准确预测,所以用这种方法去经营企业既不实际也不经济。

通过储备一定量的库存,企业常常可以调整经济生产批量和生产次序来降低生产运营成本。利用这种办法,企业就可以避免因需求模式的不确定和产品多样性造成的产出水平的大幅度波动。同时,储备库存也可以通过更大更经济的运输批量来阵低运输成本,保证运营总成本的节约。

仓储成本的预测,也适合采用配送成本的预测方法,在此不再展开论述。这里主要考虑仓储成本的决策问题。

1)仓储成本决策应考虑的主要因素

影响仓储成本的因素很多,但仓储数量和仓储方式无疑是最重要,也是对仓储成本大小最具决定性的因素。

（1）仓储货物数量

仓储货物数量对企业物流系统前各项成本都有重要影响。一般来说,随着物流系统中仓储货物数量的增加,运输成本就会降低而仓储成本将会增加。由于仓储货物数量的增加,企业可以进行原材料或产成品大批量运输,所以单位运输成本会下降。另外,在销售物流方面,仓库数量的增加使仓库更靠近客户和市场,因此减少了商品的运输里程,这不仅会降低运输成本,而且由于能及时地满足客户需求,提高了客户服务水平,减少了失销机会,从而降低失销成本。

由于仓储货物数量的增加,总的存储空间也会相应地扩大,因此仓储成本会上升。在仓库的设计中,需要一定比例的空间用于维护、办公、摆放存储设备等,而且通道也会占用一定空间,因此小仓库比大仓库的利用率要低得多。当仓储货物数量增加时,总存货量就会增加,相应的存货成本就会增加。存货数量的增加,意味着需要更多的存储空间。

由此可见,随着仓储货物数量的增加,由于运输成本和失销成本迅速下降,导致总成本下降。但是,当仓储货物数量增加到一定规模时,仓储成本的增加额超过运输成本和失销成本的减少额,于是总成本开始上升。

（2）企业仓储活动的类型

如何为库存的物料、商品规划仓储空间,企业可以有三种选择,即自建仓库、租赁公共仓库或采用合同制仓储。从成本和客户服务的角度看,选择其中之一或结合使用是仓储管理的一项重要决策。某些企业适合自建仓库,而有的企业更适合租赁仓库,但大多数企业则由于不同地区的市场条件及其他因素而结合使用自有仓库与公共仓库。企业需要根据自身特点和条件,在对成本和客户服务进行对比分析的基础上作出合理选择。

2)仓储类型决策

任何企业都必须支付仓储系统的费用。该费用或者是由外部提供仓储服务的企业按费率收取，或者是由公司自营仓库的特定物料搬运系统产生的内部成本。企业对不同仓储系统的成本应进行总体分析，从而作出合理的决策。

自建仓库仓储、租赁公共仓库仓储和合同制仓储各有优势。仓储类型的选择实际上就是对物流仓储成本的决策，选择的标准是使物流的总成本最低。

租赁公共仓库和合同制仓储的成本只包含可变成本，随着存储总量的增加，租赁的空间就会增加。由于公共仓库一般按所占用空间来收费，这样成本就与总周转量成正比，其成本函数是线性的。而自有仓储的成本结构中存在固定成本。由于公共仓库的经营具有盈利性质，因此自有仓储的可变成本的增长速率通常低于公共仓库成本的增长速率。当总周转量达到一定规模时，两条成本线相交，即成本相等。这表明在周转量较低时，公共仓库是最佳选择；随着周转量的增加，由于可以把固定成本均摊到大量存货中，因此使用自有仓库更经济。

一个企业是自建仓库还是租赁公共仓库或采用合同制仓储，需要考虑以下因素：

①周转总量。由于自有仓库的固定成本相对较高，而且与使用程度无关，因此必须有大量存货来分摊这些成本，使自有仓储的平均成本低于公共仓储的平均成本。因此，如果存货周转量较高，自有仓储更经济；相反，当周转量相对较低时，选择公共仓储更为明智。

②需求的稳定性。需求的稳定性是自建仓库的一个关键因素。许多厂商具有多种产品线，使仓库具有稳定的周转量，因此自有仓储的运作更为经济。

③市场密度。市场密度较大或许多供应商相对集中，有利于修建自有仓库。这是因为零担运输费率相对较高，经自有仓库拼箱后，整车装运的运费率会大大降低。相反，市场密度较低，则在不同地方使用几个公共仓库要比一个自有仓库服务一个很大市场区域更经济。

本章小结

本章主要介绍了物流成本的内涵和分类、配送与仓储成本的构成、配送与仓储成本的控制以及成本预测与决策。物流成本可分为可控成本与不可控成本；直接物流成本和间接物流成本；物流环节成本，物流管理成本和信息管理成本；采购物流费用，工厂内部物流费用，销售物流费用，退货物流费用和废弃物流费用；变动成本和固定成本等。物流成本管理的基本原则有：讲求经济效益、全员参加成本控制、领导推动、因地制宜、综合控制等原则。配送成本主要由配送运输费用、储存保管费用、分拣费用、配装费用和流通加工费用等构成。仓储成本主要由储存空间成本、资金成本、库存服务成本和存货风险成本等构成。配送成本控制的策略包括：优化配送作业、提高配送作业效率、建立顺畅的信息系统、引入目标成本管理、利用作业成本法进行核算、实行责任中心管理。仓储成本控制的措施包括：区分成本重要程度，实施分类控制；通过精细管理，有效降低库存水平；科学补货，控制好物流总成本；从实际出发，减少各环节上的浪费。配送与仓储成本预测的方法有定性预测分析法和定量预测分析法。决策分析方法有差量成本决策法、临界成本决策分析法、经济批量决策分析法、边际贡献决策分析法等。

案例　布鲁克林酿酒厂的物流成本管理

1. 布鲁克林酿酒厂对运输成本的控制

美国布鲁克林酿酒厂于1987年11月将它的第一箱布鲁克林拉格运到日本，并在最初的几个月里使用了各种航运承运人。最后，日本金刚砂航运公司被选为布鲁克林酿酒厂唯一的航运承运人。金刚砂公司之所以被选中，是因为它向布鲁克林酿酒厂提供了增值服务。金刚砂公司在其国际机场的终点站交付啤酒，并在飞往东京的商航班上安排运输，金刚砂公司通过其日本报关办理清关手续。这些服务有利于保证产品完全符合保鲜要求。

2. 布鲁克林酿酒厂对物流时间与价格进行控制

啤酒之所以能达到新鲜的要求，是因为这样的物流作业可以在啤酒酿造后的1周内将啤酒从酿酒厂直接运送到顾客手中。新鲜啤酒能超过一般的价值定价，高于海运装运的啤酒价格的5倍。虽然布鲁克林拉格在美国是一种平均价位的啤酒，但在日本，它是一种溢价产品，获得了极高的利润。

3. 布鲁克林酿酒厂对包装成本进行控制

布鲁克林酿酒厂通过改变包装，装运小桶装啤酒而不是瓶装啤酒来降低运输成本。虽然小桶重量与瓶的重量相等，但减少了玻璃破碎而使啤酒损毁的机会。此外，小桶啤酒对保护性包装的要求也比较低，这将进一步降低装运成本。

案例分析与讨论题

1. 美国布鲁克林酿酒厂的物流成本项目有哪些？
2. 美国布鲁克林酿酒厂的物流成本管理措施主要有哪些？
3. 结合案例谈谈降低仓储成本的对策及其重要性。

复习思考题

1. 简述物流成本的分类。
2. 物流成本管理有哪些基本原则？
3. 配送成本由哪几部分构成？
4. 仓储成本由哪几部分构成？
5. 配送成本控制的基本程序是什么？
6. 仓储成本控制的措施有哪些？
7. 配送成本预测的方法主要有哪些？
8. 物流配送成本决策的主要事项是什么？
9. 仓储成本决策应考虑的主要因素是什么？

第 10 章　配送与仓储绩效评估

学习目标

掌握配送与仓储管理绩效评估指标的选取；
掌握配送绩效管理的策略；
理解仓储和配送绩效管理的内容；
了解仓储管理绩效评估的原则。

知识点

配送与仓储管理绩效评估指标体系　仓储绩效管理的内容　配送绩效管理的内容　配送绩效管理的策略

案例导入

沃尔玛与家乐福

1. 不可复制的沃尔玛

随着世界 500 强之首——沃尔玛在中国内地市场的迅速扩张，越来越多的人把眼光聚焦于沃尔玛成功的秘诀。人们通常把快速转运、VMI(供应商管理库存)、EDLP(天天平价)当作沃尔玛成功的三大法宝，其中商品的快速转运往往被认为是沃尔玛的核心竞争力。于是不少企业纷纷仿而效之，大力加快建设配送中心的步伐，认为只要加强商品的配送与分拨管理，就能像沃尔玛一样找到在激烈的商战中制胜的精髓。但经过一段时间的运营之后，效果却不尽如人意。究其原因，主要是曲解了沃尔玛的运营管理模式。沃尔玛之所以能成功，主要有以下原因：

(1) 独特的历史背景

1962 年，当沃尔玛第一家店在阿肯色州的一个小镇开业时，由于其位置偏僻，路途遥远，供应商很少愿意为其送货。因此，山姆·沃顿不得不在总部所在地本顿威尔建立了第一家配送中心。显然，一家店不可能单独支撑一个配送中心的运营成本，于是以该配送中心为核心，在周围一天车程即 500 km 左右的范围内迅速开店。获得成功后，又迅速复制该运营模式。而同期的凯玛特、伍尔柯等大连锁公司，基本位于美国大城市，有大量的经销商为他们提供完善的物流等方面的专业化服务，因此也就不会把商品配送视为自己的核心竞争力。

（2）强大的后台信息系统

随着 IT 技术的迅猛发展，沃尔玛以最快的速度把世界一流的信息技术运用到实践中。其耗资 7 亿多美元的通信系统，是全美最大的民用电子信息系统，甚至超过了电信业巨头——美国电报电话公司，其数据处理能力仅次于美国国防部。EDI（电子数据交换系统）及条码等现代物流技术的使用，更为全球每个门店的销售分析、商品的分拨及进销存管理等提供了最强有力的武器。反观国内零售企业，门店数量少，销售量低，单店利润差，很少有实力能投资完善的信息系统。一套系统的研发少则几百万，多则几千万甚至过亿，使不少的小型零售企业望而兴叹。

（3）门店数量众多

目前美国本土有近 4 000 家店，配送中心有 30 多家。可见，约 100 家门店才能支撑一个现代配送中心的巨额费用。在门店数量不足时，配送中心的巨额费用往往会成为一个企业的经济负担。当沃尔玛进入中国时，也同样复制了美国的运营模式，在广东与天津分设了两个配送中心。经过多年的苦心经营，到目前为止，沃尔玛尚未实现全面盈利，不少业内人士认为与其完全照搬美国本土的运营模式有关。美国本土的商店选址大都位于小镇，而在中国开的店大都位于中心城市，大量的供应商可以提供专业化服务，集中配送反而难以体现高效率。

2．"善变"的家乐福

沃尔玛的商品配送模式是绝大部分国内企业都无法模仿的。与沃尔玛不同，另一艘世界零售航母——家乐福，选择的却是相反的商品配送模式。由于家乐福的选址绝大部分都集中于上海、北京、天津及内陆各省会城市，且强调的是"充分授权，以店长为核心"的运营模式，因此商品的配送基本都以供应商直送为主。这样做的好处主要有以下几方面：

（1）送货快速、方便

由于供应商资源多集中于同一个城市，上午下订单下午商品就有可能到达，将商品缺货造成的失销成本大幅降低。为了减少资金的占用及提高商品陈列空间的利用效率，超大卖场基本都采取"小批量，多频次"的订货原则，同城供应商能更有效地帮助此原则的实现。相对而言，沃尔玛的许多商店坚持的是中央集中配送的模式，由于路途的原因，虽然有信息系统的强大支撑，但商品到货的速度还是相对缓慢，因此在有的门店，"此商品暂时缺货"的小条在货架上随处可见。

（2）便于逆向物流

商品的退换货，是零售企业处理过时、过期等滞销商品的最重要手段。如果零售商采用的是供应商直送的商品配送模式，零售商与供应商的联系与接触非常频繁，因此商品退换货处理也非常迅速。但如果采用中央配送模式，逆向物流所经过的环节大为增加，因此速度也相对变缓。

（资料来源：考试大网 http://www.examda.com/wuliu/zixun/hangye/20091030/1409-38533.html）

10.1 配送与仓储管理绩效评估指标的选取

10.1.1 配送管理绩效评估指标的选取

开展绩效评估能正确判断配送中心实际经营水平,提高经营能力和管理水平,从而增加配送中心的整体效益。

一般配送中心运作由进出货、储存、盘点、订单处理、拣货、配送、采购作业以及总体策划八部分组成。为此,配送中心作业效率评估主要分成八大要素。

1)设施空间利用率

衡量整个配送中心空间设施的利用效率。配送中心设施是指除人员设备以外的一切硬件,包括办公室、休息室、仓储区、拣货区、收货区和出货区等区域空间的安排及一些消防设施等周边硬件。所谓设施空间利用率就是针对空间利用度、有效度进行考虑,以提高单位土地面积的使用效率。要考虑货架、仓储区的储存量,每天理货场地的配货周转次数等。

2)人员利用率

衡量人员作业效率的发挥程度和产生的价值。对于人员作业效率的考核分析,是每一个企业配送中心经营评估的重要指标。人员利用率评估主要包括人员编制。要求人员的分配达到最合理的程度,避免忙闲不均。这里包括上班作息时间的安排。通常要考虑工作需要、工作量、人员流动性、加班合理性以及员工待遇等因素。

3)设备利用率

衡量各种物流设备的利用状况。配送中心的设备主要用于保管、搬运、存储、装卸、配送等物流作业活动。由于各种作业有一定的时间性,设备工时不容易计算,通常从增加设备运作时间和提高设备每单位时间内的处理量来实现提高设备利用率的目的。

4)商品订单效率

衡量商品销售实现预定目标的情况。配送中心的主要工作包括:通过对配送中心的出货情况分析,提示采购人员调整水平结构;根据客户的要求,快速拆零订单;严格控制配送中心的库存,留有存货以减少缺货率;保证避免过多的存货造成企业的资金积压、商品质量出问题等损失。

5)作业规划管理能力

衡量管理者决策水平与效率。规划是一种手段,用来拟定根据决策目标应采取的行动。规划的目的是为整个物流活动过程选择合理的作业方式及正确的行动方向。要让订单产出最佳的效果,规划管理人员必须决定作业过程中最有效的资源组合,才能配合环境,设计出最好的资源方式,来执行物流运作过程中的每一个环节的工作。

6)时间效益率

衡量每项作业对最佳时间的运用。包括:缩短资源时间,一方面可使工作效率提高,另一方面可使交货期限提前;评估时间效益,主要是掌握单位时间内收入、产出量、作业单元数及各作业时间比率等情况。时间是衡量效率最直接的因素,最容易看出整体作业能力是否降低,从而很容易了解配送中心整体经营运作的优劣。

7)成本率

衡量每项作业成本费用的合理状况。配送中心的物流成本,是指直接或间接用于收货、储存保管、拣货配货、流通加工、信息处理和配送作业的费用的总和。

8)质量水平

衡量物流服务质量对于实现客户满意的程度。质量不仅包括商品的质量优劣,还包括各项物流作业的特殊质量指标。如损耗、缺货、呆滞品、维修、退货、延迟交货、事故、误差率等。对于物流质量的管理,一方面要建立起合理的质量标准,另一方面需多加重视存货管理及作业过程的监督,尽可能避免不必要的损耗、缺货,以降低成本,提高客户的服务质量。维持和提高质量标准,需要从人员、商品、设备和作业方法四个方面考虑。

10.1.2 仓储管理绩效评估指标的选取

仓储业务考核指标体系的设置,既要参照仓储公司或企业的经营指标体系,又要结合仓库作业自身的特点,全面地分析各种影响因素,制订出科学合理的指标体系(如表 10.1 所示)。

表 10.1 仓储工作绩效评估指标

设施设备管理指标	出入库管理指标	库存管理指标	综合管理指标
仓库利用率 仓库设备情况	平均保管损失 收发货物差错率 商品的损耗率 平均收发时间 装卸搬运损失率	库存量 吞吐量 库存物资周转率	仓储成本 仓储资金利润 全员劳动生产率

仓库利用率指标反映仓库能力的利用情况以及仓库规划水平的高低,其值随着物资的接收量、保管量、发放量、物资的性质、保管的设备、物资的放置方法、搬运设备、物资的处理方法、通道的布置方法、搬运手段、库存管理等方法的不同而不同。仓库设备情况指报告期内设备处于完好状态,并能随时投入使用的设备占全部设备的比率,反映了设备的保养程度。

平均保管损失反映了库存物品存储结构的合理程度。收发货物差错率反映物资在收发过程中的差错情况。商品的损耗率反映了保管工作的质量。平均收发时间则反映了仓储工作的效率。装卸搬运损失率反映了出入库搬运装卸工作人员的工作成效。

库存量反映了仓储的平均储存水平。吞吐量也成为周转量,是指报告期内仓库进出库物资数量的总和。物资吞吐量指标反映仓库的工作强度,它影响和决定着其他指标。库存物资周转率反映了保管工作量和强度的大小,同时也反映了物资周转的快慢。

仓储成本是指在一定时间内(月、季、年)仓库储存保养每吨物资的费用支出。它是反映仓库生产经营活动的综合指标。仓储资金利润是考核、评价仓库生产经营管理最终成果的重要指标。全员劳动生产率是反映仓储企业经营管理水平的重要指标。

在仓储工作绩效评估指标体系中,各个指标从不同方面和角度反映了仓库生产经营活动的经济效果。但每个指标的地位和作用都是不同的。上述指标之间并非相互独立,许多指标之间是相互影响和相互制约的。因此,不可能以单项指标最优值来提高仓储作业的综合效率。因此,应综合考虑多方面的因素,才能提高仓储作业的综合效率。

10.2 配送管理绩效评估

10.2.1 配送绩效管理的内容

配送中心绩效管理包括商品销售绩效管理、作业处理绩效管理、仓库保管效率管理、配送效率管理、机具设备使用管理等。

1)商品销售绩效管理

商品毛利计算,商品周转率、周转时间计算,商品销售总数统计,各种商品所占经营比例,各种商品总销售利润比例,退货订单统计,退货金额与总销售金额比例分析,退货商品与销售商品数量比较分析,退货商品排行,退货原因分析。

2）作业处理绩效管理

作业人员作业促销量统计,作业人员负责进销订单与退货订单全额比例分析,作业人员呆账及销售金额比例分析,作业人员账款期票长短分析,订单处理人员失误率分析,订单处理人员每日订单处理数量统计,出货人员失误率分析,出货人员每日订单处理数量统计,客户联络费用统计。

3）仓库保管效率管理

保管容量效率,渠道商品处理容量比例,每人每月的处理比例,保管效率分析,仓库周转率,库存月差比率,合同仓库利用率,单位出入库的装卸费,出入库人员生产力评估,仓库使用容量高低峰比例,缺货率。

4）配送效率管理

单位时间配送量,空车率,输送率,装载率,配送次数管理。

5）机具设备使用管理

码头使用率,码头高峰率,搬运设备使用率,流通加工所产生的商品报废率,流通加工使用材料金额统计,包装容器使用率,包装容器损坏率,机具设备损坏率分析。

10.2.2 配送绩效管理的策略

1）物流成本考核

配送中心独立成为利润中心后,物流成本考核更为直接地与产品事业部或销售部门挂钩。考核产品事业部或销售部门所发生的物流成本,公司物流绩效的最直接的衡量指标便是物流成本率。

$$物流成本率 = 年物流成本总额 / 销售额 \times 100\%$$

2）库存周转率

$$库存周转率 = 年销售量 / 平均库存水平 \times 100\%$$

库存周转率数值越高反映销售情况越好,库存占压资金越少。

3）顾客服务水平

顾客服务水平主要是指事业部门或销售部门的考核指标。

4）订货的满足率

$$订货的满足率 = 现有库存能满足订单的次数 / 顾客订货总次数 \times 100\%$$

即对于顾客订单所要的货物,现有的库存能履行订单的比率。各配送中心的存货应达到95%的满足率。

5) 订单与交货的一致性

订单与交货的一致性无论在生产型的企业还是服务型的企业中都被认为是最重要的因素。主要的指标是无误交货率。

无误交货率 = 当月准确按照顾客订单发货次数 / 当月发货总次数 × 100%

6) 交货及时率

交货及时率 = 当月汽车准时送达车数 / 当月汽车送货车数 × 100%

7) 货物的破损率

货物破损率 = 当月破损商品价值 / 当月发送商品总价值 × 100%

这个指标用来衡量在向顾客配送过程中货物的破损率,一般最高限额是5%。破损状况很多是在装卸过程中发生的。

8) 投诉次数

应提高顾客忠诚度,降低投诉次数。

9) 运营费用比率

运营费用比率 = 所支付的仓库租金和运费 / 支出总额 × 100%

知识链接

配送中心绩效评估实施措施

1. 进行绩效培训

成功进行绩效考核的前提之一是配送中心全体员工必须对绩效考核有比较全面正确的认识。重点是如何依照法规办事以及如何避免不同类型的误差。

2. 明确考核关系

针对各部门负责人的考核,由配送中心领导与人事部组成考核小组来考核;而对一般员工的考核,则由其直接上级主管领导来考核。人事部主要负责考核的组织与执行,以及对考核人员的技能培训和与被考人员的沟通等方面的工作。主要考核人为公司领导代表与本部门负责人。

3. 调整人事工作

增加人事部门人员,保证充分发挥人力资源管理的作用。把原先由业务附属部门所做的绩效考核工作统一划归到人事部,由人事部统一负责配送中心的绩效考核各项工作,使人事部门把精力重点放在对配送中心各部门的调查、研究、分析,制定考核方案及完善考核方案上。

10.3   仓储管理绩效评估

仓储活动担负着生产经营所需各种货物的收发、储存、保管保养、控制、监督和保证生产需要等多项业务职能,而这些活动都与生产经营及其经济效益密切联系。

10.3.1   仓储管理绩效评估的原则

对仓储环节的绩效管理必须遵循三大思路:首先要保证商品在此阶段不灭损,其次要尽可能减少产品在本环节的停留和成本,最后要为上下游生产运输环节提供便利并采取措施实现商品增值。具体包括以下原则:

1)充分利用现有的仓储设备

对仓库、仓位、货架等各种设备实施科学、合理的规划,在保证货物质量、安全、进出方便的前提下,按照科学的方式堆码摆放货物,尽可能地提高仓库面积利用率和每平方米储存量,实现仓库货物储存量和仓库面积利用的定额管理。

2)提高仓储管理的劳动生产率

开展技术革新,进行技术改造,采用先进的机械化、电子化、自动化设备,改善劳动条件,减轻劳动强度,提高劳动生产率;开展职工培训,进行智力投资,提高从业人员的技能;改革仓储劳动组织,合理组织仓储各项作业;设计并建立合理的薪酬体系,激发从业人员的积极性和创造性。

3)建立完善的仓储管理体系

根据客户要求和管理经验制定科学合理的仓储计划,制定出仓储作业各个环节的作业标准和原则,并合理设置管理部门和机构,完善管理体系,加强经济核算及经济责任制。

4)采取多种经营,扩大仓储经营范围,盘活资产

仓储设施和设备的投入巨大,只有在充分利用的惰况下才能获得收益。应采取出租、借用、出售等多种经营方式盘活这些资产。仓库还应充分利用自身条件,向多功能的物流中心方向发展。如开展流通加工、配送等业务,为客户提供更多的物流服务,提高资产设备的利用率。

5）降低经营管理成本

经营管理成本是企业经营活动和管理活动的费用和成本支出,包括管理费、业务费、交易成本等。加强该类成本的管理,减少不必要支出,也能实现成本降低。

10.3.2 仓储管理绩效评估的内容

1）营运能力分析

仓储的营运能力可概括为仓储基于外部市场环境的约束,通过内部人力资源和作业资源的配置组合而对实现经济效益目标所产生作用的大小。

（1）人力资源分析

人作为仓储作业的主体和仓储获利的原始创造者,其素质水平的高低对仓储营运能力的形成具有决定性的作用。而分析、评价仓储人力的着眼点首先在于如何充分调动经营管理者的积极性、能动性,从而通过员工作业经营效率的提高奠定仓储营运能力持续、稳定增长的基础。人力资源分析通常采用劳动效率指标。

（2）作业资源分析

仓储拥有或控制的作业资源表现为各项资产的占用。因此,作业资源的营运能力实际上就是物流的总资产及其各个构成要素的营运能力。

①总资产周转率。仓储的总资产营运能力集中反映在总资产的营业水平,即周转率方面。总资产周转率是指营业收入净额与平均资产总额的比值。

②流动资产周转率。仓储流动资产营运能力的大小主要体现为流动资产营业率,具体体现在流动资产周转速度方面。

③应收账款周转率。应收账款周转率是指商品或产品赊销收入净额与应收账款平均余额的比值。它反映着应收账款流动程度的大小。

④存货周转率。存货周转率是指营业成本与存货平均资金占用额的比值。

（3）固定资产分析

严格地讲,仓储服务收入并不是由固定资产的周转价格带来的,仓储服务收入只能直接来自于流动资产的周转,而且固定资产要完成一次周转必须经过整个的折旧期间。因此,用营业收入除以固定资产占用额来反映固定资产的周转速度有很大的缺陷,即它并非固定资产的实际周转速度。但如果从固定资产对推动流动资产周转速度和周转额的作用来看,固定资产又与仓储的营业收入有着必然的联系,即流动资产投资规模、周转额的大小及周转速度的快慢在很大程度上决定于固定资产的作业经营能力及利用效率。因此,结合流动资产的投资规模、周转额、周转速度来分析固定资产的营运能力还是非常有价值的。

考核固定资产营运能力主要采用固定资产营业率指标。

2) 获利能力分析

对效益的不断追求是仓储资金流动的动力源泉与直接目的,也是仓储成本控制的根本所在。因此,所谓获利能力实际上就是指仓储的资金增值能力,它通常体现为仓储收益数额的大小与水平的高低。

一般来说,仓储获利能力的大小是由其经常性的经营理财业绩决定的。那些非经常性的事项以及其他特殊事项虽然也会对仓储损益产生某些影响,但不能反映出仓储真实水平的获利能力。在分析仓储获利能力时,应尽可能剔除那些非经常性因素对仓储获利能力的虚假影响。其主要分析指标如下:

(1)服务利润率

仓储服务利润率是指利润与营业收入净额的比值。

(2)成本利润率

成本利润率是指利润与成本的比值。

(3)资产利润率

资产利润率是指利润与资产平均占用额的比值。包括:总资产利润率、流动资产利润率、固定资产利润率、净资产利润率、资产保值增值率。

本章小结

本章主要介绍掌握配送与仓储管理绩效评估指标的选取、仓储和配送绩效管理的内容、配送绩效管理的策略等。配送管理绩效评估指标包括:设施空间利用率、人员利用率、设备利用率、商品订单效率、作业规划管理能力、时间效益率、成本率、质量水平。仓储管理绩效评估指标包括:设施设备管理指标、出入库管理指标、库存管理指标、综合管理指标。仓储管理绩效评估的内容主要是营运能力分析和获利能力分析。配送绩效管理评估的内容包括:商品销售绩效管理、作业处理绩效管理、仓库保管效率管理、配送效率管理、机具设备使用管理等。配送绩效管理的策略:物流成本考核、库存周转率、顾客服务水平、订货的满足率、订单与交货的一致性、交货及时率、货物的破损率、投诉次数和运营费用比率等。

案例　仓库部门员工绩效考核方案

入库流程考核细则：

1. 原材料入库前账务员必须核对订购单与送货单是否相符或是否在允许的误差范围内。订购单与送货单相符或在允许的误差范围内账务员方可签收，否则追究账务员的责任，扣账务员考核分数2分。

2. 账务员在核对订购单与送货单时，发现订购单与送货单不符或超过允许的误差范围，必须经采购部主管签字确认后，账务员方可签收，否则追究账务员的责任，扣账务员考核分数2分。

3. 账务员在签收面料后，必须及时提交品管部进行布料检验。在品管部对布料检验完毕并出具相应的布料检验报告单后，账务员方可作入库记录，并打出入库单，否则追究账务员的责任，扣账务员考核分数2分。

4. 账务员签收材料后，仓库管理员必须及时把材料摆放到指定位置，并在相应的账物卡上作好增减记录。新进材料没有账物卡的，必须及时建立账物卡并在账物卡上作好相应的增减记录，否则追究仓库管理员的责任，扣其考核分数2分。

5. 仓库搬运工必须及时配合仓管员把相应的物料摆放到指定位置。否则追究搬运工的责任，扣其考核分数2分。

6. 仓管员要定期把相应物料某段时间在账物卡上的入库记录与账务员处对应的入库记录进行核对，并作相应的书面核对记录，发现不符及时上报仓库主管。不按规定进行定期核对的，追究仓管员的保管责任，扣其考核分数2分。

7. 账务员要定期检查账务入库记录、账卡记录是否相符，一旦发现二者不符，及时上报仓库主管，由仓库主管安排人员对相关物品进行盘点。账务员及时发现入库记录与账卡记录不符并上报仓库主管，奖励其考核分数2分。

8. 电脑入库记录与账物卡入库记录不符，非账务员发现，奖励发现者考核分数2分，同时追究账务员的责任，扣其考核分数2分。

9. 未经仓库主管同意，仓管员无权查看账务员所用电脑中的有关物料某段时间的入库记录。一经发现扣其考核分数2分。

10. 仓库主管定期组织仓管员与账务员核对某段时间有关物料的入库记录，发现不符，及时安排相关人员盘点并落实具体的责任人。因仓管员忘记在账物卡上及时作增减记录进行盘点的，追究仓管员的责任，扣其考核分数10分；因账务员记错物料入库记录造成盘点的，追究账务员的责任，扣其考核分数10分。

出库流程考核细则：

1. 原材料出库前，账务员必须核对领料员所持限额领料单或有生管部经理签字的领料单与生产通知单是否相符。二者相符,账务员方可打出出库单(因面料的特殊性不得不多发的面料,账务员必须按领料员实际领用量打出出库单),交给仓管员按出库单要求发放相应物料,否则追究账务员的责任,扣其考核分数 2 分。

2. 仓管员没有接到账务员打出的出库单,直接发放面料的,无论是否造成不良后果(特殊情况须报经仓库主管批准),均追究仓管员的责任,扣其考核分数 1 分。

3. 仓管员接到账务员打出的出库单,发出相应的物料后,必须及时在相应物料对应的账物卡上作好增减记录,否则追究仓管员的责任,扣其考核分数 2 分。

4. 仓管员要定期把相应物料某段时间在账物卡上的出库记录与账务员处对应的出库记录进行核对,并作相应的书面核对记录,发现不符及时上报仓库主管。不按规定进行定期核对的,追究仓管员的保管责任,扣其考核分数 2 分。

5. 账务员要定期检查出库账务记录与账物卡出库记录是否相符,一旦发现二者不符,及时上报仓库主管,由仓库主管安排人员对相关物品进行盘点。账务员及时发现出库账务记录与账物卡记录不符并上报仓库主管,奖励其考核分数 2 分。

6. 电脑出库账务记录与账物卡出库记录不符,非账务员发现,奖励发现者考核分数 2 分,同时追究账务员的责任,扣其考核分数 2 分。

7. 未经仓库主管同意,仓管员无权查看账务员所用电脑中的有关物品某段时间的出库记录。否则,一经发现扣其考核分数 2 分。

8. 仓库主管定期组织仓管员与账务员核对某段时间有关物料的出库记录,发现不符,及时安排相关人员盘点并落实具体的责任人。因仓管员忘记在账物卡上及时作增减记录进行盘点的,追究仓管员的责任,扣其考核分数 10 分;因账务员记错物料出库记录造成盘点的,追究账务员的责任,扣其考核分数 10 分。

案例分析与讨论题

1. 你觉得对仓管部门的考核目的主要是什么?
2. 你觉得配送环节应做好哪些考核评价工作?

复习思考题

1. 配送管理绩效评估的指标主要是哪些?
2. 仓储管理绩效评估指标主要是哪些?
3. 仓储管理绩效评估的原则与内容是什么?
4. 配送绩效管理的内容是什么?
5. 配送绩效管理的主要策略是哪些?

参考文献

[1] 邬星根. 仓储与配送管理[M]. 上海:复旦大学出版社,2005.

[2] 孙宏岭. 高效率配送中心的设计与经营[M]. 北京:中国物资出版社.2002.

[3] 祁洪祥,钱廷仙. 配送管理[M]. 南京:东南大学出版社,2006.

[4] 钱芝网. 配送管理实务[M]. 北京:中国时代经济出版社,2007.

[5] 宋杨. 运输与配送管理[M]. 大连:大连理工大学出版社,2006.

[6] 宜红,田源,徐杰. 配送中心规划[M]. 北京:北方交通大学出版社,2002.

[7] 施建年. 物流配送[M]. 北京:人民交通出版社,2003.

[8] 叶杰刚. 配送:运行与发展[M]. 北京:经济管理出版社.2001.

[9] 姚城. 物流配送中心规划与运作管理[M]. 广州:广东经济出版社,2004.

[10] 赵玉国. 仓储管理[M]. 北京:冶金工业出版社,2008.

[11] 洪家祥,罗凤兰,胡春. 仓储与配送[M]. 江西:中国传媒大学出版社,江西高校出版社,2008.

[12] 李永生,郑文岭. 仓储与配送管理[M]. 北京:机械工业出版社,2008.

[13] 浦震寰. 现代仓储管理[M]. 北京:科学出版社,2006.

[14] 刘艳良,肖绍萍. 仓储管理实务[M]. 北京:人民交通出版社,2008.

[15] 李亦亮,徐俊杰. 现代物流仓储管理[M]. 合肥:安徽大学出版社,2008.

[16] 劳动和社会保障部,中国就业培训技术指导中心. 助理物流师[M]. 北京:中国劳动社会保障出版社,2004.

[17] 钱芝网. 仓储管理实务情景实训[M]. 北京:电子工业出版社,2008.

[18] 陈百建. 物流实验实训教程[M]. 北京:化学工业出版社,2006.

[19] 周万森. 仓储配送管理[M]. 北京:北京大学出版社,2005.

[20] 赵涛. 仓储经营管理[M]. 北京:北京工业大学出版社,2006.

[21] 欧阳泉,刘智慧. 仓储与配送[M]. 上海:上海交通大学出版社,2006.

[22] 吴清一. 物流管理[M]. 北京:中国物资出版社,2003.

[23] 刘斌. 连锁物流[M]. 北京:高等教育出版社,2001.

[24] 林贤福. 仓储与配送管理[M]. 北京:北京理工大学出版社,2009.

[25] 袁长明,刘梅. 物流仓储与配送管理[M]. 北京:北京大学出版社,2007.

[26] 陈修齐. 物流配送管理[M]. 北京:电子工业出版社,2004.

[27] 牛鱼龙.中国物流经典案例[M].深圳:海天出版社,2003.

[28] 高本河,缪立新,等.仓储与配送管理基础[M].深圳:海天出版社,2004.

[29] 傅桂林.物流成本管理[M].北京:中国物资出版社,2004.

[30] 田红英.物流配送管理[M].成都:四川大学出版社,2006.

[31] 张念.仓储与配送管理[M].大连:东北财经大学出版社,2004.

[32] 陈修齐.物流与配送[M].北京:人民出版社,2005.

[33] 李永生,郑文岭.仓储与配送管理[M].北京:机械工业出版社,2003.

[34] 杨敏.配送中心运营管理[M].北京:北京理工大学出版社,2007.

[35] 陈良勇.物流成本管理[M].北京:清华大学出版社、北京交通大学出版社,2008.

[36] 陈平.物流配送管理实务[M].武汉:武汉理工大学出版社,2007.

[37] 陆辉.仓储与配送[M].宜宾职业技术学院精品课程,2009.

[38] 周万森.仓储配送管理[M].北京:北京大学出版社,2005.

[39] 王妮娜.仓储与配送中心管理实务[M].济南:山东科学技术出版社,2008.

[40] 徐武,王瑛.采购与仓储[M].北京:清华大学出版社 北京交通大学出版社,2007.

[41] http://baike.baidu.com/view/90908.htm.

[42] 无忧考网:http://www.51test.net/show/537632.html.

[43] http://www.ups.com/cn.

教师信息反馈表

　　为了更好地为教师服务,提高教学质量,我社将为您的教学提供电子和网络支持。请您填好以下表格并经系主任签字盖章后寄回,我社将免费向您提供相关的电子教案、网络交流平台或网络化课程资源。

请按此裁下寄回我社或在网上下载此表格填好后 E-mail 发回

书名:		版次	
书号:			
所需要的教学资料:			
您的姓名:			
您所在的校(院)、系:	校(院)　　　　　系		
您所讲授的课程名称:			
学生人数:	___人 ___年级	学时:	
您的联系地址:			
邮政编码:	联系电话	(家)	
		(手机)	
E-mail:(必填)			
您对本书的建议:	系主任签字 盖章		

请寄:重庆市沙坪坝正街 174 号重庆大学(A 区)
重庆大学出版社教材推广部

邮编:400030
电话:023-65112085　　023-65112084
传真:023-65103686
网址:http://www.cqup.com.cn
E-mail:fxk@cqup.com.cn